Anja Utler

»manchmal sehr mitreißend«

Lettre

Anja Utler (Dr. phil.), geb. 1973, forschte an der Universität Regensburg zur Wahrnehmung gesprochener Gedichte und unterrichtet an der Universität für angewandte Kunst in Wien. Als Dichterin wurde sie u.a. mit dem Basler Lyrikpreis 2014 ausgezeichnet und war 2015 Writer-in-Residence am Oberlin College, USA. Ihre Gedichte wurden in mehr als 20 Sprachen übersetzt.

Anja Utler

»manchmal sehr mitreißend«

Über die poetische Erfahrung gesprochener Gedichte

[transcript]

Erarbeitet und gedruckt mit Unterstützung
der Deutschen Forschungsgemeinschaft (DFG).

DFG Deutsche Forschungsgemeinschaft

Bibliografische Information der Deutschen Nationalbibliothek
Die Deutsche Nationalbibliothek verzeichnet diese Publikation in der Deutschen Nationalbibliografie; detaillierte bibliografische Daten sind im Internet über http://dnb.d-nb.de abrufbar.

Umschlagkonzept: Kordula Röckenhaus, Bielefeld
Umschlagabbildung: Forschungsprojekt, Verf. unbekannt
Satz: Francisco Bragança, Bielefeld
Printed in Germany
Print-ISBN 978-3-8376-3357-3
PDF-ISBN 978-3-8394-3357-7

Gedruckt auf alterungsbeständigem Papier mit chlorfrei gebleichtem Zellstoff.
Besuchen Sie uns im Internet: *http://www.transcript-verlag.de*
Bitte fordern Sie unser Gesamtverzeichnis und andere Broschüren an unter: *info@transcript-verlag.de*

Inhalt

I. Einige Koordinaten der Lyrikdiskussion und ein Vorschlag zu ihrer Verschiebung | 7
1. Vom Sekundären zum Eigentlichen: Das gesprochene Gedicht und seine Resonanzen | 12
2. Vom ›verehrungsvollen Lauschen‹ zur aktiven Bezugnahme: Gedicht und Hörer steuern sich an | 21
3. Vom ›Gemeinten‹ zu sonderbarer Verständlichkeit: Die (unterlaufenen) Erwartungen an Lyrik | 30

II. Anziehungs- und Fliehkräfte: Gesprochene Gedichte vor dem Paradigma des (literarischen) Selbstgesprächs | 43
1. Das ›Diskurselement‹ Selbstgespräch | 45
2. Die polylogisch-interaktiven Strukturen von Lyrik und Selbstgespräch | 47
3. Inkorporationen des Anwesenden vs. Ausdruck eigener Befindlichkeit | 53
4. Lyrische Reaktionen auf die historischen Transformationslinien des Selbstgesprächs | 61
5. Die lyrische Öffnung der Sprechposition | 72

III. Vom Zauberspruch zur poietischen Dimension des Sprechens: Bleibt Lyrik Anrede? | 103
1. Anreden und angeredet sein – Erweiterung und Beschneidung durch Sprache | 108
2. Selbstformung, Weltformung, Zauberspruch – Das poietische Sprachverständnis | 123

3. Von der Assoziation zum Respons auf Stimme
und gesprochenes Wort | 131

IV. Die Sinnsphären des ›inneren Sprechens‹: Von der Alltäglichkeit lyrischer Rede | 137
1. Nur weil etwas fehlt, kann ein Ganzes entstehen – Die Bedeutung der Lücke | 145
2. Etwas = x, = etwas x? Prädikative Aktivität und das Einschießen von sprachabweisendem Überschuss | 149
3. Hören, inkorporieren, Neues produzieren | 157
4. Schwierigkeiten – Die tröstliche Absage der Lyrik an das Phantasma durchgreifender sprachlicher Erfassung | 160
5. »abtragen von Schichten« – De-Sedimentierungen beim Hören von Lyrik | 165

V. Die Perspektiven der Produzenten: Vier Gespräche | 169
1. Gespräch zwischen Mila Haugová, Walter Koschmal und Anja Utler, 14.12.2012 | 169
2. Gespräch mit Lidija Dimkovska, 14.06.2013 | 176
3. Gespräch mit Olga Martynova, 28.06.2013 | 182
4. Gespräch mit Barbara Köhler, 12.07.2013 | 189

Anhang | 197

Setting, Fragebögen, kritische Evaluation der Vorgehensweise | 197
Literaturverzeichnis | 205
Kurzvorstellung der beteiligten Autorinnen und Autoren | 212
Dank | 214

I. Einige Koordinaten der Lyrikdiskussion und ein Vorschlag zu ihrer Verschiebung

Im Herbst 2003 habe ich den slowenischen Dichter Dane Zajc in Wien lesen hören. Oder eher: Ich habe ihn sprechen hören. Er las seine Gedichte nicht ab, er konnte sie auswendig. Zajc saß sehr ernst und gerade, er sprach, als seien die Texte nicht seine, als würden sie ihm gerade eingegeben – von oben. Seine Stimme wirkte ganz geöffnet und dabei völlig ruhig. Falls er irgendeine Besorgnis spürte – um seine Wirkung, Attacken durch Publikum oder Gedächtnis – wurde sie nicht hörbar. Seine Stimme legte die Gedichte um die Hörer[1] herum, sie erzeugte – wie mir schien – ein Gefühl von Wärme.

Dane Zajc' Lesung wurde für mich zu einer der intensivsten Begegnungen mit Lyrik überhaupt. Und bis heute kann ich dieses Erlebnis, obwohl es meine Überlegungen immer noch anzieht, nicht angemessen beschreiben. Ich kann auf die Inszenierung verweisen – wie gerade geschehen. Ich könnte einzelne Fragmente zitieren, die mir in Erinnerung geblieben sind. Ich könnte mich in Formulierungen retten, wie ›die Gedichte haben mich eben sehr berührt‹ oder ›ich wollte, dass es nie mehr wieder aufhört‹. Oder ich könnte das Bild von der veränderten Welt bemühen – nach der Lesung bin ich auf den verregneten Platz vor der Nationalbibliothek hinaus gestolpert und es *war* ein anderer Platz. Mit all dem hätte ich etwas Zutreffendes genannt, trotzdem sind die Formulierungen

1 | Ich wechsle in diesem Text zwischen der weiblichen und männlichen Form, wenn von Personen im Allgemeinen die Rede ist oder aber das Geschlecht der betreffenden Person nicht bekannt ist. Solche eingeschlechtlichen Formen schließen das jeweils andere Geschlecht mit ein. Bei namentlich identifizierbaren Personen entspricht die Verwendung der männlichen bzw. weiblichen Form der Konvention.

dem Erlebnis nicht angemessen. Das, *wie es war*, hat eine andere Qualität. Und gerade weil diese Diskrepanz so groß ist, vermute ich, dass eine weitere Erkundung des *Wie* und *Warum* einer gelungenen Lyrikwahrnehmung dabei hilft, diese Kunstform besser zu verstehen.

Eine solche Begeisterung, die sich der sprachlichen Erfassung widersetzt, tritt zwar bei Begegnungen mit Musik, Film oder bildender Kunst genauso auf. Bei der Lyrik aber ist das Verhältnis zwischen Gegenstand und Rezeption etwas anders: Hier gelingt es nicht, einem dezidiert sprachlichen Erlebnis auch sprachlich zu begegnen. Die Sprache scheint vor sich selbst zu kapitulieren. Die Reflexion gerät damit schnell an einen Punkt, der auch bei Roman Jakobson und Linda R. Waugh aufscheint, wenn sie von Sprache (»*Language*«) und Gedichten (»*Poetry*«) als »two inseparable universals«[2] sprechen. An den Punkt eines Unterschieds also, der Gleiches vom Gleichen zu trennen scheint, ebenso unabweisbar wie schwer zu definieren.

Die Unruhe, die ein solcher Unterschied ausstrahlt, mag mit dafür verantwortlich sein, dass sich die Diskussion über Lyrik meist schnell von der Rezeption verabschiedet und andere Blickwinkel wählt. Allerdings wirken die metasprachlichen Vorzeichen, unter denen über Lyrik nachgedacht wird, nicht immer produktiv. Meiner Wahrnehmung nach tragen sie oft nichts zum Verständnis der Besonderheiten poetischen Sprechens bei, sondern verdecken diese. Hier sollen daher einige andere Koordinaten erprobt werden. Auch solche, die nicht im engeren Sinn der Lyrikdiskussion entstammen. Ich werde versuchen, Begriffe aus eng verwandten Wissensgebieten auf die Lyrik zu projizieren, um deren Verhältnis zu diesen Begriffen zu bestimmen. Zu Beginn jedoch möchte ich auf drei dieser irreführenden Vorzeichen in der momentanen Lyrikdiskussion näher eingehen.

Das erste sehe ich in einer (fast erbarmungslos zu nennenden) Orientierung an den Produzenten. Die Dichterin soll nicht nur dichten, sie soll in begleitenden Texten auch Aufschluss über ihr Tun geben. Diese Textsorte ist vergleichsweise beliebt. Solchen Texten wird die Überschrift ›Poetik‹ gegeben und nicht wenige dieser Texte tauchen unter ihrer eigenen Überschrift durch, wirken beliebig und werfen die Frage auf, welche Art Lesevergnügen sie produzieren sollen. Geht es darum, der Person des Autors über diese Art der Selbstauskunft ›näher‹ zu kommen? Oder ist es

2 | Jakobson/Waugh, 1987, 234.

eine Art ›Kochbuchinteresse‹ – diese Autorin endlich wird den Schreibprozess so transparent machen, dass sich nach ihrem Rezept auch den eigenen Texten ›Qualität‹ (bzw. öffentliche Aufmerksamkeit) ›zusetzen‹ lässt? Oder genießt man das statuserhebende Gefühl, sich in komfortablem Sicherheitsabstand zu jedem wirklich literarischen Text doch mit vermeintlich ›Hochwertigem‹ befasst zu haben? Denn die produzentenorientierte Neugier auf die vermeintliche ›Poetik‹ verbindet sich nur in Ausnahmefällen mit einem Interesse an Poesie.

Womöglich aber, so ließe sich einwenden, ist das Interesse an Poesie längst erloschen, und in einer Art kompensatorischer Geste werden wenigstens die Selbstauskünfte der Dichter noch abgenickt. Das ist möglich. Mir jedoch scheint poetische Neugier keineswegs inexistent, sondern lediglich eine momentan wenig prestigereiche und daher versteckte Vorliebe. Das poetische Interesse ist und bleibt oft still, weil es mit einer existenziellen Bedürftigkeit zu tun hat, die zu zeigen keinen Statusgewinn bedeutet.[3] Damit aber werden die Orte, an denen es zutage tritt, von vornherein zu unerwarteten; es spricht sich bei Menschen aus, bei denen es das Vorurteil zunächst nicht vermutet hätte; es wird unverhofft formuliert – und immer wieder zeigen sich die ›Träger‹ selbst von ihm überrascht. Das betrifft nicht nur Lesungsteilnehmerinnen, die von sich selbst sagen, sie seien ›zufällig‹ oder ›gezwungenermaßen‹ in eine Lesung ›geraten‹ und nun erstaunt, ›was Lyrik könne‹ oder dass ›das‹ Lyrik sei.[4] Eine vergleichbare Überraschung formuliert auch die dänische Autorin Janne Teller in einem Gespräch mit der Zeitschrift *Kulturaustausch*:

Als ich 1993 bis 1994 für die UN-Mission zur Unterstützung des Friedensprozesses in Mosambik gearbeitet habe, war dort Bürgerkrieg. Ich war furchtbar erschüttert über die täglichen Bilder und Berichte des allgegenwärtigen Leidens. Das hat mich so mitgenommen, dass ich außerstande war, ein Buch zu lesen. Aber dann hat mir jemand einen Gedichtband zugesteckt, mit englischer Poesie. Zunächst wollte ich gar nicht darin lesen. Irgendwie kam mir dann die Eingebung, ich müsste an-

3 | Martha Nussbaum formuliert: »human beings appear to be [...] the only animals for whom neediness is a source of shame, and who take pride in themselves to the extent to which they have allegedly gotten clear of vulnerability« (Nussbaum, 2003, 137).

4 | Die geschilderten Erfahrungen habe ich bei den Arbeiten an diesem Buch, vor allem aber als vortragende Dichterin gemacht.

fangen, Gedichte auswendig zu lernen. Das erste war ›The Walk‹ von Thomas Hardy von 1914. Das hatte überhaupt gar nichts mit Bürgerkrieg oder Mosambik zu tun, da ging es um den Tod seiner Frau. Und doch war es, als ich es einmal auswendig konnte, wie Salz und Wasser für meine Seele, als hätte Thomas Hardy etwas von sich selbst, ein bisschen Energie, auf mich übertragen und mich dadurch stärker gemacht. Wenn ich morgens die aktuellen Gräuelmeldungen erfuhr, sagte ich mir selbst ein Gedicht vor und das Unerträgliche wurde damit ein wenig erträglicher.[5]

In Tellers Äußerung scheinen die beiden anderen irreführenden Koordinaten der Lyrikdiskussion auf. So musste Teller die Überzeugung überwinden, der Umgang mit einem Gedichtband sei letztlich dasselbe wie die Lektüre ›eines Buchs‹ – wozu sie sich nicht mehr imstande fühlte. Dass Teller den Gedichtband mit einem ›aber dann‹ abgrenzt, lässt vermuten, dass ›ein Buch‹ eher narrativ als poetisch strukturierte Texte enthalten hätte. Das narrative Paradigma erscheint hier als das Übliche, Gewöhnliche; es liefert das dominante Verstehensmodell für die Begegnung mit literarischen Texten; auch für die Lyrik wird seine Gültigkeit ohne weiteres vorausgesetzt. Literaturgeschichtlich betrachtet mag dies verständlich sein. Jurij Lotman etwa beschreibt die Entwicklung der westlichen Literaturen als einen Weg hin zu schlichteren, der Alltagssprache ähnlicheren Strukturen, deren Anziehungskraft und Komplexität sich nicht aus rhythmisch-lautlichen Mustern speise.[6] Diese narrativen Muster begünstigen jedoch eine Rezeption, in der die Möglichkeit einer Distanzierung und inhaltlichen Paraphrase erwartet wird – eines Musters also, das sich nicht auf die anders arbeitende Sprachform Lyrik anwenden lässt.

Das allzu große Vertrauen in die erklärende Kraft des Erzählparadigmas bildet die zweite Koordinate, die der Lyrikdiskussion eine wenig vielversprechende Richtung weist. Die dritte sehe ich darin, dass die schriftlichen Formen, und mit ihnen ›das Lesen‹, als primär und verbindlich wahrgenommen werden. So wie Teller ihre Begegnung mit Lyrik beschreibt, zeichnet sich jedoch eine produktive Verschiebung in Richtung Mündlichkeit ab: Im ›Auswendiglernen‹ und wiederholten ›Vorsagen‹ erschließt sich das Potenzial des Gedichts. Die Autorin begegnet dem poetischen Text und seinen Möglichkeiten erst, als sie sich der Poesie unter anderen Vorzeichen als ›Lesen‹ und ›Buch‹ nähert. Eine Hörerin von Ge-

5 | Teller, 2014, 67.

6 | Vgl. Lotman, 1993, 143f.

dichten hat nun den Vorteil, dass ihr bereits das mündliche literarische Ereignis selbst den Weg zu einem anderen Lyrikverständnis andeutet.

Janne Tellers Lage und Bedürftigkeit inmitten eines Bürgerkriegs sind speziell und extrem. Gleichwohl wird in ihrer persönlichen Schilderung sichtbar, dass die Rezipientin die Existenzbedingung literarischer Prozesse bildet – und für die Lyrik scheint dies in besonderem Maß zu gelten. Ich plädiere deshalb dafür, den Blick zu weiten und ihn – nach der Rezeptionsforschung des 20. Jahrhunderts[7] kann es nur heißen: einmal mehr – auf die Empfängerseite von Dichtung zu lenken. Denn dort, und nur dort, liegt der Austragungsort von Literatur.

Mit Stanley Fish gesprochen ist der Text »[k]ein Objekt [...], sondern ein Ereignis, etwas, das geschieht, und zwar mit Beteiligung des Lesers.«[8] Entsprechend will dieser Aufsatz »einen literaturwissenschaftlichen Positivismus« vermeiden, »der Bedeutung jenseits des eigenen Zutuns annimmt und damit von den sprachschaffenden Qualitäten des Lesens abstrahiert.«[9] Hier nun soll auch von den *realitätserzeugenden* Qualitäten des Hörens nicht mehr abstrahiert werden. Zu diesem Zweck wird das Feld der Auskünfte gedehnt und Aussagen der Produzentinnen werden um jene der Rezipienten ergänzt. Selbstverständlich werden dabei die Rezipienten nicht als biographische Schicksalswesen in den Fokus treten – wohl aber als Personen, die über ihre Erfahrungen kompetent Auskunft zu geben vermögen. Daraus können keine literaturwissenschaftlich exakten Aussagen zu einzelnen Gedichten entstehen, wohl aber kann klarer zutage treten, was die poetische Erfahrung ausmacht. Wenn das Verfahren gelingt, wird der Abgleich von Hörer- und Produzentenaussagen, von konkreter Textgestalt und theoretischen Modellen etwas deutlicher erkennen lassen, warum und inwiefern es anders ist, einem poetischen Text zuzuhören, als anderen literarischen Formen oder Kunstgattungen zu begegnen. Mehr über diese Unterschiede in Wahrnehmung und Verständnis zu wissen aber scheint mir essenziell: Denn nur so werden sich

---

7 | Vgl. etwa die einflussreichen Arbeiten Wolfgang Isers (z.B. Iser, 1994). Eine Einführung in die Rezeptionsästhetik gibt die Aufsatzsammlung von Warnig, 1994.

8 | Fish, 1994, 198. Bei Zitaten aus Arbeiten, die der sog. ›alten Rechtschreibung‹ folgen, passe ich die Schreibung den neuen Normen an.

9 | Avanessian/Hennig, 2014, 152.

Gründe für das beharrliche Nicht-Aussterben von Dichtung – aller Todesanzeigen zum Trotz – identifizieren lassen.[10]

1. Vom Sekundären zum Eigentlichen: Das gesprochene Gedicht und seine Resonanzen

Der erste Impuls zu diesen Überlegungen entstammt einer Erfahrung, die ich als vortragende Dichterin mache: Immer wieder erklären mir Zuhörer nach der Lesung, sie hätten ›die Gedichte erst hören müssen, um sie zu verstehen‹. Oft schieben sie noch einschränkend hinterher: ›Selbstverständlich‹ hätten sie aber ›beim Hören nicht alles verstehen können‹. Dazu sei es ›zu schnell gegangen‹. Die Zuhörer skizzieren damit das Hören von Texten als etwas, das Verstehensbedingung und Verstehenshindernis zugleich ist. Der unmittelbare Respons auf das Auftrittsereignis sucht seinen Ausdruck in einer recht komplexen Denkfigur, die einer genaueren Betrachtung wert scheint.

Im Lauf der Zeit habe ich festgestellt, dass andere Dichter Ähnliches erleben. Das Phänomen speist sich also nicht aus einer Besonderheit, die eine sehr kleine Gruppe von Texten kennzeichnet. Vielmehr scheint sich dieses erhellend-begrenzte Verstehen bei ganz unterschiedlichen Gedichten zu ereignen, sobald diese gesprochen werden.

Dieses Phänomen lässt sich nicht aus einer Mode heraus erklären; es erscheint auch nicht geographisch begrenzt. Denn einerseits sind Gedichtlesungen in anderssprachigen Ländern ebenfalls populärer, als es die Verkaufszahlen von Lyrikbänden vermuten lassen würden. Andererseits behaupten selbst nicht-deutschsprachige Zuhörerinnen immer wieder, sie hätten ›trotzdem etwas‹ – vielleicht ›das Wesentliche‹ – verstanden. Dies lässt vermuten, dass sich aus dem Gesprochenen ein Sinn bildet, der über die reinen Wortbedeutungen hinausreicht – und manchmal stellt sich in einem anschließenden Gespräch heraus, dass fremdsprachige Zu-

10 | Dieser Aufsatz macht einige Vorschläge, wie ›das Verstehen‹ von Lyrik anders konzeptualisiert werden könnte. Ein in die Breite gehender und erschöpfender Abgleich des hier entwickelten Denkweges mit dem Forschungsstand in allen angrenzenden und potenziell relevanten Forschungsfeldern (etwa mit Arbeiten zum Hörspiel oder aus der Hörforschung in Musik, Linguistik oder Psychologie etc.) war im Rahmen dieses Projekts nicht möglich.

hörer die grundlegende Ausrichtung der Gedichte recht genau identifizieren konnten. In der Aufsatzsammlung *Close Listening. Poetry and the Performed Word* zeigt der Herausgeber Charles Bernstein außerdem, dass das amerikanische Publikum sein Verhältnis zu gesprochener Dichtung ganz ähnlich begreift wie das deutschsprachige. Bernstein nennt das Buch entsprechend »a complex, multilayered response to a quite simple, and common, response to a poetry reading, as when one says: ›I understand the work better hearing the poet read it‹«[11].

Solche spontanen Aussagen über gesprochene Gedichte mögen schlicht erscheinen. Sie als Indizien für bloße ›Bequemlichkeit‹ oder ›Lesefaulheit‹ zu nehmen, wie dies mitunter geschieht, wäre jedoch vorschnell. Letztlich lassen sich die Erfahrungen der Zuhörerinnen nur dann in einer solchen Weise abtun, wenn das gesprochene Gedicht als etwas Sekundäres vorausgesetzt wird, als eine mehr oder minder zufällige stimmliche Realisation einer gültigen und primären Schriftform. So verstanden würde das gesprochene Gedicht einen geschriebenen Text interpretieren,[12] wäre aber kein eigenständiges künstlerisches Ereignis, das nach eigenen Gesetzen Bedeutungen entfaltet, die sich *als solche* und *auf diese Weise* nur aus dem gesprochenen bzw. gehörten Text bilden können.[13] Und wenngleich ›primär‹ und ›sekundär‹ auch als Beschreibungen gelesen werden können – nämlich der realen materiellen Situation, dass die meisten gesprochenen Gedichte aus dem Vortrag eines schriftlich vorliegenden Texts entstehen (was allerdings noch nichts über einen Produktionsprozess oder mediale Präferenzen seitens der Dichterin aussagt) – so werden sie doch meist wertend gebraucht. Die unterschiedlichen sinnlichen Erscheinungsformen des Gedichts werden als ›grundlegend‹ oder

11 | Bernstein, 1998, 6.

12 | Bernstein formuliert: »One goal I have for this book is to overthrow the common presumption that the text of a poem - that is, the written document - is primary and that the recitation or performance of a poem by the poet is secondary and fundamentally inconsequential to the ›poem itself‹. In the conventional view, recitation has something of the status of interpretation - it provides a possible gloss of the immutable original.« (Bernstein, 1998, 8).

13 | Dies betonte auch der sowjetische Linguist Sergej Bernštejn. Für ihn ist die Schriftform weder imstande noch darauf ausgelegt, den Vortrag zu determinieren. Vielmehr stelle der gesprochene literarische Text eine eigene Kunstform dar, die ihre eigene Theorie benötige (vgl. Bernštejn, 1972a, 339f.).

›zweitrangig‹ eingestuft. Damit aber würde das gesprochene Gedicht auch für die Lyrikdiskussion kaum einen selbstständigen, lohnenden Gegenstand abgeben.

Eine solche Unterteilung in ›sekundär‹ und ›primär‹ begründet sich dabei wohl weniger daraus, wie das Ereignis ›gesprochenes Gedicht‹ materiell beschaffen ist – immerhin ist der gesprochene Text zweifellos sinnlich reicher als der geschriebene. Es sind daher auch Kontexte vorstellbar, in denen die gesprochene Form als ›das Eigentliche‹ gesehen wird, in etwa so wie das aufgeführte Musikstück für viele ›das Eigentliche‹ darstellt, wenngleich auch hier das stille Lesen der Partitur größere Eigenständigkeit in Bezug auf Tempo und Pausen, Lautstärke, Klangfarbe und Wiederholung gewähren könnte. Das beobachtbare Wertungsgefälle scheint sich eher aus einem konventionalisierten Gattungsvorbehalt innerhalb der Sprachkunst zu speisen. Denn nicht jedes literarische Kunstwerk wird automatisch schriftlich gedacht. Im Gegensatz zur Lyrik gilt beim Drama der bloß schriftliche Text fast fraglos als dürr und ungenügend. Allerdings destabilisieren sich die Erwartungen im Moment: Der Raum, in dem die Klarheit des gesprochenen Gedichts erlebt werden kann, hat sich durch die Digitalisierung[14], stark vergrößert. Die Fragen nach dem Verhältnis zwischen Geschriebenem und Gesprochenem sowie nach der Spezifik des gesprochenen Gedichts werden so zwangsläufig akut.

Die erstarkende Bedeutung des Gedichts als gesprochene Kunstform hat jedoch nicht nur technisch-formale Ursachen; sie ist vor dem Hintergrund des sogenannten *performative turn* und der Ausdifferenzierung performativ-ästhetischen Denkens zu sehen und zu verstehen. Wie auch in anderen Kunstformen sind über die letzten Jahrzehnte die Gegenwarts- und Anwesenheitsformate in der Lyrik wichtiger geworden. In großer Trennschärfe haben Untersuchungen zur performativen Ästhetik[15] gezeigt, wie die Bedeutungen solcher Ereignisse von Präsenz und Prozess abhängen, also durch keine andere mediale Form in dieser Spezifik erzeugt werden können. So wurde zwar deutlich, wie sich welche Bedeutungen bilden, sobald sich ein Kunstwerk in der Zeit ereignet und ein Publikum diesem Ereignis beiwohnt, ja zu einem Teil dieses Ereignisses

14 | Vgl. Seiten wie *www.lyrikline.org*, die vom Autor gelesene Gedichte incl. Übersetzungen zur Verfügung stellt.

15 | Stellvertretend sei hier verwiesen auf die Arbeiten von Dieter Mersch, 2002, Erika Fischer-Lichte, 2004, und die Aufsatzsammlung von Uwe Wirth, 2002.

wird. Die Übertragung dieser Erkenntnisse auf literarische Gattungen außerhalb des Dramatischen allerdings nimmt bislang vergleichsweise geringen Raum ein.[16] Teils mag dies damit zu tun haben, dass die Prosaformen, allen voran der Roman, keine Aufführungen in üblicher Länge gestatten, in denen sich die mündliche Präsentation als die vollständige Realisation *eines Werks* vollziehen könnte. Die Lyrik wiederum wurde über die letzten Jahre von relevanten Teilen des literarischen Betriebs als ein Randphänomen von so geringer Strahlkraft entworfen, dass sie – egal ob geschrieben oder gesprochen – nur geringe Aufmerksamkeit und denkende Betrachtung von außen anziehen konnte.[17]

Aber auch die Kargheit der Lyriklesung selbst, ihre relative Armut an sinnlichen Reizen, an räumlich-zeitlicher Dynamik, Variation und Flexibilität, wegen der Charles Bernstein sie mit Jerzy Grotkowskis *Armem Theater* in Verbindung bringt[18], macht es nachvollziehbar, dass sie bislang nicht zu einem privilegierten Objekt performativer Reflexion geworden ist. Die visuelle Situation der Lyriklesung ist meist wenig gestaltet und statisch, als ihr Symbol gilt das ›Wasserglas‹, das zeitliche Muster ist repetitiv – Gedicht folgt auf Gedicht. Diese Schlichtheit scheint – anders als für die performativen Ansätze kennzeichnend – gerade die Konzentration auf das sprachlich Transportierte zu begünstigen. Allerdings verrät eine solche Erwartung – die eine gute Hörbarkeit der Stimme mit einer guten Hörbarkeit des von ihr transportierten ›Inhalts‹ gleichsetzt – ein verengtes Verständnis von Sprache und Stimme. Es ist ein Verständnis, das die Minimierung des Hörbaren im Hören zum Ziel hat. Denn, wie Sybille Krämer formuliert, »die Wirkkraft der Stimmlichkeit geht in ihrer Rolle für die sprachliche Semiosis keineswegs auf«, Hörbarkeit kann der »Entkörperung der Sprache«[19] entgegenwirken, ohne die Semiosis aufzugeben oder auch nur in den Hintergrund zu verweisen. Auch als ›armes‹,

---

16 | Vgl. aber die Behandlung der Performativität des Lesens bei Fischer-Lichte, 2012.

17 | So haben Publikationen außerhalb des engen Felds der Lyrikdiskussion, die sich für ihre Argumentation (auch) auf zeitgenössische Lyrik berufen, Seltenheitswert. Eine dieser raren Ausnahmen in letzter Zeit war die philosophische Unternehmung Metanoia (Avanessian/Hennig, 2014).

18 | Vgl. Bernstein, 1998, 10.

19 | Krämer, 2003, 73 u. 66.

mit Text- und Wortsinn operierendes ›Theater‹, macht die Lyriklesung die Körperlichkeit des Sprechens bedeutungstragend.

Dabei ist der Hörsinn, auf den sich das gesprochene Gedicht vor allem verlässt, im kulturellen Hallraum ohnehin dem Sekundären zugeordnet. Schon »seit den Anfängen philosophischen und wissenschaftlichen Denkens in der Antike«, so führt Daniel Schmicking in *Hören und Klang* aus, gelte der Blick

als neutraler, als objektiver als das Hören. Das Sehen gewähre eine größere inhaltliche wie emotionale Distanz. Es wird entsprechend als der vornehmste Sinn betrachtet, vor allem aber als der epistemisch ausgezeichnete, der Wissen und Unterscheidungen aus der kontinuierlichen Präsenz der Gegenstände gewinnt und überprüft. Das Hören sei demgegenüber der ephemeren, unwiederholbaren Natur der Klänge ausgeliefert, sei der Vermittler von Tradition, von Meinung und rückt damit in die Nähe des Gehorchens oder blinden Folgens der Autoritäten und Traditionen. Unser Denken, Handeln, Planen als rationale Tätigkeiten und Ausdruck eines rationalen Selbstverständnisses des Menschen seien somit eher visuell geprägt oder dominiert.[20]

Die Echos dieser Wertung sind vielfältig. Zwischen den alltagssprachlichen Ausrufen ›Du bist eine Schau!‹ und dem spöttischen ›Hört, hört!‹ etwa oder zwischen dem ›hellen Kopf‹ und dem ›dumpfen Schädel‹ realisiert sich das beschriebene Gefälle. Auch existieren vom lichtabhängigen Sehen ausgehende Verbindungen zwischen Sinneswahrnehmung und Helligkeitsphänomenen, die, ganz einer dichotomischen Logik folgend, das eigentlich lichtunabhängige Hören als vermeintlichen Gegenpol zum Sehen mit der Dunkelheit verknüpfen und darüber ganze Kunstkomplexe dieser Sphäre zuschlagen. So etwa bei Nietzsche:

Nacht und Musik. – Das Ohr, das Organ der Furcht, hat sich nur in der Nacht und in der Halbnacht dunkler Wälder und Höhlen so reich entwickeln können, wie es sich entwickelt hat, gemäß der Lebensweise des furchtsamen, das heißt des al-

20 | Schmicking, 2003, 15. Schmicking verweist zu diesen Ausführungen auf Hans Blumenbergs Aufsatz »Licht als Metapher der Wahrheit. Im Vorfeld der philosophischen Begriffsbildung« in *Studium Generale 10,* 1957 sowie auf den Eintrag zum Stichwort »Sehen« *im Historischen Wörterbuch der Philosophie,* Basel 1995. Vgl. hierzu auch Hans Jonas, »Der Adel des Sehens« (Jonas, 1997, 233ff.).

lerlängsten menschlichen Zeitalters, welches es gegeben hat: im Hellen ist das Ohr weniger nötig. Daher der Charakter der Musik, als einer Kunst der Nacht und Halbnacht.[21]

Nun wird bei Nietzsche einer mit Furcht verzahnten Musik kein abwertender Klang beigelegt – im Kontext eines vorwiegend dichotomisch strukturierten Denkens aber steht der Komplex ›Nacht-Gehör-Emotion‹ immer auch der Kette ›Tag-Blick-Ratio‹ gegenüber. Im 20. Jahrhundert schließlich wurde die sekundäre Rolle des Hörens unter den Stichworten ›Phonozentrismus‹ und ›Logozentrismus‹ ein weiteres Mal performativ fest- und weitergeschrieben – unter umgekehrten Vorzeichen ergab sich das gleiche Resultat: Denn hier wurde das Akustische zurückgedrängt aufgrund von Überlegungen, die in der westlichen Konzeption von Stimme und Sprechen, in deren angeblicher »Selbst-Affektion«[22], Selbst-Identität und Nähe zu einer metaphysischen »Idealität des Sinns«[23] gerade den Kern eines westlichen (Phono-)Logozentrismus erkennen wollten, also eine Bevorzugung des Akustischen.

In den letzten Jahren oder Jahrzehnten wurde zwar im »(vermeintlich) weniger oder nicht objektivierenden Charakter des Hörens« nach Daniel Schmicking auch »ein wünschenswerter Zug erblickt«[24], es entstanden zahlreiche Arbeiten zu Medialität und Materialität der Stimme[25],

21 | Nietzsche, 1990, 200f.

22 | Derrida, 1979, 136.

23 | Derrida, 1974, 25.

24 | Schmicking, 2003, 15.

25 | Zu nennen sind hier etwa die historisch akzentuierten Arbeiten von Göttert, 1998 und Meyer-Kalkus, 2001. Verschieden perspektivierte Beiträge zum Forschungsfeld Stimme/Medialität bieten die Sammelbände von Epping-Jäger/Linz, 2003, Felderer, 2004, Kittler/Macho/Weigel, 2003, Kolesch/Krämer, 2006, Kolesch/Pinto/Schrödl, 2009, Meyer, 2008, Messerli/Pott/Wiethölter, 2008. Unter linguistischen Vorzeichen nähert sich etwa Laver, 1980, der menschlichen Stimme, eine aufschlussreiche schriftlich-akustische Untersuchung menschlicher Stimmqualitäten bieten Laver/Eckert, 1994, eine Einführung zum Überschneidungsbereich Linguistik/Stimme geben König/Brandt, 2006. Unter etwas anderem, stärker an Physis und Praxis ausgerichtetem Blickwinkel – der gleichwohl die Wahrnehmung schärft – steuern die Sprechwissenschaften das Thema Stimme an, eine Einführung kann hier Pabst-Weinschenk, 2004, geben; mitunter wird von es wurde gar ein *acoustic turn*[26] ausgerufen. Das jedoch kann nicht darüber hinwegtäuschen, dass mündlich präsentierte Literatur – der Zunahme von Hörbuch-Aufnahmen und Lese-Festivals zum Trotz – weiterhin unter einem kulturellen Druck steht, dem Vorbehalt des Peripheren. Dies entspricht der Entwicklung des Lesens in den letzten Jahrhunderten: Die oralen Traditionen in der Literatur sind geschwächt, und auch beim Lesen selbst wurde die Stimme immer weiter in den Körper zurückgedrängt. Vielfach wird in der Forschung darauf verwiesen, dass die Bibel von den Mönchen des Mittelalters noch laut und mit unterstützenden Körperbewegungen gelesen wurde[27] – heute hingegen gilt es als Ausweis mangelnder Lesefertigkeit, wenn jemand beim Lesen leise vor sich hin murmelt und sich dabei mit dem Finger durch die Zeilen führt.

In den eingangs zitierten Zuschauerreaktionen spricht sich der kulturelle Druck auf die vorgelesene Literatur aber noch in einer weiteren, wichtigeren Hinsicht aus: Hinter der entschuldigenden Einschränkung, man habe gewiss ›nicht alles‹ verstehen können, steht die Befürchtung, das hörende Subjekt bleibe hinter der Objektivität des Texts womöglich zurück. Der Text erscheint hier als etwas Feststehendes, Einsinniges, dem gegenüber die Leserin die Bringschuld einer ›richtigen‹ oder ›angemessenen‹ Lektüre hat. Nun kann schon die stille Lektüre eines narrativen Texts diesem Paradigma nicht entsprechen – die hörende Rezeption eines Gedichts aber muss anderen Vorzeichen folgen, denn ihre materiellen Voraussetzungen sind andere.

Um diese materielle Beschaffenheit wird es im Folgenden gehen: Es soll gezeigt werden, wie gesprochene Gedichte mit der Wahrnehmung interagieren und Denken produzieren. Nicht, weil diese Wahrnehmungsform derjenigen des ›still gelesenen‹ Gedichts überlegen wäre, sondern weil das Hören von Gedichten etwas *Eigenes* ist, dessen Besonderheiten reflektiert werden sollen. Insbesondere, da das gesprochene Gedicht oft

---

dort auch die Literatur betrachtet (vgl. etwa Geißner, 1973, zum dichterischen Rhythmus). Zum Bereich Mündlichkeit/Stimme/Dichtung vgl. etwa Zumthor, 1990 u. 1994. Einen ganz eigenen, noch zu wenig bekannten Ansatz zur Erforschung gesprochener dichterischer Rede und zur Stimmanalyse entwickelt der sowjetische Forscher Bernštejn, 1972a, 1972b u. 1999.

26 | Vgl. Ursprung, 2009, 75 und Meyer, 2008.

27 | Zum Lesen im Mittelalter vgl. z.B. Wenzel, 1998.

unter den Bedingungen des geschriebenen betrachtet worden ist – und unter diesem Blickwinkel für defizitär befunden wurde.

Hier wird nun gefragt, was die Kommunikationssituation einer Autorenlesung auszeichnet, wie die Lyrik als gesprochenes Ereignis strukturiert und wie sie als Text verfasst ist. So kann hervortreten, wie sich diese Struktur zu den Bedingungen einer akustischen, vorwiegend als *live*-Performance realisierten Präsentation durch den Autor verhält. Diese Überlegungen haben mit den Reaktionen von Zuhörerinnen begonnen, diese haben die entscheidenden Fragen aufgeworfen und dem Denken eine Richtung gezeigt. Daher schien es logisch und wünschenswert, in dieser Arbeit den Dialog mit den Hörenden fortzuführen. Die Untersuchung bezieht deshalb ein dezidiert experimentelles Verfahren mit ein: Im Laufe des Forschungsprojekts wurden fünf Dichterinnen und Dichter in Lesungen an der Universität Regensburg gehört. Mila Haugová, Oswald Egger, Lidija Dimkovska, Barbara Köhler und Olga Martynova lasen im Rahmen eines auf gesprochene Dichtung ausgelegten Seminars, das zu diesen Terminen auch dem allgemeinen Publikum offen stand. Ein sechster Dichter, Eugeniusz Tkaczyszyn-Dycki konnte der Lesungseinladung nicht folgen, er wurde in Aufzeichnungen im Seminar gehört.[28] Nach jeder Lesung wurden die Zuhörer gebeten, auf einem Fragebogen ihre Eindrücke zu schildern. Im Anschluss daran wurde mit den Studierenden des Seminars ein Gespräch geführt, das aufgezeichnet vorliegt.[29]

Manche Forscherinnen halten eine solche Herangehensweise für naiv – so warnt etwa der amerikanische Literaturwissenschaftler Jonathan Culler: »However, there is a danger here. One should not assume that because one is interested in real rather than in ideal readers one ought to rush into the libraries armed with questionnaires.«[30] Allerdings wird mit diesem Verfahren kein Beweis angestrebt[31] – wie zweifelhaft eine den Naturwissenschaften entlehnte ›Beweisbarkeit‹ sein kann und von wel-

28 | Es wurden die Gedichte gehört, die Tkaczyszyn-Dycki für *http://www.lyrikline.org* eingesprochen hat.

29 | Eine genauere Schilderung der Vorgehensweise und des Settings im Seminar findet sich im Anhang. Dort ist auch der Fragebogen abgedruckt.

30 | Culler, 1981, 52.

31 | Zur Bewertung gelesener Prosa anhand vorgegebener Kategorien vgl. auch die sprechwissenschaftliche Arbeit von Travkina, 2010. Einen kognitiven Ansatz zur Lyrikrezeption entwickelt etwa Tsur, 2008.

chem Wert demgegenüber Aussagen Einzelner sind, haben die qualitativen Sozialwissenschaften längst herausgearbeitet. Hier ist nicht der Ort, das komplexe und bereits breit diskutierte Verhältnis zwischen Theorie und Empirie detaillierter zu erörtern. Es sei allerdings betont, dass diese Untersuchung zwar Anregungen aus der qualitativen Sozialforschung aufgenommen hat, aber keiner der Schulen folgt.[32] Dies wäre auch nicht möglich – denn hier geht es nicht um die soziale Interaktion von Individuen in bestimmten Kontexten, sondern um die Interaktion von Individuen mit einem Kunstwerk und sich selbst. Die konkreten Zuhöreraussagen werden daher tatsächlich in einem gewissen Sinn ›naiv‹ behandelt: Sie werden nicht umfassend ausgewertet, sondern punktuell gegen theoretische Entwürfe gehalten, in der Hoffnung, dass beide Seiten sich gegenseitig in einem Prozess wiederholten Vergleichens modifizieren. Wie der Psycholinguist Clemens Knobloch formuliert, ist die Empirie »ein Schritt auf dem Weg zur Theorie, nicht der Schritt heraus aus der Theorie in eine ›verifizierende Wirklichkeit‹«[33]. Die theoretischen Überlegungen verschieben das Verständnis konkreter Aussagen, die konkreten Aussagen wiederum treiben das theoretische Denken voran, beschleunigen und bremsen es, sie widersprechen ihm, leiten es um, schaffen ihm neue Öffnungen und verlassen es wieder, um ihrer ganz eigenen Logik zu folgen und ihre eigene Relevanz zu behaupten.[34] Um die Rolle der Zuhöreraussagen für diesen Prozess an einem konkreten Beispiel zu spezifizieren: Wenn eine Zuhörerin schreibt[35], Barbara Köhlers Lesung habe »Schwindel, wie bei Wellengang auf einem Schiff« ausgelöst, so setzt diese Aussage einen machtvollen Reiz, für sie eine Erklärung im Lesungsgeschehen zu finden. Eine solche Aussage strahlt auf andere aus, interagiert mit

32 | Eine Einführung in die Methodik der qualitativen Sozialforschung gab Przyborski/Wohlrab-Sahr, 2009.

33 | Knobloch, 1994, 16.

34 | Die unausgesetzte gegenseitige Beeinflussung zwischen theoretischem Denken und erhobenen Aussagen betont etwa die ›Grounded Theory‹ (vgl. Przyborski/Wohlrab-Sahr, 2009, 194), die hierfür eine Orientierung bot.

35 | Das Geschlecht der Zuhörer wurde auf den Fragebögen nicht erfasst. Alle Aussagen aus den Fragebögen und Zitate aus den aufgezeichneten Gesprächen werden im Folgenden ohne weiteren konkreten Quellenverweis zitiert. Die Fragebögen und Gespräche können zu Forschungszwecken eingesehen bzw. gehört werden.

Aussagen der Dichterin und erweitert das Verständnis des stimmlich-semantischen Geschehens in der Aufführung. Es werden Denkprozesse angestoßen, bei denen im Rückblick oft nicht mehr klar ist, welcher Aspekt einen anderen hervorgebracht hat. Die chronologische Entwicklung der Argumentation ist deshalb im Text nicht dokumentiert.

2. Vom ›verehrungsvollen Lauschen‹ zur aktiven Bezugnahme: Gedicht und Hörer steuern sich an

Zentrale These dieser Überlegungen ist, dass die gesprochene Lyrik in den Hörenden ein Selbstgespräch auslöst. Gedichte sind unter den Vorzeichen narrativer Rezeption kaum rezipierbar, sie provozieren aber das Gespräch der Hörerin mit sich selbst über einen neuen oder fremden Eindruck hin. Dabei *ist* die Lyrik zwar kein Selbstgespräch. Ebenso wenig wie sie frei von narrativen Elementen sein kann – für Jurij Lotman nutzt die Kunst immer »beide kommunikativen Systeme«, das autokommunikative und das erzählende, sie »oszilliert im Feld der strukturellen Spannung zwischen ihnen«.[36] Die soliloquistischen Elemente in der Lyrik aber strukturieren die Bedingungen ihrer Rezipierbarkeit. Soliloquistische Elemente erscheinen allerdings nicht in jenem Sinn, dass der Dichter ein Gespräch mit sich selbst führen würde. An die Stelle eines solchen geschlossenen Zirkels setzt das lyrische Gedicht eine offene, bruchstückhafte Struktur, in der die Autorenstelle (beinahe) leer bleibt. In der Gedichtlesung wird diese Leerstelle[37] schmerzhaft aktualisiert: Aus der Dissonanz zwischen der tatsächlichen körperlichen Anwesenheit der Autorin und ihrer instabilen kommunikativen Bindung an eine narrativ kaum rezipierbare und auch nicht als alltägliches Selbstgespräch klassifizierbare ›Ich‹-Rede entsteht ein spannungsvoller Leerraum.

Ob die Lyriklesung für die Rezipienten *gelingt*, hängt im Kern davon ab, ob es ihnen möglich ist, diese wahrgenommene Dissonanz durch das aktive Einsetzen von ›sich selbst‹ zu vermindern und vermittels des gehörten lyrischen Texts in ein Selbstgespräch zu treten. Erst dann entsteht Bedeutung. Wichtig ist hier das Wort *vermittels*: Denn jenes von einem

36 | Lotman, 2010, 47.

37 | Iser nennt die »Leerstelle« (allerdings im Text) eine »ausgesparte Anschließbarkeit« (Iser, 1994, 284).

Gedicht ausgelöste Selbstgespräch, das ich im Blick habe, ist wiederum nicht solipsistisch, es ist kein Ausgang in eine Welt, in der das Gedicht hinter privaten Anliegen und Vorlieben verschwindet. In der Rezeption, wie sie hier verstanden wird, bleibt das Gehörte präsent und löst eine Auseinandersetzung aus – eben ein Gespräch, geführt von einem Individuum, das sich zu Gehörtem in Beziehung setzt. Gelingt dies nicht, kann die Lesung nichts anderes als ein Schulterzucken zurücklassen – oder einen unpersönlichen Raum distanzierter Betrachtung, die sich selbst zwar als verständig begreifen mag, eine echte Interaktion aber vermieden hat.

Im Verlauf dieser Projektarbeit habe ich die Erfahrung gemacht, dass die These der Lyrikrezeption als *Selbstgespräch vermittels Fremdem* manchen widerstrebt. Ich werde im Verlauf der Argumentation aber zu zeigen versuchen, dass ein solches ›Widerstreben‹ vor allem einem Verständnis des Selbstgesprächs entspringt, das sowohl literaturgeschichtlich verengt als auch in psychologisch-psycholinguistischer Hinsicht unzutreffend ist, letztlich also sich aus einem Missverständnis speist.

Voraussetzung dafür, dass die Rezipienten vermittels des Gehörten in ein Gespräch mit sich treten, ist, dass eine aktive Kontaktaufnahme zum gehörten Gedicht möglich wird – dass, in den Worten von Stanley Fish, eine »aktualisierende Teilnahme«[38] stattfindet. Gerade diese Möglichkeit aber wurde – und zwar exakt unter Berufung auf den in der Lyrikdiskussion bereits verbreiteten Topos des Selbstgesprächs – in letzter Zeit bestritten. In dieser Argumentationsfigur wird zunächst unterstellt, der Dichter führe im Gedicht ein Gespräch mit sich. Stellvertretend sei hier die Einschätzung des deutschen Literaturwissenschaftlers Heinz Schlaffer aus dem Jahr 2012 zitiert. Schlaffer wiederholt in seinem Band *Geistersprache. Zweck und Mittel der Lyrik* ein populäres Bild der lyrischen Situation. Der Dichter, so Schlaffer, schaffe

> eine moderne Entsprechung zur archaischen Geistersprache: eine geheimnisvolle Kommunikation mit einem ihm zugänglichen, allen anderen aber verborgenen Adressaten. Dieser Adressat ist niemand anderes als der Dichter selbst. Er, der letzte

38 | Fish, 1994, 202.

> Repräsentant jenseitiger Geister in einer entgeisterten Welt, führt im Gedicht ein Selbstgespräch, dem das ausgeschlossene Publikum verehrungsvoll lauscht.[39]

Diese Aussage wird auf einer der letzten Seiten von Schlaffers *Geistersprache* getroffen; sie kommt damit einem Fazit nahe, das in seiner Pauschalität überrascht. Zwar attestiert Schlaffer der modernen Lyrik eine Vielfalt an Variationen, kommt aber zu dem Schluss, dass jede einzelne von ihnen in eine »Privatsprache« führe. Man mag nun die Einschätzung für diskussionswürdig halten, dass an »die Stelle der kollektiv anerkannten und verstehbaren Sprache« heute bei jeder Dichterin eine Nutzung der Sprache getreten ist, die nach Originalität strebt. Allerdings zeigt schon ein kurzer Blick auf die zeitgenössische Produktion, dass selbst in den wenigen Fällen, wo noch mit der Schablone des Dichters als unabhängig-originellem Individuum gearbeitet wird, die Texte diesem Entwurf nicht gerecht werden. Und von *Sprache* kann wohl in keinem Fall die Rede sein: Denn selbst wenn die Sprechweisen sich unterscheiden, bleiben lyrische Sprachkunstwerke auf die gesprochene(n) und geschriebene(n) Sprache(n) der jeweiligen Sprachgemeinschaft(en) bezogen und von diesen abhängig – dies gilt sogar für viele Spielarten der Lautpoesie. Damit aber ist den hörenden Mitgliedern dieser oder verwandter Sprachgemeinschaften eine aktive Bezugnahme nicht nur möglich, sie wird provoziert.[40]

Schlaffers Beschreibung wird damit weder dem tatsächlichen Ablauf einer Lyriklesung noch dem behandelten Gegenstand gerecht: Dass das Publikum ›ausgeschlossen‹ sein soll, bleibt auch vor der Folie des Zauberspruchs erklärungsbedürftig. Schließlich wird gerade der Zauberspruch von Mund zu Mund weitergegeben, gilt als besonders wirkmächtig, wenn

39 | Dieses und die beiden folgenden Zitate: Schlaffer, 2012, 198. (In dieser Arbeit wird versucht, die Zahl der Fußnoten zu reduzieren. Auf im Text aufeinander folgende und in einem überschaubaren Bereich des Originals auffindbare Zitate wird daher im Sinne größerer Kompaktheit gesammelt verwiesen.)

40 | Sprecherinnen wie Rezipienten teilen ein verbindliches Regelsystem, das sie, im ermöglichenden wie begrenzenden Sinn, einschließt. Stanley Fish formuliert: »Wenn die Sprecher einer Sprache an einem Regelsystem teilhaben, das jeder von ihnen irgendwie internalisiert hat, wird das Verstehen in gewisser Weise uniform sein« (Fish, 1994, 212).

er vom Interessierten selbst ausgesprochen wird.[41] Er macht jeden Hörer zum potenziellen Sprecher, zu einer Art Zauberlehrling.

Nimmt man aber für den Moment mit Schlaffer an, dass das Publikum immer ausgeschlossen ist und als immer gleich »desorientiert«[42] erscheint, dann wäre es auch gleichgültig, mit welcher Art Lyrik man die Hörer konfrontiert. Wenn die Reaktion immer ein undifferenziertes ›verehrungsvolles Lauschen‹ ist, ließe sich ihnen auch eine tatsächliche Fantasiesprache vorsetzen, die womöglich nicht einmal nach lautlich-rhythmischen Gesichtspunkten organisiert sein müsste. ›Lyrik‹ verklumpt so zu einem undurchdringlichen monolithischen Block, der zudem vor Hörer gestellt wird, die ihrerseits in eine durchweg ›entgeisterte Welt‹ eingeschmolzen sind. Jede Beurteilung eines lyrischen Texts wird so unmöglich; auf Seiten der Hörenden rückt jede Begeisterung für das eine Gedicht und jede Ablehnung eines anderen in die Nähe einer solipsistischen Reaktion, die eher einer zufälligen neuronalen Schwankung als einer gedanklich und emotional geführten Auseinandersetzung gleicht. Eine aktive Bezugnahme seitens der Hörenden oder Lesenden ist in einer so definierten Lyrik nicht vorgesehen; und Aussagen wie die eingangs zitierte, ›man habe erst hören müssen, um zu verstehen‹, dürften in ihr eigentlich nicht vorkommen. Damit scheint Schlaffers Aussage für die Situation der Lyrik insgesamt unzutreffend – was Schlaffer beschreibt, ist der Sonderfall einer gescheiterten lyrischen Kommunikation.

Hier soll dabei nicht bestritten werden, dass die Lyrik ein Element von Fremdheit in der Sprache bzw. in der Art des Sprechens bietet – im Gegenteil, dass die Lyrik immer »sonderbare Rede« (»странн[ая] речь«)[43] ist, wird mit Jurij Levin vorausgesetzt. Levin sieht das Gedicht als Rede, die sich phonetisch, graphisch und semantisch von anderen Redeformen abhebt.[44] Schlaffer nun bündelt diese Fremdheit in einem, nämlich einem einzigen, historischen Zweck, der die Fremdheit der Lyrik begründe. Er geht davon aus, dass die archaische Lyrik den Zweck hatte, Geister anzurufen. In ihrem Ursprung ist ihr damit bereits eine Fremdheit eingeschrieben – eine Sprache, die im Nicht-Menschlichen (und damit dem Fremden selbst) etwas bewirken soll, muss *anders* sein, *muss* über die

41 | Vgl. Butzer, 2008, 126.

42 | Schlaffer, 2012, 198.

43 | Levin, 1998, 466.

44 | Vgl. Levin, 1998, 466.

alltägliche Sprache hinausgehen.[45] Entsprechend tritt für Schlaffer heute eine weitere Fremdheit hinzu: Wo die »Zweckformen«[46] vom »Zweck dieser Formen« gelöst sind, sich die Erkenntnis durchgesetzt hat, dass »Bedürfnisse und Wünsche« zwar fortleben, aber »unerfüllbar« bleiben, geschieht die Begegnung mit Gedichten vor allem als eine »Erinnerung an eine untergegangene Denk- und Sprechweise«. Vor diesem Hintergrund wirkt das von Schlaffer angenommene ›verehrungsvolle Lauschen‹ – selbst eine vom Untergang bedrohte Handlungsform – verständlicher. Es garantiert immerhin Distanz. Diese verhindert eine tatsächliche Befragung des Hörers durch sedimentierte Denkformen und so womöglich eine Berührung mit einer Art Waldenfels'schen »radikalen Fremdheit«[47], die »an die ›Wurzeln aller Dinge‹« rühren könnte und womöglich grundstürzende Konsequenzen für die Konzeption von »Vernunft, Subjekt und Intersubjektivität« hätte.

Im Vergleich dazu ist das Fremde in der Lyrik, wie es hier vermutet und untersucht wird, einerseits domestizierter, andererseits produktiver. Ich schließe mich der breiteren Einschätzung Levins an, dass die Lyrik »in einer Weise über etwas spricht, von dem es sonst nicht üblich ist, so angesprochen zu werden.«[48] Diese Konzeption erlaubt eine domestiziertere Fremdheit dahingehend, dass die Lyrik zu ›Vernunft, Subjekt und Intersubjektivität‹ durchaus spricht und diese Konzeptionen befragt. Sie rührt damit sicherlich auch, sobald die lyrische Kommunikation gelingt, an die Wurzel oder die Verfasstheit des einen oder anderen Aspekts – aber nicht an die Wurzeln *aller* Dinge. Das Risiko einer existenziellen Befragung durch die Lyrik ist damit konkret gegeben, aber ihre Ausdehnung wird überschaubar. Auch katapultiert sie eher selten aus dem zeitlichen Rahmen des *Heute*; die dichterische Sprache erwächst – bei aller Merkwürdigkeit – aus dem *Hier* der Lesenden oder Hörenden. Kurz: Die Präsenz des Abwesenden, die Schlaffer in der heutigen Lyrik identifiziert, existiert; aber sie wird in der Regel von der Präsenz des Anwesenden übertroffen.

45 | Vgl. Schlaffer, 2012, 9f.

46 | Dieses und die folgenden Zitate: Schlaffer, 2012, 11f.

47 | Dieses und das folgende Zitat: Bernhard Waldenfels, »Fremdheit, Gastfreundschaft und Feindschaft«, publiziert unter *www.information-philosophie.de/?a=1&t=219&n=2&y=1&c=1*.

48 | »[С]тихотворение говорит о том и так, о чем и как обычно говорить не принято.« Levin, 1998, 466.

Um die Größenordnung lyrischer Ansätze und Angriffe zu verdeutlichen, sei die Reaktion einer Zuhörerin nach einer Lesung von Paulus Böhmer, Oswald Egger und mir im Jahr 2004 in Linz zitiert: Es habe sie erstaunt, sagte sie, wie »drei Dichter denselben Quadratzentimeter Seele aus ganz unterschiedlichen Winkeln ansteuern und treffen können.«[49] Mit einem – selbst mehrfach – getroffenen Quadratzentimeter aber lässt sich produktiv umgehen; sein Gewebe und seine spezifische Affiziertheit lassen sich vom ungerührten Umfeld her untersuchen, seine Reaktionen auf die sprachliche Einwirkung, seine etwaigen Veränderungen und Verästelungen in umliegende und entferntere Bereiche lassen sich verfolgen.

Was die Zuhörerin in diesem ›Quadratzentimeter Seele‹ angetroffen hat, ist unbekannt. Waren es unerfüllbare Wünsche und Bedürfnisse, wie man mit Schlaffer vermuten müsste? Möglich. Warum hat sie das Wort ›Seele‹ gewählt?[50] Um einen Bezug des Gehörten zu »untergegangene[n] Denk- und Sprechweise[n]«[51] anzudeuten? Auch das ist denkbar. Klar ist aber, dass sie nicht von einer Einheitlichkeit der lyrischen Erfahrung ausgegangen war: Sie äußerte sich überrascht, dass die Texte von drei Dichtern eine Resonanz in derselben inneren Region gefunden hatten. Sie hatte also offensichtlich vorausgesetzt, dass die verschiedenen dichterischen Ansätze auch unterschiedliche Bereiche des Denkens und Fühlens ansprechen würden. Sie hatte also keine Einheitlichkeit lyrischen Sprechens erwartet, keine Texte, die sich vorrangig durch ihren »Versuch, das Vergangene [...] zu wiederholen« auszeichnen. Vielleicht hatte sie auch mit dem Wort ›Seele‹ weniger etwas Überkommenes als einen Bereich gegenwärtiger persönlicher Wirklichkeit im Blick, der Denken, Fühlen und Erfahrung gleichermaßen umschließt. Ebenso wenig ist auszuschließen – wenn auch im Sinne intersubjektiver Verständigung, die sie im Gespräch ja anstrebte, wenig wahrscheinlich – dass die ›Seele‹ und ihr getroffener ›Quadratzentimeter‹ für sie etwas ganz Anderes, Eigenes bargen. Aber der konkrete ›Inhalt‹ ist in diesem Kontext von nachrangiger Bedeutung.

49 | Die Zuhörerin hatte unsere Lesung im Rahmen der von Christian Steinbacher kuratierten *linzer notate* in der Künstlervereinigung MAERZ im Herbst 2004 verfolgt. Ich habe mir die Aussage nach der Veranstaltung notiert.

50 | Auch Janne Teller spricht im zitierten Interview von der »Seele«, Teller, 2014, 67.

51 | Dieses und das folgende Zitat: Schlaffer, 2012, 12.

Wichtig ist hier die Tatsache, dass lyrische Texte differenziert wahrgenommen werden. Es wird von vielfältigen lyrischen Möglichkeiten ausgegangen und vorausgesetzt, dass die eigene Erfahrung der Gedichte akut und von den konkreten Texten abhängig ist. Und es ist wichtig, dass überhaupt ein Kontakt mit der Zuhörerin zustande gekommen war – die Frau sprach nicht von einer distanzierten Beobachtung, nicht davon, dass sie Dichtern bei deren Gespräch mit einem eigenen Seelenflecken zugesehen habe. Sie sprach davon, dass die Gedichte sie ›angesteuert‹ und ›getroffen‹ hätten, und zwar zuinnerst. Ihr Blick ging auf die Texte, deren Auftreffwinkel in ihr selbst, ihre eigene Reaktion auf die gehörten Worte.

Dies aber ist ein zentrales Moment zumindest der zeitgenössischen Lyrik: Sie gestaltet ihre Kommunikationssituation so, dass diese eine Anwendung des Gesagten durch die Zuhörenden (und Lesenden) auf sich selbst nicht nur ermöglicht, sondern strukturell herausfordert. Die russische Literaturwissenschaftlerin Lidija Ginzburg hat die eigentliche Motivation des Lyrikhörens bzw. -lesens meines Erachtens gut umrissen, wenn sie sagt: »Im lyrischen Gedicht will der Leser weniger den Dichter erkennen, als sich selbst.«[52] Der russische Theoretiker Jurij Levin wies im Jahr 1973 darauf hin, dass diese ›Anwendung auf sich‹ aus einer kommunikativen Besonderheit der Lyrik entsteht. Wie Schlaffer ist Levin der Ansicht, dass sich der Dichter an sich selbst wendet, dass also im Gedicht, in Levins Begrifflichkeit, eine »Autokommunikation« stattfindet.[53] Aber Levin geht einen Schritt weiter. Für ihn projiziert sich die Situation des Schreibprozesses in die Wahrnehmungssituation: Im Schreiben tritt der Dichter nach Levin in ein Selbstgespräch – eine Präsupposition, die später noch kritisch zu prüfen sein wird – und wie in einem Spiegel versetzt auch die Rezeption den Leser in ein Gespräch mit sich selbst.[54] Dass die Rezipienten *vermittels* des gehörten Gedichts ein *Gespräch* beginnen aber deutet an, wie dieser ›Spiegel‹ bzw. das Erkennen und die Modifikation des ›Eigenen‹ im Gedicht beschaffen sind: Kein bereits bekanntes und stabiles Bild zeigt sich dem Rezipienten, sondern etwas, das noch in der

52 | »В лирическом стихотворении читатель хочет узнать не столько поэта, сколько себя.« Ginzburg, 1989, 359f.

53 | Levin, 1998, 465.

54 | »Автокоммуникативный акт, сопутствующий созданию стихотворения [...], как бы проецируется в акт восрпиятия стихотворения, делая этот акт разговором читателя с собой.« Levin, 1998, 466.

Entstehung begriffen ist und Reibung verursacht – etwas Bewegtes. Der Schweizer Literaturwissenschaftler Johannes Anderegg kommt zu einer ähnlichen Einschätzung; er betont das Prozesshafte der lesenden Bezugnahme, aus der das Gedicht erst entsteht: »Vom Gedicht erwarte ich, dass es mich angeht. Was mir Gedicht ist, beziehe ich auf mich. Genauer: Das Gedicht *ist* nicht, sondern es *wird* – dadurch, dass ich es mir zum Gedicht mache, dass ich es auf mich beziehe.«[55]

Die folgenden Überlegungen setzen u.a. an der Frage an, wie eine solche ›Projektion‹, nach Levin, genau vor sich geht, was sie begünstigt bzw. hemmt. Insbesondere wird der Ausgangspunkt von Levins Überlegungen einer erneuten kritischen Betrachtung unterzogen: die autokommunikative Struktur der Lyrik selbst. So scheint etwa seine Einschätzung zweifelhaft, dass diese vor allem eine Konsequenz des monologischen Charakters der Lyrik sei – hier wird gefragt, ob eine Betrachtung der Lyrik im Paradigma der Anrede, der Apostrophe, nicht produktiver ist als die Klassifizierung lyrischen Sprechens als vorrangig monologisch. Wieder bietet Schlaffer hier einen wichtigen Bezugspunkt. Er widmet das erste Kapitel seiner *Geistersprache* der »Anrufung«[56], nicht ohne den einleitenden Hinweis, dass er sich damit einem der zentralen Verfahren der Lyrik zuwende, das gleichwohl »von Lesern überlesen, von professionellen Interpreten übergangen«[57] werde. Aber es scheint zweifelhaft, ob Schlaffers Einschätzung, welches Schicksal die Anrufung oder Anrede im zeitgenössischen Gedicht genommen hat, ohne weiteres zuzustimmen ist. Gibt das Gedicht im letzten Jahrhundert »Anrufung und Sprechhandlung«[58] wirklich auf? Ist die Anrufung tatsächlich nur noch als »Erinnerung« an eine aufgegebene »lyrische Konvention« präsent? Oder durchläuft sie eine Metamorphose, in der sie selbst nur unter verändertem Blickwinkel erkennbar wird?

Unbestritten ist, dass die Geste der Anrufung bzw. Anrede in manchen dichterischen Ansätzen erlischt; aber es wird zu fragen sein, ob sie

---

55 | Anderegg, 2000, 433.

56 | Schlaffer, 2012, 13-28.

57 | Schlaffer, 2012, 10. Zu dieser Einschätzung war 1981 auch Jonathan Culler gelangt, er formulierte: »[I]t is a fact that one can read vast amounts of criticism without learning that poetry uses apostrophe repeatedly and intensely.« Culler, 1981, 136.

58 | Dieses und die beiden folgenden Zitate: Schlaffer, 2012, 26-28.

nicht, komplementär hierzu, in anderen Ansätzen produktiv verändert und ausdifferenziert wird. Hier scheint denkbar, dass schon eine kleine Verschiebung der Begrifflichkeit eine differenziertere Auseinandersetzung mit dem Material erlaubt. So fasst die Schlaffer'sche ›Anrufung‹ zwar prägnant die Hinwendung zu nicht-menschlichen, meist höheren Wesen. Durch die neutralere ›Anrede‹ oder den von Culler verwendeten Terminus ›Apostrophe‹ aber werden auch Formen beschreibbar, die zwar einen anderen inhaltlichen Schwerpunkt aufweisen mögen, aber die gleiche kommunikative Grundstruktur zeigen.

Eine noch genauere Bestimmung der kommunikativen Besonderheiten der Lyrik jedoch scheint mir die Bedingung dafür, die spezifische Wirkung und Wahrnehmung von Lyrik beschreiben zu können. Im Folgenden werden daher drei Themenkomplexe dargestellt; bei ihnen soll geprüft werden, ob und wie sie sich mit heutigen, gesprochenen Gedichten verschränken lassen. Ausgehend von Günter Butzers umfangreicher Studie *Soliloquium. Theorie und Geschichte des Selbstgesprächs in der europäischen Literatur* aus dem Jahr 2008 werden zunächst die wesentlichen Bedingungen des literarischen Selbstgesprächs skizziert. Darauf aufbauend wird danach gefragt, welchen Weg bei den hier berücksichtigten Dichtern die Figur der Anrede bzw. Apostrophe nimmt. In einem weiteren Schritt werden dann die sprachlichen Merkmale der Lyrik vergleichend zu den sprachlichen Strukturen des Selbstgesprächs bzw. »inneren Sprechens«[59] betrachtet; wegweisend für diese Fragestellung sind Arbeiten aus der psycholinguistisch-kulturhistorischen Forschung. Wichtig sind hier vor allem die Studie von Lev Vygotskij aus dem Jahr 1934, die Ausführungen Jurij Lotmans zur ›Autokommunikation‹ (die auf Vygotskij aufbauen) und die grundlegende Aufarbeitung des Forschungsstands zum ›inneren Sprechen‹ von Anke Werani aus dem Jahr 2011.[60] In zunehmendem Maße treten die Überlegungen dabei in Kontakt mit der Frage, inwiefern die Situation des Sprechens und Hörens auf diese Strukturen Einfluss nimmt bzw. ihre wahrnehmbare Entfaltung begünstigt oder erst hervorbringt. Damit genauer bestimmt werden kann, wie gerade die Situation des mündlichen Vortrags die Semantik der Lyrik beeinflusst, wird rekurriert auf Erkenntnisse der kulturwissenschaftlich-philosophischen Stimmforschung, Begriffe aus der Performance-Ästhetik werden auf ihre

59 | Vgl. den Titel der Überblicksstudie von Werani, 2011.

60 | Vgl. Vygotskij, 2002, Lotman, 2010 und Werani, 2011.

Anwendbarkeit befragt, und es werden eigene, für die lyrische Kommunikationssituation spezifische Denkfelder vorgeschlagen. Gegenstand der Analyse sind die Texte der oben genannten sechs Autorinnen und Autoren, die Aufnahmen ihrer Lesungen an der Universität Regensburg, die Aussagen der Zuhörer in den Fragebögen, Kommentare der Studierenden im Seminar sowie die Aussagen der Dichterinnen in den ergänzenden Interviews.[61]

3. Vom ›Gemeinten‹ zu sonderbarer Verständlichkeit: Die (unterlaufenen) Erwartungen an Lyrik

Die Arbeit mit den Studierenden in einem Seminar bot die Möglichkeit, nicht nur die konkrete Wahrnehmung einzelner Gedichte zu besprechen, sondern auch die Erwartungen in den Blick zu nehmen, die der Lyrik insgesamt entgegengebracht werden. Hier stellte sich einerseits die Frage, was überhaupt als Gedicht gilt, und ob diese ›Gedichte‹ von ›normalen‹ Rezipienten[62] überhaupt mit dem Merkmal ›sonderbar‹ in Verbindung gebracht werden, das in der literaturwissenschaftlichen Diskussion so häufig erscheint.

Im Unterrichtsgespräch zeigte sich, dass die Studierenden von einem breit gefassten Gedichtbegriff ausgingen: Zentrale Merkmale des Gedichts waren für sie zunächst der (End-)Reim und eine (gewisse) rhythmische Strukturierung der Texte. Mit ebenso wenig Zögern aber identifizierten sie reimlose, prosanahe Texte des 20. Jahrhunderts als Gedichte. In der weiteren Diskussion stellte sich jedoch heraus, dass ›das Sonderbare‹ ebenso wie die in die Texte eingeschriebenen Erwartungen an mög-

61 | Die Interviews mit den Autoren wurden vor bzw. nach den Lesungen geführt, es liegen Aufnahmen vor. Die Gespräche mit Mila Haugová, Lidija Dimkovska, Olga Martynova und Barbara Köhler sind – in einer mit den Autorinnen abgesprochenen verschriftlichten Version – in diesem Band abgedruckt.

62 | Unter ›normalen‹ Rezipienten verstehe ich Menschen mit höchstens durchschnittlicher literaturwissenschaftlicher Vorbildung. Die Seminarteilnehmerinnen waren junge Erwachsene, von denen ein Großteil das Berufsziel Grund- oder Realschullehrer hatte. Die meisten von ihnen strebten keine Spezialisierung in der Literaturwissenschaft an.

liche Rezipienten wichtig für eine weitere Differenzierung waren. So schien allgemein unstrittig, dass gereimte Gebrauchstexte das (diffuse) Merkmal von etwas ›Sonderbarem‹ in der Rede nicht aufweisen, ja um jeden Preis vermeiden. Ihre genau abgesteckte Zielrichtung, Anlass- und Rezipientengebundenheit sei mit befremdenden Elementen unvereinbar. Es herrschte ebenfalls weithin Einigkeit, dass derartige Texte zwar vielleicht ›Gedichte‹ genannt werden könnten, aber für eine eingehendere Beschäftigung nicht lohnend seien. Solche Gedichte hingegen, die für sich einen offenen Rezipientenkreis beanspruchen, sei es durch Komposition und Themensetzung oder schlicht durch das Faktum des Abdrucks in einem Buch oder Schulbuch, zeichneten sich in den Augen der Studierenden tatsächlich durch ›Merkwürdigkeit‹ aus.

Als prototypisch darf gelten, was eine Studierende im Anschluss an Oswald Eggers Lesung am 25.01.2013 formulierte: »des is was, wenn man des liest, dann denkt man sich einfach nur noch ›was soll des‹.« Und sie fügte hinzu: »aber wenn man's dann hört, kommt des rüber, was damit eigentlich gesagt werden soll«.

Konkreter noch äußerten sich zwei Studierende, die vor der Lesung von Mila Haugová zwei ihrer Texte analysiert hatten. Auch hier wurde der Gegensatz zwischen ›bloß lesen‹ und ›hören‹ explizit. Eine der beiden schilderte ihre Erfahrung, unter hörbarer Zustimmung ihrer Kollegin, wie folgt:

> … bei manchen Zeilen, wo man sich, wenn man's liest, irgendwie so denkt, weiß ich jetzt nicht, was gemeint ist, oder, da steckt bestimmt was ganz Hochtrabendes dahinter, wo sie dann irgendwie noch erzählt hat, ›Ja und das ist einfach nur irgendwo ein schöner Platz, der mir gut gefällt‹, oder ›das sind halt Kindheitserinnerungen, das mit den Himbeeren und den Schlangen‹, wo man sich wahrscheinlich dann irgendwie gedacht hätte ›Hä! Himbeeren und Schlangen!‹, und sie erzählt dann halt einfach ›Ja, das sind halt Erinnerungen, die ich in meinem Kopf hab‹, und (.)[63] ähm (.) also, dass es einfach zu praktisch 'n Ganzes wird irgendwie.

63 | Hier wird kein absolut lautgetreues Transkript der Äußerungen gegeben. Syntaktische Brüche bleiben zwar erhalten; dialektale Prägungen werden aber höchstens angedeutet. Wichtig allerdings erscheint das Pausenzeichen (.), weil es sichtbar macht, wie Äußerungen von Denk- und Formulierungsbemühen durchsetzt sind. Der besseren Lesbarkeit halber werden Satzzeichen ergänzt.

Hier fällt auf, dass den Studierenden offensichtlich kaum Strategien zur Verfügung standen, mit der erwarteten und tatsächlichen ›Sonderbarkeit‹ der (gedruckten) lyrischen Rede produktiv umzugehen.[64] Das ›Sonderbare‹ wird vor allem als etwas Rätselhaftes wahrgenommen: Als etwas, ›hinter‹ dem ›bestimmt was ganz Hochtrabendes steckt‹; das also mit einer Bedeutung für Eingeweihte, Wissende vorauseilt, zu der man selbst nicht aufschließen kann. Die fremdsprachige Lesesituation kann im Vergleich hierzu wie eine Erlösung wirken: Lidija Dimkovska zuzuhören war für einen Zuhörer »[a]ngenehm, wohl grade auch dadurch nur zuhören und nichts verstehen zu müssen; interessante Erfahrung, diesem eigtl. ständig präsenten ›Verstehenszwang‹ mal nicht ausgesetzt zu sein.«[65] Es zeigt sich einerseits die Gravitation des Gedichts zum Elitären, aber auch Geheimnisvollen, dem Zauberspruch, wie sie Schlaffer erläutert. Andererseits wird erneut deutlich, als wie frustrierend und unergiebig die bloße Beobachtung eines muttersprachlichen Geschehens – noch dazu unter dem Imperativ eines empfundenen ›Verstehenszwangs‹ – erlebt wird.

Der lyrische Text wird hier als ergänzungsbedürftiger sichtbar. ›Ein Ganzes‹ muss sich erst noch bilden, und damit dies gelingt, muss etwas geschehen. Im Fall von Mila Haugová ereignen sich allem voran die autobiographisch-persönlichen Erzählungen der Dichterin zwischen den einzelnen Gedichten. Sie zeigen den Hörenden, dass das Gedicht keine abstrakt-universelle Bedeutung ›hinter‹ seinen Wörtern versteckt, sondern diese Wörter vor allem eine Bedeutung *für jemanden* realisieren. Gleichwohl erschöpft sich diese ›Ergänzung‹ nicht darin, dass nun statt des überlegen-gefügten Sprachmaterials dessen Bedeutung für die konkrete Person der Autorin unbeteiligt wahrgenommen würde. Vielmehr wird offenbar, *dass* diese Wörter eine Bedeutung *für eine* sprechende Person haben – und das hilft, den eingeübten, narrativ geprägten Rezeptions-

64 | Die Kollegin der zitierten Studentin sagt über die Analyse von zwei Haugová-Texten im Vorfeld: »Also am Anfang, ehrlich gesagt, haben wir's uns beide durchgelesen und uns angeguckt und gedacht ›Äh‹ *[lacht]* ›ja, und jetzt?‹ Also da ist uns gar nichts dazu eingefallen.«

65 | Das ›Angenehme‹ der gesprochenen Gedichte ist womöglich ein generelles Versprechen der hörbaren lyrischen Rede. Für Michel Poizat lässt das »Kontinuierliche[...] der Stimme« hoffen, »die Diskontinuität des Wortes« zu überwinden (Poizat, 2002, 216) – umso mehr beim lyrischen Text, bei dem sich ›nicht alles verstehen‹ lässt.

modus zu überwinden. Denn nicht die Bedeutungsmuster einer erfundenen Welt oder Figur werden gemeinsam mit einer impliziten Autorin von einer mehr oder weniger weit entfernten Position aus betrachtet. Sondern Sprechende und Hörende gleichermaßen können sich in der Gedichtrezeption als Ankerstelle des lyrischen Bedeutungsgeflechts erproben. Mila Haugová nennt dieses Erproben im hier abgedruckten Interview die »Zusammenarbeit« mit dem Publikum, von der die Qualität der Lesung abhänge. Gelingt diese Zusammenarbeit, dann wird ›es‹ dieses ›Ganze‹. Dann können die Hörer, die in den Fragebögen nach Mila Haugovás Lesung Auskunft über ihr Erlebnis gaben, auf die Frage »Hat Sie das Gehörte an etwas erinnert, das Sie kennen?« antworten mit: »Friedhof im Dorf meiner Oma«, »Bilder aus meiner Kindheit«, »Erlebnisse auch aus meinem Leben« u.ä. Diese Frage wurde von acht Personen beantwortet (von insgesamt zehn, die den Fragebogen ausfüllten), eine davon antwortete mit »Nein« – in den übrigen Antworten erscheint sechsmal das Possessivpronomen ›mein‹. Dass die Gedichte gehört wurden statt gelesen, dürfte diese direkte Bezugnahme begünstigt haben. Mladen Dolar spricht vom »Widerhallen[...]« der Stimme, in der eine »Übertragbarkeit von Lauten« erfahrbar wird, die »auf Ähnlichkeiten, auf Anklängen, Gleichklängen, Entsprechungen, Übereinstimmungen«[66] beruht. Wortsemantik und eine individuelle Bezüge befördernde Klangsemantik der Stimme sind gleichrangig präsent. Eine Studierende bezieht sich im Gespräch nach Mila Haugovás Lesung auf eine solche Kopräsenz von ›Eigenem‹ und ›Anderem‹ in der gehörten Rede:

> Durch ihre Kommentare zwischen den Gedichten wird man wirklich hineingeführt in die persönliche Welt und natürlich da hat man auch Bilder im Kopf, die sie einfach durch ihre Gedichte hervorruft, na, da hat man diese Bilder im Kopf, ne, und das kann man auch irgendwie wie Kindheitserinnerungen abspielen lassen.

Eine andere Hörerin sagt, als die Autorin »es vorgetragen« habe, habe sie »dann auch eher über meine Familie oder die Konstellation da nachgedacht«. Ein weiterer Eindruck war, es seien »viele Verse dabei« gewesen, »die auch auf mein Leben [...] zutreffen, [...] und dann denk ich nicht mehr drüber nach, wie ist das jetzt irgendwie zu analysieren in dem Gedicht, sondern dann stößt das bei mir selber irgendwie so einen Gedankengang

66 | Dolar, 2004, 208.

an.« Mit Avanessian und Hennig lässt sich diese Art der »Semiose«, in der »ein neues Ganzes hergestellt wird«, beschreiben als »Bewegung«, in der »ein Element [...] durch einen Interpretanten in Beziehung gebracht wird zu einem anderen Element«[67].

Diese Art der Bedeutungsbildung ist freilich noch keine Interpretation. Erst »nachdem eine solche Bewegung abgeschlossen ist, zieht die Beantwortung der Frage, wie genau sie sich vollzogen hat [...] eine neuerliche Bewegung – eine Interpretation – nach sich«. Allerdings erscheint das Bedürfnis ausgeprägt, diesen Schritt der Bedeutungsbildung – die Verknüpfung neuer Aspekte in einer konkreten Wortverwendung oder Satzkombination zu einem ›neuen Ganzen‹ – zu überspringen und gleich in die Interpretation oder eine Art ›scheinbarer Interpretation‹ überzugehen, wie sie die Distanz des narrativen Modus prinzipiell ermöglicht. Wie groß dieser Reiz ist, illustrieren die ›Himbeeren‹ und ›Schlangen‹ im obigen Zitat. Durch ihr bloßes Erscheinen im Gedicht – die Verse lauten »mit einem geschlängelten Stecken/bestocherst du den Schlangenpfad; am Ende des Weges/wilde Zyklamen; Brombeeren«[68] – verwandeln sich harmlose Konkreta wie Himbeeren/Brombeeren und Schlangen offensichtlich in rätselvoll-unzugängliche Gebilde, über die »man« sich denkt »Hä! Himbeeren und Schlangen!«. Gleichzeitig jedoch illustriert die Rede der Studierenden, dass die ›Brombeeren‹ als stimmlich Gegebene offensichtlich gerade nicht hermetisch und ungreifbar vor ihr standen – sie konnte sie nicht nur als Erinnerungen der Autorin betrachten und aufnehmen, sie hat sie auch so weit in ihre eigenen Koordinaten übersetzt, dass sie eine Modifikation zu ›Himbeeren‹ erfuhren. Und auch für andere Rezipienten scheinen solche Konkreta – sobald es gelingt, sie in einem lyrischen Rezeptionsmodus wahrzunehmen – eindrucksvoll. So nennt etwa eine Hörerin, die sich an anderer Stelle des Fragebogens als »sehr beeindruckt« zu erkennen gibt, explizit (auch) den Bildkomplex »Waldweg, Brombeeren, Schlangen« unter der Frage, ob »einzelne Verse/Sätze/Wendungen im Gedächtnis« geblieben seien.

Das Wissen um das Nicht-Alltägliche der lyrischen Rede scheint also weit verbreitet; das Wissen darum, dass es einen Modus gibt, in dem diese ›Sonderbarkeiten‹ als ein sinnvolles Sprechen rezipiert werden können,

67 | Diese Zitate und das folgende: Avanessian/Hennig, 2014, 83.

68 | Haugová, 2011, 47.

allerdings deutlich weniger.[69] Dieser Modus kann deshalb in der Begegnung mit dem geschriebenen Text auch nicht bewusst genutzt werden; allerdings scheint er sich für manche Hörer im Verlauf einer Lesung unwillkürlich zu aktivieren. In den Gesprächen mit den Studierenden zeichnete sich dieser ›andere Modus‹ im Bild eines Raumwechsels ab, der mit Hilfe der anwesenden Autorin gelinge. Man werde von Haugová »in diese Welt hineingeführt«, es handle sich um einen »Übergang«. Als besonders positiv wurde empfunden, wenn dieser Raumwechsel im ›Hier‹ seinen Ausgang nahm; bei Haugová wie auch bei Egger beschrieben die Studierenden eine Art Gleiten[70] zwischen alltäglicher und lyrischer Rede, das es ihnen erleichterte, die alltagssprachliche, narrativ geprägte Welt zu verlassen[71]. Nicht für alle Hörenden jedoch gelingt dieser Übergang. Manche können, im konkreten Wortsinn, manchem Autor nicht folgen. So beschreibt eine Studierende nach Oswald Eggers Lesung, sie habe sich unter Druck gefühlt, das Vorgetragene zu erfassen und zu begreifen und sei erleichtert gewesen, als der Autor zu einem Abschnitt gekommen sei, der nur aus Lauten bestanden habe. Sie sagt: »ich war da froh, dass ich mir da mal sicher sein konnte, dass man's jetzt einfach nicht verstehen kann«. Eine andere Studierende, die den Übergang vom narrativ Greifbaren in den lyrischen Modus bei Oswald Egger mitvollziehen konnte, beschreibt ihre Erfahrung hingegen so:

> Ich hab das total faszinierend gefunden, weil das so von dem einleitenden ›ich erzähl jetzt, was ich mach‹ übergegangen ist in die Lesung und man irgendwie auf einmal drin war, das war kein so ein ›ich fang jetzt an‹ und ›ich halte heut ein Referat über‹, ähm, sondern es ist einfach angegangen.

Was aber ist dieses ›es‹, das ›einfach angegangen‹ ist? Was zeichnet die sprachliche Situation in diesem ›drin‹ aus – was fehlt ihr, was hat sie im Überschuss? Schon in diesen wenigen Äußerungen der Studierenden deutet sich ein Missverstehen der lyrischen Kommunikationssituation

69 | Dieses Muster ist nicht nur bei den Studierenden und Zuhörern dieser Veranstaltungsreihe beobachtbar. Es reicht weit in jene Kreise hinein, die sich als ›Experten‹ bezeichnen ließen, etwa professionelle Literaturkritikerinnen.

70 | Der konkrete Begriff des ›Gleitens‹ wurde aber nicht von den Studierenden, sondern von mir ins Gespräch um Mila Haugová gebracht.

71 | Zur Entpragmatisierung des literarischen Texts vgl. etwa Iser, 1994, 284ff.

an, das auch durch ihr Gelingen nicht ausgeräumt werden kann. So fehlt zwar nicht das Verständnis, wohl aber fehlen die Begriffe, das eigene Verstehen zu fassen. Beispielhaft drückt sich ein solches ›missverstandenes Gelingen‹ in der mündlichen Reaktion einer Zuhörerin auf die Lesung von Olga Martynova aus: Die Studierende schilderte im Unterrichtsgespräch detailliert die äußerst positive Erfahrung, die Martynovas Lesung ihr ermöglicht hatte. Ihre Ausführungen gipfeln in der Feststellung, »das« sei »jetzt nicht irgendwie so (.) nur Lyrik« gewesen, »sondern das war echt Malen jetzt, oder generell, also 'ne allgemein große Kunst«.

Zugespitzt ließe sich hier paraphrasieren: Wenn die Lyrik gelingt, kann es keine gewesen sein. Aber nicht nur die Gattung scheint hier in Frage zu stehen, das Ereignis wird als sprachliches zweifelhaft. So wird spekuliert, dass es sich um ›Malen‹ gehandelt habe, um (durch dieselbe Studentin) »Klänge und Melodien«, um ›allgemein große Kunst‹. Der lyrische Sprachmodus wirkt so ›anders‹, dass er vom alltäglichen Begriff des Sprachlichen nicht mehr vollständig gedeckt wird – und es ist davon auszugehen, dass dies kein zufälliger Defekt in der Wahrnehmung oder ein kontingentes Merkmal einer bestimmten Form von Lyrik ist. Vielmehr scheint es integraler Bestandteil der lyrischen Sprachform, dass sie mittels Sprache über den alltäglichen Begriff von Sprachlichkeit hinausstrebt. Die Ergänzungsbedürftigkeit des lyrischen Kommunikats durch die Hörenden/Lesenden resultiert damit nicht oder nicht nur aus einem Mangel, sondern aus einem Überschuss, einem Mehr, das von der gängigen Spracherwartung nicht erfasst ist[72] und zu dem die Rezipientinnen sich in Beziehung setzen müssen.

Noch konkreter auf das Problem der Sprachlichkeit ausgerichtet erscheint der bereits zitierte Kommentar einer Studierenden zu Oswald Eggers Lesung, in dem sich ebenfalls ein ›missverstandenes Gelingen‹ abzeichnet. Wenn die Studierende sagt, »aber wenn man's dann hört, kommt des rüber, was damit eigentlich gesagt werden soll«, will sie damit vermutlich ausdrücken, dass sie eine Kommunikation mit den gesprochenen Gedichten herstellen konnte. Vielleicht würde sie diese Kommu-

72 | Konkrete Merkmale sind hier etwa lautlich-rhythmische Strukturierungen. Ich meine aber, dass diese eher Symptom dieser überschreitenden Bewegung sind, denn ihr Grund. Auf die Frage, wie die Sprache des Gedichts über das als gemeinhin als ›sprachlich‹ Begriffene hinausstrebt (und damit auch Verweise auf andere Kunstformen selbst provoziert), wird im Folgenden noch genauer eingegangen.

nikation sogar ›Verstehen‹ nennen. Dass dieses Gelingen aber ein Verständnis dessen herstellt, ›was damit eigentlich gesagt werden soll‹, darf bezweifelt werden. Von Haugovás Gedichten soll nicht der ›Friedhof im Dorf der Oma‹ angesprochen werden – zumal von Gedichten, in denen kein Friedhof vorkommt. Ebenso wenig soll ein »Laubrauschen« erzeugt werden, das eine andere Hörerin in den Texten im slowakischen Original wahrnahm.

Das aber heißt nicht, dass die Wahrnehmung der Hörer ›falsch‹ oder ›inadäquat‹ gewesen wäre. Vielmehr stellt die Lyrik – bzw. stellen bestimmte Spielarten der Lyrik – eine Kommunikationssituation her, in der fundamentale Merkmale alltäglich-sprachlichen Bedeutens kaum bis gar nicht aktiv sind. Ein Blick auf eine von Grices grundlegenden Unterscheidungen ist hier hilfreich. Grice sieht eine Differenz zwischen dem, was gesagt, und dem, was gemeint oder impliziert wird.[73] Keine Kommunikation wiederum ist für ihn möglich, ohne dass die Angesprochenen Hypothesen darüber anstellen, was die Sprechende mit dem Gesagten meint. Noch einmal sei an die zitierte Studierende erinnert: Sie formulierte exakt diesen alltäglichen Kommunikationsmodus, als sie sagte, bei den ›Himbeeren‹ wisse sie ›nicht, was gemeint ist‹. Oder wie Klaus Petrus paraphrasiert: »Grice equates the specification of the total signification of an utterance x made with a specification of what the utterer U means by uttering x.«[74] Das Gedicht wäre damit insofern in seiner Bedeutung unvollständig und ergänzungsbedürftig, als es alle Fragen, was die Sprecherin damit ›meint‹ oder ›intendiert‹ ins Leere laufen lässt oder sogar zurückweist. Das Gedicht *sagt* lediglich und rückt dieses Gesagte *als Gesagtes* in den Fokus. Und auch diese Einschätzung findet sich in den Aussagen der Studierenden; in einer weiteren Annäherung an Martynovas Lesung schlug die bereits zitierte Studierende auch diese Formulierung vor: »man hat gemerkt, [...] dass nicht wichtig ist, dass das, was sie sagt, ankommt, sondern dass sie's *sagt*[75]«.

Hier deutet sich eine sehr grundsätzliche Bedeutung des Mündlichen an, die etwas wie den Genuss sinnlich entfalteter Präsenz weit übersteigt.

73 | »a distinction between what the speaker has said [...], and what he has implicated«. Grice, 1989, 118.

74 | Petrus, 2010, 9.

75 | Kursivierung zur Verdeutlichung des intonatorisch-artikulatorischen Nachdrucks auf ›sagt‹.

In der Betonung bloßen ›Sagens‹ scheint der Begriff der »STIMME« auf, wie ihn Giorgio Agamben entwirft. Jenseits der »signifikanten Rede« zeigt die ›STIMME‹ für Agamben das »Stattfinden der Sprache selbst«[76]. ›STIMME‹ ist damit für ihn einem *shifter*, also den deiktischen Funktionen von Pronomen vergleichbar, die die »Umwandlung der Sprache in Rede« ermöglichen. In der Stimme als »höchste[m] *shifter*« steht nun nicht nur eine konkrete Äußerung, es steht das Ganze auf dem Spiel. Agamben selbst sieht eine Nähe der ›STIMME‹ zur poetischen Rede, nicht zuletzt zu ihrer »Zweideutigkeit und Überlieferbarkeit«. Und die Gedicht-Beispiele, die Agamben anführt, akzentuieren die Ebene des schieren Sprachereignisses gegenüber dem, »was in diesem Stattfinden gesagt wird«. ›Überlieferbarkeit‹ aber ist Übertragbarkeit und kann einen Stimulus zur selbstständigen Aktualisierung setzen.

Hier interessiert zwar vor allem, *wie genau* Gedichte dieses ›Stattfinden‹ als Präsenz inszenieren, die prinzipielle Neu-Besetzbarkeit der Sprechstelle aktivieren und dabei gleichzeitig Beziehungen zur semantischen Ebene entwerfen, die sie auf ein sprechendes, auch körperlich begriffenes Individuum hin entwickeln. Es interessieren die konkrete Entfaltung einer poetischen »Gleichzeitigkeit zwischen Präsenzeffekten und Sinneffekten«[77] und die Frage, wie aus dieser ›Gleichzeitigkeit‹ Bedeutung als Wechselwirkung verschiedener Wahrnehmungsebenen in den Hörenden entsteht. Agambens ›STIMME‹ hat aber einen ersten Hinweis darauf zu geben vermocht, warum es der Lyrik überhaupt gelingen kann, die Bindung zwischen sprechendem Subjekt und Text zu lockern und das kooperative Postulat jeder alltäglichen Kommunikation außer Kraft zu setzen. Nach Grice lautet dieses: »Make your conversational contribution such as is required«[78] – die Einschätzung, inwiefern ein solches Kommunikat nötig oder unnötig ist, wird vom Gedicht jedoch allein der Hörerin anheimgestellt. Die einzige Information wiederum, die über den Autor bzw. Sprecher vorliegt, besagt: ›Ihm‹ schien es erforderlich, ›es‹ so zu sagen. Exaktere Spezifikationen dessen, was etwa gemeint sein könnte oder in welchem Verhältnis das Gesagte warum zu Grice'schen Kommunikationsmaximen wie einer angemessenen Informationsdichte oder Wahr-

76 | Dieses und die folgenden Zitate: Agamben, 2007, aus den Seiten 139, 48, 68, 126, 139.

77 | Gumbrecht, 2004, 34.

78 | Grice, 1989, 26.

heitstreue stehen mag, obliegen der Rezipientin. Die alltagssprachliche Funktion der *shifter* – die Verankerung des Gesagten in einem konkreten Personengeflecht – wird im lyrischen Akzent auf der prinzipiellen Übertragbarkeit von ›STIMME‹ geschwächt. Diese Konstellation trägt zum eigentümlichen Verhältnis von Über- und Unterdeterminiertheit der Lyrik bei: Die Rezipientin findet sich in einem Spannungsverhältnis wieder, in dem die Motivation sprachlich maximal gestalteter, überdeterminierter Sprachstücke aus Sinn- und Äußerungskontexten unterbestimmt bleibt.

Das für das Lyriklesen oder -hören viel beschworene ›Sense-Making‹[79] – die Beobachtung, dass Lyrikrezeption weniger ›Bedeutung entnehmen‹ heißt als ›Sinn machen‹, ›Sinn herstellen‹ – hat seinen Grund also in einer Kommunikationssituation, die aus dem alltäglichen Sprechen unbekannt ist: Radikal auf konkrete Wort- und Satzbedeutungen reduzierend, spricht sie dennoch die Rezipienten keineswegs als distanzierte, in sich abgeschlossene und gewissermaßen stabil-souveräne Betrachter an, sondern als integral involvierte Teilnehmer, die an den Bedeutungsrelationen auf je individuelle Weise partizipieren und diese mit entfalten. Gerade als Adressatin einer sprechenden Stimme – in der Lautrelationen nach Gleichklang und Übertragbarkeit fragen lassen[80] – tritt die Hörende vermittels des Gehörten in eine Art Austausch mit sich. Einen Austausch allerdings, der mit sprachlichen Mitteln über das als sprachlich Begriffene entschieden hinausgreift. ›Gemeint‹ vom Gedicht zeigt sich in den Zuhörerreaktionen, wie auch Lidija Ginzburg vermutete, die Hörende selbst, die sich, ganz konkret, angesprochen fühlt (oder, beim Scheitern des Austauschs, eben nicht angesprochen fühlt) – weniger weil sie sich wiedererkennt, sondern weil sie die möglichen, wahrgenommenen und abgelehnten Bedeutungen als Fragen wahrnimmt, und den Impuls zu einem (emotionalen oder gestischen oder visuellen oder gedanklichen etc.) Respons verspürt. Der Gedichtrezeption entsprechen dabei eher Fragen wie *Inwiefern meint mich was?* oder *Wo meint mich das?* als *Was meine ich?* oder *Meine ich das?* Die folgenden Kapitel befassen sich nun eingehender damit, wie das ›Gesagte‹ des Gedichts und der Austausch mit ihm beschaffen sind.

An dieser Stelle sei aber noch einem (verbreiteten) Missverständnis vorgebeugt: Dass die konkrete Ausgestaltung der Textbedeutung den Re-

79 | Vgl. etwa Culler, 1981, 50.

80 | Vgl. Dolar, 2004, 208.

zipientinnen anheimgestellt wird, bedeutet nicht, dass deren Assoziationen zufällig wären. Die lexikalischen Bedeutungen bleiben ja – in der Mehrzahl der Poetiken – unangetastet. »Brombeere« ist eindeutig; unklar bleibt in der Unterstellung von ›versteckt Gemeintem‹ lediglich, was die Autorin mit Brombeere ›noch‹ oder ›eigentlich‹ sagen will. Ähnlich ist im Fall von Haugovás Gedichten kaum verwunderlich, dass in den Hörerreaktionen von ›der Oma‹ und ›dem Friedhof‹ die Rede ist – würde das Gedicht keine klaren Satz- oder Wortbedeutungen liefern, wäre es genauso wahrscheinlich, dass sich bei den Rezipienten Gedanken an den Bruder, die Schule, eine Felswand oder die Tempeltänzerin auf Bali einstellen. Das Gedicht ist so gestaltet, dass es auf eine je spezifische Weise die Sinnbildung steuert – sie kann sich nur unter den Bedingungen jenes Raums vollziehen, den das Gedicht erzeugt. Diesem Raum lässt sich auch in den Begriffen ›Metapher‹ und ›Metonymie‹ begegnen.

Die Erwartung, es möge ein ›Gemeintes‹ sichtbar werden, entspricht dem Wunsch nach einer Art Meta-Metapher, in der die Autorin den gesamten Text als Zeichen für etwas ›tatsächlich Beabsichtigtes‹ setzen würde. Diese Erwartung geht zudem davon aus, dass der Text – gemäß einer narrativen Raumentwicklung – rasch andeuten wird, was und wer an dieser metaphorischen Relation beteiligt ist. Demgegenüber entwirft die Lyrik ein metonymisches Modell – und auch das deutet sich im Bild vom Raumwechsel durch Übergang an: Die Bewegung mit dem Gedicht geht von Einem zum Nächsten, Angrenzenden, sie entfaltet sich prozesshaft, auch einzelne Metaphern sind in diesen ›Abwicklungsvorgang‹ eingeschlossen, ebenso wie Distanzen zwischen einzelnen Phrasen, Bildern, Gedanken. Beziehungen rollen sich auf. Allerdings ist diese Metonymik – naturgemäß – auf spezifische Weise perspektiviert. Nicht auf eine Figur hin, sondern auf die sprechende Person; und der Imperativ lautet nicht ›verstehe diese Person‹, sondern ›setze dich in das Gefüge ein‹. Zentral für dieses Gefüge, das sich im Weg durch ein Gedicht auffaltet, ist, dass seine Beziehungen zur sprechenden Instanz einer Flexibilität, einem Gleiten unterliegen: Sie werden erst erkundet, nicht als fertige referiert. Sie sind dabei weder völlig offen noch völlig determiniert; ihr ›Wesen‹ besteht gerade aus einer für das jeweilige Gedicht spezifischen *Relation* zwischen Offenheit und Gebundenheit; der metonymische Weg *mit* dem lautlich aktualisierten Gedicht *durch* dieses Gedicht ist die Bewegung durch einen spekulativen Raum, der von den Notwendigkeiten einer (sprachlich-körperlich-gedanklichen) Gebundenheit und den Möglichkeiten (sprachlich-körperlich-gedanklicher) Offenheit gebildet wird. Nur damit wird es möglich (und nötig!), dass die Rezipientinnen ›sich einsetzen‹; die Beziehungsentwicklung zwischen Sprecherin, Besprochenem (also spezifischer Bezugsetzung zu einem Ausschnitt Welt) und dem sprachlichen Zielen auf das Besprochene unterliegt einem Aktualisierungsvorbehalt durch den konkreten Rezipienten. Die metonymische Verschiebungsbewegung des Gedichts ist immer ein *Verschiebt es mich? Wie?*

Den Rezipientinnen eine radikal aktive Rolle in der metonymischen Entfaltung des Texts zuzubilligen heißt aber weiterhin nicht, den Sinnbildungsvorgang vom Text zu lösen und der Willkür zu übereignen. Im Gegenteil macht die Frage *Wie verschiebt mich das?* nur in Bezug auf be- oder ersprochene Gegenstände Sinn. Entsprechend ist mit der Behauptung, das Gedicht sei aus den kommunikativen Alltagserfordernissen gelöst und beschränke sich darauf, das Gesagte zu sagen, nicht gemeint, dass das Gedicht einem rein sprachreflexiven Raum angehört. ›Das Gesagte‹ des Gedichts kann gleichermaßen ›welthaltig‹ wie ›weltlos‹ sein – so wie alles Gesagte außerhalb von Gedichten auch. Und: Das Gesagte zu sagen heißt immer, dass es für jemanden Bedeutung hat. Lediglich die Bedeutung für die implizite oder tatsächlich präsente Autorin ist nicht zugänglich – und auch damit ist die Lyrik nicht allein: Die Bedeutung eines streng narrativen Texts für ›seine‹ Autorin ist den Rezipienten ebenso wenig zugänglich. Dort jedoch verbirgt sich diese Unzugänglichkeit hinter den ›Bedeutungen für jemanden‹ innerhalb des narrativen Textgefüges selbst.

II. Anziehungs- und Fliehkräfte: Gesprochene Gedichte vor dem Paradigma des (literarischen) Selbstgesprächs

Um mögliche Verbindungen zwischen lyrischem Sprechen, Lyrikrezeption und Selbstgespräch herauszuarbeiten, müssen zunächst Merkmale und Geschichte des Selbstgesprächs, insbesondere in seiner literarischen Erscheinungsform, genauer betrachtet werden. Ich stütze mich hier auf die grundlegende, im Jahr 2008 erschienene Studie *Soliloquium* von Günter Butzer, in der *Theorie und Geschichte des Selbstgesprächs in der europäischen Literatur* umfänglich dargestellt sind.[1]

Butzer erforscht das Soliloquium in der Literatur seit der Antike, sein Textkorpus umfasst allerdings kaum lyrische Texte. Zu Beginn der Studie wird zwar die Frage aufgeworfen, ob es sich bei der Lyrik, wenn sie als »monologische Gattung schlechthin postuliert« werde[2], um eine »Form des – womöglich sogar meditativen – Selbstgesprächs« handeln könne. Butzer weist darauf hin, dass die Behauptung, Lyrik sei ›monologisch‹, mit dem »Selbstverständnis [...] zahlreicher moderner Autoren« übereinstimme – doch er bezweifelt, dass diese Behauptung einem Abgleich mit der Realität standhält. Vielmehr scheint ihm wahrscheinlich, dass sich darin in erster Linie ein »hermetische[r] Topos der literarischen Moder-

1 | Hier werden keine eigenständigen Aussagen über die Entwicklung des Selbstgesprächs in der abendländischen Literatur angestrebt, im Mittelpunkt steht die Anwendung andernorts beschriebener Entwicklungslinien auf das lyrische Paradigma.

2 | Zum grundlegend ›monologischen‹ Charakter der Lyrik vgl. etwa Bachtin, 1979, 177f.

ne« ausdrückt. In einem weiteren Schritt schließt er daher die Lyrik als Untersuchungsgegenstand aus und rückt stattdessen die »nicht-narrative Prosa«[3] in den Fokus.

Tatsächlich gibt es Verweise auf das Selbstgespräch durch Dichterinnen und Dichter, die weniger eine Auskunft über Texte sind, denn eine abschwächende, ja domestizierende Geste. Wenn sich Autoren in die Nähe des Soliloquisten rücken, geraten sie in den Radius des »rationalistische[n] Gedanke[ns], dass jemand, der bei klarem Verstand sei, nicht laut mit sich selber rede«[4]. Die ›sonderbare Rede‹ ihres Gedichts kommt dann in den »Verdacht sozialer Abnormität« – mit weitreichenden Folgen. Denn die Lyrik verfängt sich damit in einem Verkapselungsprozess: Einer ›sonderbaren Rede‹, die nicht nur keine Verbindung mehr zu etwas Anderem, Höherem herstellt, sondern überhaupt keine Verbindungen mehr eingeht, weil sie mit dem Selbstgespräch den »Prototyp wilder bzw. verrückter Rede« aufruft, wird nicht einmal »verehrungsvoll«[5] gelauscht. Eine Lyrik, die sich selbst so fasst, erteilt die Lizenz zur Nichtbeachtung. Eine geringe öffentliche Wahrnehmbarkeit lyrischen Sprechens wird rationalisiert, die Verantwortung für seine Marginalisierung in die Strukturen dieses Sprechens selbst verschoben, die vermeintlich keine Öffnung zu den Lesenden/Hörenden vorsehen. Zudem muss die Selbst-Stilisierung von Dichtern zu ›hermetisch Sprechenden‹ keineswegs gleichbedeutend sein mit dem Verweis auf die genialischen Züge einer Rede, die nur Eingeweihten oder gar Erleuchteten zugänglich sei. Die Behauptung, etwas sei ›nur für den Sprecher selbst‹ gesprochen, kann ebenso gut defensive und konfliktminimierende Funktion erfüllen: Als Replik auf die Rede von der ›Unverständlichkeit‹ des Gedichts nimmt sie die Verantwortung von der Rezipientin und legt sie allein dem Autor auf. ›Nicht so wichtig, mach dir keine Gedanken‹ – so ließe sich dieser Hinweis an die Rezipienten paraphrasieren.

Im Gespräch mit den Studierenden nach Mila Haugovás Lesung wurde deutlich, dass die eingestreuten Erzählungen der Dichterin, in denen sie ihre lyrische Rede mit dem Bereich privater Relevanz verknüpfte, durchaus als eine solche konfliktminimierende Geste wahrgenommen wurden – wenn auch in abgeschwächter und etwas abgewandelter Form.

3 | Dieses und das vorangehende Zitat: Butzer, 2008, 27f.

4 | Dieses und die beiden folgenden Zitate: Butzer, 2008, 471f.

5 | Schlaffer, 2012, 198.

Erkennbar wurden in diesem Fall aber ebenfalls – und nicht zuletzt – die performativen Spannungen, die diese Geste erzeugt. Denn einerseits müsste eine rein durch das Private konturierte Rede nicht öffentlich vorgetragen werden; ein *tatsächliches*, spontanes ›Zu-sich-Sprechen‹, wie es in Alltagssituationen hörbar werden kann, dringt kaum in den Rahmen ›Dichterlesung‹ vor. Entsprechend weist Mila Haugová im Interview nach ihrer Lesung die Unterstellung, sie könne ein Interesse daran haben, den Klang ihrer Gedichte der privaten Erzählung und damit auch einer unmarkierten Alltagssprache anzunähern, scharf zurück:

> meine Gedichte klingen [...] nicht wie Alltagssprache. [...] wenn man ein paarmal schon jemanden lesen gehört hat, würde man das nie sagen. Man muss das unterscheiden. Vielleicht war das deshalb ein wenig täuschend, weil meine Inhalte gleich sind. Nur die Bearbeitung im Gedicht ist anders.

Die ›andere Bearbeitung‹ erst macht Themen des eigenen Lebens zum Gedicht. Mila Haugová markiert damit solche Gedichtrezeptionen, die sich auf thematische Fragen kaprizieren und von der konkreten sprachlichen Verfasstheit abstrahieren, als verzerrt und inadäquat. Dass ihre ›andere Bearbeitung‹ einen Text erzeugt, der sich dem Publikum im wörtlichen Sinn öffnet, wurde bereits im vorigen Abschnitt deutlich: Die Hörer konnten in diesen Raum eintreten und sich zu dessen Bedingungen verhalten. Die Gedichte wurden zwar als Rede mit persönlicher Relevanz für die Dichterin, nicht aber als die monologisch-hermetische Rede einer Soliloquistin verstanden.

1. Das ›Diskurselement‹ Selbstgespräch

Insgesamt ist die Beziehung zwischen Selbstgespräch und literarischer Gattung alles andere als eindeutig. Für Butzer ist das Selbstgespräch zuallererst eine »kulturelle Technik« mit »apraktisch-empraktische[m] Doppelcharakter«.[6] Sein Verhältnis zum Aktionsfeld ›Literatur‹ kann damit kaum reibungsfrei sein. Das Selbstgespräch etabliert sich entsprechend weder *als* eigene Gattung noch exklusiv *in* einer bestimmten Gattung. Selbst wenn das Soliloquium mit dem Christentum auch als eigenstän-

6 | Butzer, 2008, 21.

diger Text[7] erscheint, bleiben Texte, die sich auf das Selbstgespräch beziehen oder es gar im Titel führen[8], doch poetologisch heterogen.[9] Dabei speist sich die Spannung zwischen Selbstgespräch und literarischem Diskurs einerseits aus dem privaten Charakter des Soliloquiums: Wo es als bloß aufgezeichneter »intimer Dialog ›unter zwei Augen‹«[10] einer Person an die Öffentlichkeit gerät, wie etwa manche antike Texte, stellen sich Fragen nach der Relevanz für das lesende Publikum und nach Diskretion. Wo es andererseits als gestaltetes literarisches Werk publiziert ist, wird – nach Butzer – fraglich, ob die Dimension des »ästhetischen Genusses« nicht die praktische Funktion des Selbstgesprächs, die Ermunterung zum Nachvollzug, überdeckt.[11] Nun erscheint fraglich, ob ›ästhetischer Genuss‹ und Nachvollzug einander tatsächlich ausschließen – dazu müsste zunächst geklärt werden, was genau mit ›ästhetischem Genuss‹ gemeint ist und unter welchen Bedingungen ›Nachvollzug‹ als Facette einer tätigen Interaktion von diesem Begriff nicht abgedeckt wird. Wichtig ist hier aber zunächst, dass das Selbstgespräch gerade dadurch eine gewisse Beweglichkeit erhält, dass ihm die Bindung an eine bestimmte literarische Gattung fehlt; Butzer schlägt deshalb vor, das Selbstgespräch als »Diskurselement«[12] in unterschiedlichen literarischen Texten zu begreifen und zu untersuchen. Als ›Diskurselement‹ aber kann das Soliloquium sich selbstverständlich auch in der Lyrik manifestieren.

Betrachtet man die Beziehung zwischen Selbstgespräch und Gattung allerdings von der Rezipientenseite her, stellt sich eine weitere Frage, die bereits kurz angerissen wurde. Muss ein Text, der als Soliloquium nachvollzogen werden soll, selbst ein Soliloquium *sein*? Womöglich nicht. Wahrscheinlich aber wirkt, dass bestimmte kommunikative Strukturen den Übergang in ein Selbstgespräch stärker begünstigen als andere. Wie

---

7 | Vgl. Butzer, 2008, 20.

8 | Dass auch die explizite Auseinandersetzung mit den literarischen Möglichkeiten des Soliloquiums noch nicht an ihr Ende geraten ist, zeigte sich in jüngster Zeit etwa an Andrea Winklers Buch *Arme Närrchen* aus dem Jahr 2006, das mit »Selbstgespräche« untertitelt ist.

9 | Butzer, 2008, 31ff. Detailliert zu den »[g]enerische[n] Affinitäten des Selbstgesprächs« vgl. Butzer, 2008, 97ff.

10 | Butzer, 2008, 19.

11 | Vgl. Butzer, 2008, 20ff. Wörtl. Zitat S. 21.

12 | Butzer, 2008, 31.

Butzer bin ich der Ansicht, dass die narrative Prosa diese Strukturen kaum bietet. Jurij Levin konstatiert lapidar: »Die epischen Gattungen setzen keine Autokommunikation voraus.«[13] Meiner Beobachtung nach ist eine in dieser Hinsicht günstige kommunikative Strukturierung – entgegen Butzers Einschätzung in *Soliloquium* – aber auch und vor allem in der Lyrik anzutreffen. Ich werde im Folgenden skizzieren, wie soliloquistische Diskurselemente einerseits den Text für die Rezipienten öffnen und andererseits die Lyrik als Gattung prägen.

2. Die polylogisch-interaktiven Strukturen von Lyrik und Selbstgespräch

Klarer noch als das lateinische Wort ›Soliloquium‹ verkörpert der deutsche Begriff ›Selbstgespräch‹ einen der zentralen Punkte in Butzers Argumentation: dass nämlich diese ›Rede zu/mit sich‹ keineswegs monologisch strukturiert ist. Vielmehr sei sie dialogisch oder gar triadisch zu begreifen.[14] Im Selbstgespräch ruft demnach nicht ein monolithisches Ich in sich stabile Sätze aus; das Selbstgespräch ist ein echtes, innerlich bewegliches Gespräch – und es wurde vor allem in der antiken Tradition auch so begriffen. Butzer verweist in diesem Zusammenhang auf die »berühmte Formel aus dem *Theaitetos*«, nach der das Nachdenken ein »Gespräch« sei, »das die Seele mit sich selbst führt«[15]. So lässt Platon Sokrates sagen: »es schwebt mir so vor: wenn die Seele denkt, so ist das nichts anderes als ein Gespräch, das sie führt, indem sie sich selbst Fragen stellt und sie beantwortet, entweder zustimmend oder verneinend.«

Als eine forschende Unternehmung mit ungewissem Ausgang erscheint hier das Selbstgespräch. Es hat seinen Ursprung darin, dass eine Person noch nicht im Besitz einer »Wahrheit«[16] ist, die sie dann »nur mehr mitzuteilen brauche«. Erst in diesem Moment könnte das Gespräch mit Recht als beendet gelten und in eine Rede für andere überführt werden. Im Selbstgespräch aber ist – wie Butzer ausführt – Sokrates nicht

13 | Levin, 1998, 465.

14 | Argumentation und folgendes Zitat: Butzer, 2008, 14ff.

15 | Dieses und das folgende Zitat: Platon, 1975, 189e-190a.

16 | Dieses Zitat und die folgenden: Butzer, 2008, 14.

nur der »kluge Fragensteller«; er erscheint als eine Person, die ernsthaft »Antworten versucht und erprobt«.

Diese Figur lässt sich dialogisch lesen, oder aber triadisch. Butzer geht davon aus, dass das Selbstgespräch immer potenziell triadisch ist, aber so lange zum Dyadischen tendiert, wie es »keine Trennung zwischen Adressat und Zuhörer kennt«[17]. Es bleibt jedoch die Frage, ob das Selbstgespräch nicht von vornherein triadisch angelegt ist: Das Wechselspiel zwischen Fragen und versuchten Antworten, zwischen einem suchenden ›Ich‹ und einer wegweisenden und potenziellen Instanz, die sich ›Ich^{Strich}‹ nennen ließe, braucht einen Gegenstand, um den sich dieses Gespräch dreht – und der als dritter Pol in dieser Interaktion gesehen werden kann. Dieser Pol kann sich gewiss als weiterer Beobachter ausprägen oder auch als eine Art moderierende Instanz, die den Ablauf des Gesprächs nach Kategorien wie ›Angemessenheit‹ strukturiert. Eine solche ›Angemessenheit‹ oder Orientierung am ›Erfolg‹ aber ist ohne einen – äußerlich gedachten – Gegenstand des Selbstgesprächs, an dem diese sich messen muss, kaum vorstellbar. Womöglich ist der Punkt, an dem das Selbst ›nicht eins mit sich‹ ist, der Ursprung des forschenden Selbstgesprächs. Er bringt eine triadische Konstellation hervor, indem sich das Selbst an ihm reibt, sich so weit ›aufreibt‹, dass es aus sich eine vorschlagende, kommentierende, widersprechende Stimme als Diskussionspartner auf diesen Punkt hin hervorbringt. Dieser ›Punkt‹ oder Pol aber, also der Aspekt oder die Facette von Welt, auf die hin das Gespräch mit sich orientiert ist[18], muss als ›nie vollständig erkannt‹ vorgestellt werden – weswegen er weitere Überlegungen anzieht. Und er bildet ein Regulativ: Bestimmtes Verhalten oder Denken auf einen Aspekt von ›Welt‹ hin wird von diesem selbst als inadäquat zurückgewiesen und auf die handelnde bzw. denkende Person zurückgespielt.

Eine solche Konzeption entspricht dem Vorgang des überlegenden Selbstgesprächs, wie er alltäglich erlebt werden kann: Das Triadische öffnet eine Fläche, ein spekulatives Feld, auf dem in der Interaktion zwischen ›Ich‹, ›Ich^{Strich}‹ und ›Gegenstand‹ (wobei alle Pole eine spezifische Relation zur Sprachlichkeit gestalten) eben jene für das ›Gespräch mit sich‹ charakteristische Vielzahl von Positionen angestrebt, akzeptiert und wieder verworfen werden kann, wie sie eine dyadische Konzeption kaum

17 | Butzer, 2008, 18.

18 | Und die auch ein Gedicht mit seinen Sprach- und Weltbezügen sein kann.

erklären könnte. Erst das Dreieck lässt das Selbstgespräch als eine Aushandlung von Beziehungen denken, die nicht solipsistisch sein können, weil ›Welt‹ und ›Ich‹ darin als gleichermaßen gesuchte Kategorien auftreten und sich über den beweglichen Berührungspunkt in einem möglichen (oder erhofften oder autoritativen) ›Ich^{Strich}‹ als Relationsgefüge erproben.

Wird das Selbstgespräch aber – ungeachtet aller Vorbehalte, die heute dagegen bestehen und auf die noch einzugehen sein wird – so begriffen, wirkt nicht nur seine Einordnung als Monolog kaum begründbar; es mutet auch ausgesprochen modern an. Zurecht konstatiert Butzer vor diesem Hintergrund, dass »die moderne Entdeckung, dass sich in der vermeintlich einstimmigen Rede des Ich eine Pluralität innerer Stimmen verberge, [...] alles andere als neu«[19] sei. Die Grenze zwischen Monolog und Dialog (oder Polylog) ist also nicht zwangsläufig identisch mit der Trennung zwischen unterschiedlichen Individuen – Butzer verweist hierfür auf die reichen Überlegungen zu Monolog und Dialog aus dem 20. Jahrhundert, allen voran auf jene von Jan Mukařovský.

Für Mukařovský lässt sich eine monologische Äußerung nicht danach eingrenzen, ob an ihr nur ein »›konkretes leibseelisches Individuum‹«[20] beteiligt ist; ihm ist vielmehr an einer semantischen Bestimmung von Monolog und Dialog gelegen. Zentral ist hierbei, dass sich Dialoge und Monologe weder an der Zahl der Beteiligten noch entlang der Grenzen von Gattungen oder Äußerungstypen endgültig identifizieren lassen. Vielmehr schwankt nach Mukařovský jede sprachliche Äußerung schon »unmittelbar beim Entstehen zwischen einer Einstellung auf das ›Ich‹ und auf das ›Du‹«, also »zwischen Monolog und Dialog«; beide Einstellungen liegen »untrennbar schon in dem psychischen Vorgang [...], aus dem die Sprachäußerung hervorgeht«[21]. Gedichte etwa können nach Mukařovský durch ein Schwanken zwischen den Pronomen der ersten und zweiten Person eine durchlässige, offene Subjektstelle erzeugen, die keinen festen, mit selbstidentischer Stimme gesprochenen Monolog mehr zulässt.[22] »Der ›Dialogcharakter‹ einer Sprachäußerung beginnt also

19 | Butzer, 2008, 470.

20 | Dieses und die beiden folgenden Zitate: Mukařovský, 1967, 129.

21 | Mukařovský, 1967, 136.

22 | Mukařovský zeigt dies an einem – als Selbstgespräch verstandenen – Gedicht von Otokar Březina. Vgl. Mukařovský, 1967, 129f.

nicht erst mit deren Aufgliederung in einzelne Repliken«, konstatiert Mukařovský.[23] Vielmehr durchzieht das Dialogische auch die Rede des Einzelnen und provoziert in ihr »semantische[...] Wenden«, welche sich nicht allein aus einer bestimmten Lexik oder thematischen Gestaltung ableiten. Das Dialogische erscheint für Mukařovský nicht zuletzt in den »Schattierungen« der Rede: »Satzbau« und »Umfang der Sätze«, »emotionale Färbung« der Wörter und der Stimme, die »Praxis der Stimmführung« sind imstande, eine Rede innerlich zu multiplizieren und in Richtung Gespräch zu punktieren. Umgekehrt ist das Monologische auch in Dialogen zu finden, »wenn der Konsensus der sprechenden Personen ein solches Maß erreicht, dass die für den Dialog notwendige Vielfalt des Texts ganz verschwindet; in solch einem Falle wird aus dem Dialog ein abwechselnd vorgetragener Monolog.«

Vor dem Hintergrund dieser Überlegungen ist es lohnend, die Klassifikation der Lyrik als monologische Gattung *par excellence* noch einmal zu betrachten. Denn es stellt sich die Frage, ob die Gleichsetzung des Gedichts mit dem Monolog nicht vor allem aus einem Subjektverständnis erwächst, das sich so massiv und unhintergehbar gibt, dass es den Blick auf die tatsächliche sprachlich-perspektivische ›Schattierung‹ und ›Stimmführung‹ lyrischer Texte verstellt. Dieses Subjektverständnis entspräche – soweit es die Lyrik betrifft – in mancher Hinsicht der romantischen Vorstellung vom genialischen Dichter. Dieser spricht originell, originär, unverwechselbar. Seine Stimme verdrängt andere, seine Haltung und Intention sind ideologisiert, er lässt die Erinnerung an Widerstreitendes verstummen.[24] Entsprechend geht der Dichter »ganz und ungeteilt«[25] in seiner Rede auf. So etwa der Befund Michail Bachtins – und er ist mit dieser Einschätzung nicht allein.

Diese Vorstellung einer monologischen Lyrik, in der sich ein autonomes Subjekt ungestört artikuliert, ist auch heute noch anzutreffen – nicht nur in der Literaturtheorie, sondern mitunter auch bei den Dichtern selbst. Im Jahr 2009 etwa erklärte mir ein Kollege von Mila Haugová, warum er deren Gedichte nicht schätzen könne: Haugová gebe vor, eine subjektive Lyrik zu schreiben, die jedoch in Wahrheit durchsetzt sei von Zitaten und Anleihen aus der Literatur-, Kunst- und Philosophiegeschich-

23 | Dieses und die folgenden Zitate: Mukařovský, 1967, 142-147.

24 | Vgl. Bachtin, 1979, 166.

25 | Bachtin, 1979, 178.

te. Viele ließen sich von ihr täuschen, er jedoch erkenne, was nicht von ihr selbst stamme.[26] Haugová – so die Logik dieser Aussage – genügt nicht. Wenn sie ›ganz‹ und ›ungeteilt‹ aufgeht, kommt noch kein Gedicht heraus – sie benötigt eine Art ›Hilfe‹, um ihrem Ausdrucksbedürfnis zu entsprechen. In der gelingenden Lyrik aber kann sich das Subjektive unmöglich der Worte anderer bedienen (ungeachtet dessen, dass jedes Sprechen innerhalb einer Sprachgemeinschaft sich zwangsläufig der Worte anderer bedient) – und tut es das doch, grenzt dies an einen Betrugsversuch.

Die Möglichkeit, dass Haugová ein anderes Modell von Subjektivität gestaltet als das der genialisch Monologisierenden, wurde von mir im Gespräch zwar vorgeschlagen, stieß aber auf keinen Widerhall. Es wirkte undenkbar, dass eine Dichterin eine Position gestaltet, in der noch Antworten ›gesucht‹ und ›probiert‹ werden. Die konkreten Relationen der Sprecherin zu ihren zitierten und nicht-zitierten Redeteilen, die Funktionen von Integriertem und Ausgeschiedenem, können so natürlich nicht in den Blick kommen; die Gedichte mit ihren Anliegen bleiben unter einer solchen Präsupposition notwendigerweise unsichtbar. Allerdings zeigt diese Aussage auch, wie fragil das monologische Sprechen in der Lyrik ist: Schon ohne ein explizit aus- und angesprochenes ›Du‹[27] kann sich die monologische Struktur destabilisieren. Bereits das in den letzten Jahrzehnten äußerst populäre Verfahren des Zitats scheint ihm einen unkittbaren Bruch zuzufügen. Das Außen dringt ein und stört das Bild vom souveränen Dichter und seinem Geschöpf.

Die Ich-Position in Gedichten wirkt brüchig – selbst in solchen, die zum Monologischen streben. Darüber hinaus arbeiten Gedichte wie jene aus Olga Martynovas Band *Von Tschwirik und Tschwirka* nicht nur mit einer reichen Intertextualität, auch ihre Binnenstruktur ist dialogisch-polylogisch. Im Gedicht »Durch das offene Fenster schritt der Duft von Flieder«/»В открытое окно вшагнул сиреней запах«[28] etwa geraten die

26 | Ich erhielt diese Einschätzung von einem slowakischen Dichter bei einem Festival in Struga, Mazedonien, als ich ihm von meiner Absicht erzählte, Haugová zu übersetzen.

27 | Das jedoch Haugovás Gedichte häufig zeigen!

28 | Martynova, 2012, 22f./Martynova, 2010, 46f. Obwohl slavischsprachige Autorinnen an diesem Projekt beteiligt waren, behandelt diese Arbeit keine dezidiert slavistischen Fragestellungen – sie beschäftigt sich mit gesprochenen Gedichten im Allgemeinen. Daher werden von den angesprochenen Gedichten zwar zur Orien-

Sprechpositionen und Blickrichtungen ins Flirren wie die Luft an einem heißen Tag, es sprechen ein ›Ich‹, die ›Tschwirka‹, ein ›Wolf‹ wird zitiert. Nicht immer ist eindeutig, wer gerade das Wort hat. Adressiert werden explizit ein ›Du‹ und ›Tschwirik‹, für einige Verse bleibt der Adressat unbestimmt. Die Stimm- und Tonlage ist, ganz im Sinne von Mukařovskys Dialogbegriff, variabel, in einem liedartigen Gebilde ist von Gesang die Rede, es wird gedacht, gesagt, gezwitschert (»Tsch – tschw – tschwi«), es »tropfen« »Minuten«, ploppen Federbälle und schwingt die Pendeluhr. Der menschliche Blick und der Blick der vogelähnlichen Kreaturen auf die »Leute« scheinen in ein Ping-Pong-artiges Wechselspiel verwickelt. Eindeutig stellt das Gedicht nur fest: »Tschwirik und [...] die Tschwirka –/Sie bestimmten schon damals die Laute«. Wer und was sie aber sind, bleibt der Spekulation überlassen.

Ein solcher Text ist denkbar weit entfernt von der Bachtin'schen Ideal-Lyrik, in der ein Sprecher alle widerstreitenden Energien in eine Stimm-Richtung einschmilzt. Tatsächlich ist fraglich, ob eine solche Lyrik heute überhaupt existiert. Und ob sie je existiert hat: Immerhin ist die – zwangsläufig dialogische – Anrede, wie bereits erwähnt, eine der wichtigsten Redefiguren in der Lyrik. Ihr wird aufgrund ihrer zentralen Bedeutung weiter unten ein eigener Abschnitt gewidmet.

Für die Möglichkeiten der Gedichtrezeption nun bleibt die Unterscheidung zwischen dialogisch und monologisch fundamental – selbst wenn man die ideologische Wertung von ›Monologischem‹ und ›Dialogischem‹, wie sie (nicht nur) bei Bachtin aufscheint, nicht teilt. Denn der Dialog ist eine interaktive Struktur, die zur Beteiligung lädt. Zumal ein Dialog, in dem die Rollenverteilung so wechselnd und instabil ist, wie es für Gedichte wie jene von Martynova kennzeichnend und für das Selbstgespräch typisch ist. Sobald das ›Diskurselement Selbstgespräch‹ als in sich multiplizierter, »polyphone[r] Raum der Rede«[29] in einem Text auftritt, sind auch die Rezipienten herausgefordert, die Rollen zu verkehren, und in »präsentischer Teilnahme« selbst zu (probierend) Sprechenden zu werden – gerade dann, wenn (wie bei Martynova) Stellen zwischen ›ausgefüllt‹ und ›leer‹ pendeln (wie die Adressatenposition) oder nur verwischt konturiert sind (wie manche Sprecherrollen). Die Konfrontation

tierung die originalsprachigen Titel genannt, die Zitate aber werden meist nur auf Deutsch angeführt.

29 | Dieses Zitat und das folgende: Butzer, 2008, 349.

mit solchen semantisch-dialogischen Strukturen erschwert eine distanziert-beobachtende Betrachtung. Wenn die Lyrik also semantisch-dialogischen geprägte Elemente zeigt, wird auch eher einsichtig, warum bei völlig falscher Erwartungshaltung gegenüber dem vorgelesenen Text doch eine echte Kommunikation mit dem Gedicht gelingen kann: Wechselreden mit instabilen Sprecher- und Adressatenpositionen sind nicht zuletzt aus dem alltäglichen Leben so bekannt, dass ein ›Mitwirken‹ und ›Mitsprechen‹ beinahe unwillkürlich versucht wird. Das Gedicht übt eine strukturelle Anziehung aus, die Hörenden bei einer Lesung müssen ihr nur nachgeben.

3. Inkorporationen des Anwesenden vs. Ausdruck eigener Befindlichkeit

In der Identifikationskette Lyrik = Monolog = Selbstgespräch sind jedoch nicht nur die Gleichsetzung zwischen Lyrik und Monolog sowie jene zwischen Monolog und Selbstgespräch brüchig. In dieser Gleichung ist auch ein bestimmtes Verständnis des Selbstgesprächs implizit präsent: die Vorstellung, dass sich im Selbstgespräch das Innere eines Menschen *ausdrücke*.

Das Verständnis des Selbstgesprächs als *Ausdruck* aber birgt einen weiteren Grund dafür (neben der vermeintlichen Neigung der Lyrik zur ›Privatsprache‹), warum eine Nähe zwischen Lyrik und Selbstgespräch sich mühelos konstruieren lässt. Immerhin sind ›Erlebnis‹ und ›Subjektivität‹ als zentrale Elemente im Lyrikdiskurs verankert – nicht nur im Kreis der Betrachter; teils beziehen sich auch die Autorinnen explizit auf das Ausdrucksparadigma, so etwa Lidija Dimkovska im hier abgedruckten Interview (dabei ist gerade bei ihrer Lyrik das Verhältnis zu den Erwartungen eines ›subjektiven Ausdrucks‹ höchst komplex und wird noch zu betrachten sein). Ein anderer – im deutschsprachigen Kontext wohl der größere – Teil der Autoren aber widerspricht dieser Begrifflichkeit vehement. Stellvertretend sei hier die Aussage von Barbara Köhler im Interview dieses Bandes zitiert: »Es hat ja nichts mit so etwas zu tun wie ›ich drücke aus‹. Ich bin ja kein Schwamm.«

Auch das Selbstgespräch war von der Antike bis in die frühe Neuzeit, wie Butzer zeigt, nicht als ›Schwamm‹ konzipiert – die vorherrschende Richtung dieses Gesprächs war nicht ›aus-heraus‹. Der Richtungspfeil des antiken und teils auch noch des christlichen Selbstgesprächs wies von außen nach innen, Butzer bringt es auf die Formel »›Selbstansprache‹ statt ›Selbstaussprache‹«[30]. Drei von Butzer abgesteckte Begriffsfelder sind hier von Bedeutung: Selbstformung, der Komplex aus Wiederholung (›Ruminatio‹, also Wiederkäuen) und Inkorporation, sowie die Selbstaffektion.

Das antike und das christliche Selbstgespräch der frühen Neuzeit haben – der oben genannte Begriff der ›Praxis‹ deutet es an – ein Ziel: Der Mensch will und soll sich über Sprache formen. Wie Butzer zeigt, liegt der antiken »Psychagogie«, der »Praxis der ethischen Fremd- und Selbstformung«, die Auffassung zugrunde, »Tugend sei lehrbar« – sie ist in dieser Weltauffassung also nicht etwa vererbt oder angeboren.[31] Das Individuum ist erziehbar: Nachdem das nötige Wissen vermittelt ist, wird es durch Wiederholung angeeignet – man sagt sich die ›richtigen‹ Sätze vor. Dabei ist dieses Selbstgespräch vermittels der als richtig erkannten Sätze als beständige Übung zu denken.[32] Ziel ist, das Wissen und die damit verknüpfte Haltung so zu verinnerlichen, dass sie sofort präsent sind, sobald eine konkrete Situation sie fordert; sie werden dann eine erstrebenswerte Handlungsweise ermöglichen. Dass diese konkreten Situationen auch als Phasen von Unglück und Leid gedacht werden[33], zeigt, dass das Individuum nicht nur als prinzipiell bildbares, sondern auch als bedürftiges begriffen wird. Die Lehrsätze selbst stehen in dieser antiken Form der Subjektformung außer Diskussion, die »Gültigkeit der Dogmatik wird«, wie Butzer sagt, »vorausgesetzt«[34]. Das Subjekt misst und formt sich an jenen Aspekten der Außenwelt, die mit der Autorität des Richtigen ausgestattet sind. Die Ich-Formung dient vorrangig dazu, sich in den Stand zu versetzen, der gesamten Außenwelt in der Zukunft angemessener zu

30 | Butzer, 2008, 24.

31 | Butzer, 2008, 43. Butzer sieht die Praxis der »Seelenleitung« bei den Pythagoreern beginnen; sie setzt sich bei Demokrit und den Sophisten fort, und intensiviert sich in den »Philosophenschulen der Stoa und der Epikureer« (ebd.).

32 | Vgl. Butzer, 2008, 126.

33 | Vgl. Butzer, 2008, 90ff.

34 | Butzer, 2008, 48. Butzer beschreibt dort auch die von mir grob wiedergegebenen »drei Stufen der Seelenleitung«.

begegnen. Diese Praxis ist meditativ; die konkrete Art des Sprechens zu sich selbst ist »direktiv«[35].

Dies setzt nicht nur ein Sprachverständnis voraus, das der Sprache verändernde Kraft zugesteht, sondern auch ein Subjektverständnis, das der Einwirkung durch die Umwelt große Bedeutung beimisst. Butzer identifiziert in Marc Aurels Soliloquien hierfür folgende Vorstellung: Die Seele, und vor allem ihr »göttliche[r] Teil«, werde dort als »von außen kommend und innerlich zugleich gedacht.« So ist es möglich, dass die eigene Seele »mit einer fremden Stimme« spricht[36], sie kann von außen auf das Individuum zutreten. Das Individuum wird so zuinnerst angeredet und ›gemeint‹, doch zugleich steht ihm offen, sich durch das zunächst als ›fremd‹ Wahrgenommene gezielt zu ergänzen. Einerseits wird so Verantwortung vom Individuum genommen – es ist möglich, in der Welt auf ›das Richtige‹ zu stoßen und es sich anzueignen. Andererseits wird dem Individuum damit die Aufgabe übertragen, das Fremde zu beachten, sich zum Gehörten in ein Verhältnis zu setzen, die Resonanz zum Eigenen zu erkennen, das Erstrebenswerte zu wählen und sich durch dessen Einübung eine Identität zu bilden.

Die Möglichkeit, dass das Eigene von außen auf das Ich zutritt und es mit fremder Stimme anspricht, ist auch heute greifbarer, als es auf den ersten Blick scheinen mag. In den Gesprächen mit den Studierenden nach den Lesungen jedenfalls wurden vergleichbare Erfahrungen geschildert. Dabei wurde auch deutlich, dass diese Erfahrung nicht zwangsläufig als positiv erlebt werden muss. Im Gespräch etwa, das sich an Olga Martynovas Lesung anschloss, kamen die Studierenden immer wieder auf Lidija Dimkovskas Vortrag zurück, der zu diesem Zeitpunkt zwar schon zwei Wochen zurück lag, sie aber immer noch beunruhigte. Eine Studentin beschrieb ihren Eindruck von Dimkovskas Gedichten so: »als hätte man drei Spiegel vor dieses Gemälde gehalten und aus drei verschiedenen Winkeln dann draufgehauen und das dann vermischt«, die Gedichte seien voll »Kram«, der »an sich schon schlüssig ist, aber nur wenn man echt (.) ganz ganz verwirrt ist« – nur um eine Dialogwendung später zu bestätigen, dass genau diese Verwirrung etwas sei, das für ihr eigenes Erleben des Alltags »ganz oft« prägend sei, und zwar »nicht nur an der Uni«.

35 | Butzer, 2008, 21.

36 | Butzer, 2008, 128.

Hier fehlt selbstverständlich jede Hierarchisierung göttlich/nicht-göttlich, es fehlt jede Dimension der Seelen- und Handlungsleitung – aber der Imperativ, das Fremde als möglichen Teil des Selbst zu hören und zu prüfen, ist vollständig intakt und wirksam. Die »Trennlinie zwischen individueller und überindividueller Aussage«[37] zeigte sich in der Lyrikrezeption als ebenso wenig bestimmbar wie in der Tradition des direktiven Selbstgesprächs. Deshalb suchten die Zuhörerinnen diese unsichere Linie im Gespräch auf und bemühten sich, ihren genauen Verlauf zu bestimmen: Die Gedichte bildeten Punkte, an denen sich die Zuhörerinnen rieben, es bildeten sich innere Widersprüche zwischen, z.B., Ablehnung und Wiedererkennen. Es entstand und artikulierte sich das Bedürfnis, das eigene Verhältnis zu diesen Texten zu klären, Begründungen zu finden für Relevanz bzw. (erhoffte) Irrelevanz (weil isolierte Äußerung eines idiosynkratischen Autoren-Individuums), aber es schien auch der Wunsch auf, einen Vergleich der zwei kontrastierenden Lesungseindrücke zu erarbeiten, der beiden Autorinnen gerecht würde. Das lässt sich vielleicht nicht ›Einübung‹ nennen – aber die Alltagssprache nutzt für solche Arten wiederkehrender Auseinandersetzung mit einem Eindruck das Verb ›verdauen‹ und weist damit auf die antiken Praktiken zurück.

Denn die antike Praxis des Soliloquiums hatte eine umfassende Zielsetzung: das Gehörte und dann an sich selbst Wiederholte sollte nicht nur kognitiv erfasst werden. Ziel war die Inkorporation, die »Aneignung des Gegenstands im Sinne der Einverleibung«[38]. Identität wird hier nicht als rein geistige gedacht. Da letztlich die richtige Handlungsweise angestrebt wird, ist der ganze Mensch gefordert – als Erscheinung, die immer körperlich und geistig zugleich ist. Das Leitbild für das soliloquistische Üben ist damit nicht das bloße Verstehen, richtungsweisend ist die »Ruminatio-Metapher«, also der »Verdauungsvorgang«. Die Sätze werden ›wiedergekäut‹, sie sollen »in Fleisch und Blut übergeh[en]«. Dabei ist dieses vom Deutschen vorgezeichnete Bild durchaus wörtlich zu nehmen – Butzer führt Senecas Bienen-Gleichnis an, in dem der Aneignungsprozess als Nahrungsaufnahme entworfen wird: Unverdautes belastet, erst wenn das Aufgenommene zersetzt wird, wirkt es nährend und stärkend. Der Körper soll also in Bau und Haltung integrieren, was ihm sprachlich gegeben

37 | Butzer, 2008, 250.

38 | Dieses und weitere Zitate zum Thema Aneignung als Ruminatio, sofern nicht anders ausgewiesen: Butzer, 2008, 64-69.

wird – er soll zu Tugend *werden*. Nach Butzer wird vor allem in den Soliloquien Marc Aurels deutlich, wie durch die wiederholte Selbstansprache die »Identität des Menschen« »durch ständige Übung« produziert und »reproduziert[...]« wird.[39]

Damit aber erinnert das antike Selbstgespräch an heutige Vorstellungen von Identität als Kategorie, die performativ hergestellt wird (und nicht zuletzt unter Begriffen wie ›Doing Gender‹[40] verhandelt wird). Diese performativ erzeugte Identität ist immer prozesshaft – heute wie bei Marc Aurel, bei dem der Aneignungsvorgang als »unabschließbar« entworfen wird, da die »sich selbst formende« Subjektivität immer »nur im Gebrauch Bestand haben kann und sich in eben diesem Gebrauch individualisiert.«[41] Das Individuum bringt sich in seinem Denken, Sprechen und Handeln immer wieder selbst hervor, indem es Einflusslinien erkennt, sortiert und funktionalisiert – das klingt bekannt, mühsam und erinnert womöglich an Ratgeberliteratur. Allerdings haben auch Endgültigkeit und Determinismus in einem solchen Entwurf wenig Platz, und es sind vor allem letztere Aspekte, zu denen die Lyrik ihr Verhältnis immer wieder neu bestimmt. Dass sich die Lyrik dabei tatsächlich in diesem Spannungsfeld zwischen Ratschlag einerseits sowie forschender Erkundung von Unabschließbarkeit und Möglichkeit andererseits bewegt, zeigt schon die Einordnung von Kalendersprüchen und Erbauungsbüchlein (etwa für das Krankenhaus) als ›Lyrik‹ sowie das immer wieder anzutreffende Befremden, dass Dichter dem Ratschlags-Pol nicht zustreben wollen.

Bedeutsam – und weniger Ratgeber-kompatibel – scheint hier auch, dass mit der Verdauungsmetapher nicht nur die Aufnahme als »komplexe[r] Verarbeitungsvorgang« gedacht wird: die Ausscheidung vervollständigt das Bild. Der – modern gesagt – an sich arbeitende Soliloquist wählt und scheidet Unbrauchbares aus. Und auch das Gewählte und Verarbeitete selbst ist nicht stabil – seine Modifikation im Individuum ist mitgemeint und erwünscht.[42] Auch hier zeigt sich das Selbstgespräch als ein spekulatives Unternehmen: Aus den Verhandlungen zwischen Individuum, Gegenstand und einem je zeitlich spezifischen Zustand von Welt und Ich entsteht potenziell Eigenes, aus früheren Verläufen nicht Vorher-

39 | Butzer, 2008, 126f.

40 | Vgl. West/Zimmerman, 1987.

41 | Butzer, 2008, 128f.

42 | Vgl. auch Butzer, 2008, 392, zur Konzeption des Selbstgesprächs bei Montaigne.

sagbares – die zitierte Verwandlung einer ›Brombeere‹ in eine ›Himbeere‹ ist hier ein erster kleiner Schritt.

Auch so sind dem Modell prinzipielle Veränderbarkeit und Entwicklungsmöglichkeiten eingeschrieben – Möglichkeiten, die sich vom Geistigen und Körperlichen aus in die Sphäre der Emotionen (oder Leidenschaften) erstrecken: Das antike Selbstgespräch bildet ein wahrhaft inklusives Programm zur Exklusion der Un-Tugend aus. So stellt es sich zwar eindeutig in den Dienst der Vernunft[43] – aber es sucht die Vernunft über eine Selbstanrede zu erreichen, die nicht rein verstandesgemäß ist. Balance und Kontrolle von Affekten sollen erlernt werden, indem diese Affekte selbst angesprochen werden – und zwar weniger inhaltlich: Die »Selbstformung durch Sprache«[44] ist auf affekthaltige Sprachformen angewiesen. Wichtig sind hier Figuren mit dialogischer Grundstruktur: »Apostrophe, Frage, Ausruf, Prosopopöie« sind nicht nur »Kennzeichen der gelungenen Selbstaffektion«, sie bewirken durch die Möglichkeit bzw. Aufforderung zum Respons auch »die affektive Erregung des Publikums«.[45] Diese Redefiguren haben präsentische Wirkung[46] – ihre Fähigkeit zu berühren wird bewusst eingesetzt. Das gilt auch für die Verwendung von »Parallelkonstruktionen und Wiederholungsfiguren«, von »Assonanz, Alliteration und Rhythmik«[47]. Dabei sollen vor allem lautliche und rhythmische Gestaltung nicht nur emotional wirken: Die Tatsache, dass der Schall den Körper im wörtlichen Sinne trifft und das Hören »keine Dingwelt«[48] aufbaut, Hörende daher »leiblich viel leichter angesteckt [werden]« als Sehende, wurde seit jeher genutzt und sollte im Selbstgespräch die »Verleiblichung des Übungsstoffes«[49] gewährleisten.

In einer etwas anderen Diktion formuliert Jurij Lotman für das Selbstgespräch Ähnliches. Lotman jedoch ist weniger an einer historischen Formation, denn an einer alltäglich anzutreffenden Sprachpraxis interessiert, die er »Autokommunikation« nennt und die er ebenfalls von

43 | Vgl. zu diesem Aspekt Butzer, 2008, 59ff.

44 | Butzer, 2008, 469.

45 | Butzer, 2008, 349.

46 | Vgl. Butzer, 2008, 349.

47 | Butzer, 2008, 149.

48 | Dieses Zitat und das folgende: Schmitz, 2008, 86.

49 | Butzer, 2008, 277.

äußeren, auch nichtsprachlichen rhythmischen Reizen geprägt sieht. Er unterscheidet sie vom Dialog wie folgt:

so leistet der Kanal ICH-ICH [eine] qualitative Transformation, was zur Umbildung dieses ICH selbst führt. Im [Dialog] übermittelt der Sender eine Mitteilung an einen anderen, den Empfänger, bleibt aber selber während dieses Aktes unverändert. Im zweiten Fall, wenn er etwas an sich selbst übermittelt, verändert er sein inneres Wesen, denn man kann das Wesen einer Persönlichkeit als ein individuelles Ensemble von sozial relevanten Codes betrachten, und hier, im Prozess dieses kommunikativen Aktes, ändert sich dieses Ensemble. Die Übermittlung über den Kanal ICH-ICH ist kein rein immanenter Vorgang, denn sie wird durch von außen eindringende zusätzliche Codes und äußere Impulse ausgelöst, die den Kontext verschieben. Ein typisches Beispiel ist die Einwirkung rhythmischer Laute (Räderrattern, rhythmische Musik) auf den inneren Monolog eines Menschen.[50]

Die Ähnlichkeiten zwischen einer so verstandenen Autokommunikation bzw. zwischen Selbstgespräch und Lyrik sind, vor allem was den Einschluss lautlich-rhetorischer Besonderheiten betrifft, offensichtlich – wie die Verbindungen genau laufen und wo Unterschiede liegen, wird, auch in Bezug auf Prozesshaftigkeit und Performativität sowie auf Entwicklungsfähigkeit und Affekthaltigkeit (bzw. Affizierung) noch genauer erörtert. Aber auch abgesehen von diesen Aspekten scheinen Verbindungen zur Lyrik auf. Olga Martynova etwa zieht im Interview dieses Bandes explizit eine Parallele zwischen Lyrik und meditativen Traditionen in Fernost wie auch im Westen – von der spezifischen Ausprägung ihres Ansatzes wird noch die Rede sein. In den Fragebögen zu Oswald Eggers Lesung heißt es: »Dass ich das unbedingt nachlesen muss«, ein Rezipient artikuliert ein Bedürfnis nach Wiederholung. Die Wiederbegegnung dient dabei auch der gedanklichen Verarbeitung und Verfeinerung – sie hoffe, dass die gedankliche Dimension »später kommt oder wenn ich seine Gedichte zu Hause lese«, schreibt eine Hörerin. Auch bei Lidija Dimkovska wird eine Wiederholung gewünscht, »um bei einzelnen Bildern noch einmal inne halten zu können«.

Janne Teller habe ich eingangs mit der Aussage zitiert, sie habe Gedichte auswendig gelernt und sich vorgesagt – diese Praxis wiederholenden Memorierens steht ebenfalls dem alten Selbstgespräch nahe. Münd-

50 | Lotman, 2010, 33f.

lich und in unterschiedlichen Kontexten wurde mir von verschiedenen Rezipienten Ähnliches geschildert. Im Verlauf dieser Projektarbeit hat sich bei mir der Eindruck gebildet, dass an den Bushaltestellen und Bahnhöfen, auf Rolltreppen und in Wartezimmern des deutschsprachigen Raums sich offenbar nicht selten Menschen (verschiedenen Alters) befinden, die sich innerlich Gedichte hersagen, die ihnen teils zufällig im Gedächtnis geblieben sind oder die sie – und das schien mir der größere Teil – eigens zu diesem Zweck auswendig gelernt haben. Eine Gesprächspartnerin sprach explizit von der ›Inkorporation‹ eines Texts, die sie durch Memorieren erreiche und die ihr wichtig sei[51]; generell war davon die Rede, das memorierte und innerlich aufrufbare Gedicht biete Beschäftigung, es sei interessant, sich an etwas Komplexem und Schönem zu üben, mit dem Gedicht sei man nicht allein, man könne – ähnlich wie Janne Teller – der tatsächlichen Situation etwas entgegensetzen. Lediglich gedruckt sei das Gedicht sinnlos – so ein weiteres, mehrfach aufscheinendes Motiv – man *habe* es erst, wenn man es erinnern könne. Manche Gesprächspartner erwähnten, dass dies eine stille Vorliebe sei, über die sie selten sprächen.

Diese Verbindungen sollen jedoch nicht über die gravierenden Unterschiede hinwegtäuschen, die zwischen der antiken Konzeption des Selbstgesprächs und einem poetischen Sprechen bestehen. Die Lyrik bearbeitet zwar den Komplex ›Mensch – Welt – Sprache‹ transformativ, aber sie ist nicht direktiv, nicht handlungsleitend, und wo sie anspruchsvoll ist, folgt sie keiner außer Zweifel stehenden Dogmatik. Das Selbstgespräch hat jedoch im Laufe der Jahrhunderte Veränderungen erfahren – und ich werde argumentieren, dass die zeitgenössische Lyrik die Ergebnisse dieser Prozesse teils aufgreift und weiterentwickelt und teils auf antike bis mittelalterliche Entwicklungsstufen dieser Tradition zurückgreift, um beides zu einem gegenwärtigen Sprechen zu verschränken.

51 | Diese Äußerung ist aufgezeichnet. Sie ergab sich, als ein Gespräch mit einer Schweizer Journalistin und Doktorandin (im Januar 2014) unverhofft diese Abzweigung nahm. Dafür, dass die anderen Äußerungen über das freiwillige Memorieren von Gedichten wirklich gemacht wurden, existieren keine Belege, sie sind allesamt zufällig in Gesprächen entstanden.

4. Lyrische Reaktionen auf die historischen Transformationslinien des Selbstgesprächs

Vom Selbstausdruck zum explorativ-aktivierenden Paradigma der zeitgenössischen Lyrik

Über die Jahrhunderte dreht sich der Richtungspfeil des Selbstgesprächs: Er weist vermehrt von innen nach außen. Über verschiedene Zwischenstufen wird aus der Selbstformung der Antike der Selbstausdruck, als der das Selbstgespräch ab der Aufklärung begriffen wird. Die Rede ist nicht mehr direktiv, sondern expressiv.[52] Ein ›Ich‹ spricht weniger *mit* denn über sich, es entsteht seit dem 17. Jahrhundert für Butzer die Tendenz zur Autobiographisierung mit dem Verlangen nach »Narrativität, Situativität, Authentizität«.[53] Statt ›fremder Rede‹, die auf das ›Ich‹ angewandt wird, tritt nun die ›eigene‹ Rede in den Fokus.[54] Mit der Autobiographisierung erscheint auch die Prozesshaftigkeit geschwächt – das Weltverhältnis ist nicht aktuelles Objekt und Ziel von Bearbeitung; es wird referiert, vielleicht auch in seiner vergangenen Entwicklung.

Über die Gründe für diese Verschiebung soll hier nicht spekuliert werden; es könnte aber, unter anderen Faktoren, auch die sprachlich realisierte Selbstaffektion im Selbstgespräch eine Rolle gespielt haben. Wo eine emotional aufgeladene Rede hörbar wird – und das antike bis mittelalterliche Selbstgespräch war genau das: hörbar –, liegt es nahe, sie als Selbstkundgabe des Sprechers aufzufassen, sobald keine andersgeartete kulturelle Praxis mehr gepflegt wird. So verknüpft etwa Johann Georg Sulzer das Selbstgespräch in seiner *Allgemeinen Theorie der Schönen Künste*, erschienen in den Jahren 1771 bis 1774, explizit mit außergewöhnlicher Erregung: »Natürlicher Weise spricht der Mensch laut mit sich selbst in starken Affekten, da er sich selbst vergißt«[55].

---

52 | Vgl. Butzer, 2008, 21f.

53 | Butzer, 2008, 295.

54 | Zum Begriffspaar ›eigene‹ und ›fremde‹ Rede in Bezug auf das Soliloquium vgl. zusammenfassend Butzer, 2008, 470f.

55 | Sulzer, »Selbstgespräch«, hier und im Folgenden zitiert nach: *www.zeno.org/Sulzer-1771/A/Selbstgespr%C3%A4ch* vom 21.03.2014. Aufgrund des zeitlichen Abstands zu Sulzers Sprache wird die Schreibung hier nicht an den neuen Standard angepasst.

Auch Butzer verweist auf Sulzers Artikel. Es zeige sich dort, dass zwar die Erinnerung an die antike Praxis noch vorhanden sei; sie werde aber bereits falsch interpretiert. Sulzer schreibt: »Die Alten hatten in ihren Sitten etwas, das ihnen den Gebrauch des Selbstgespräches natürlich machte. Es war würklich gewöhnlich bey ihnen, daß Personen in wichtigen insonderheit traurigen Angelegenheiten des Herzens ihre Gedanken der Luft und den Sternen laut vortrugen.« Die »Tatsache«, sagt Butzer hierzu, sei »richtig vermerkt, die Begründung jedoch irreführend; denn die Aufgabe des antiken Soliloquiums ist es nicht [...], ›dem Herzen Luft zu machen‹, sondern das Herz sprachlich zu bearbeiten.«[56]

Wichtig ist mit Blick auf das lyrische Paradigma aber noch etwas anderes: »Selbstgespräch« wird bei Sulzer um den in Klammern gesetzten Hinweis »Dramatische Dichtkunst«[57] ergänzt. Damit wird es tatsächlich nicht mehr als eine kulturelle Technik des Alltagslebens betrachtet – es hat in den Raum des Literarischen gewechselt und wird zum Gegenstand poetologischer Empfehlungen. Im Drama existiert das Selbstgespräch, so Sulzer, einerseits als »Nothwendigkeit«, da »der Dichter den Zuschauer von gewissen geheimen Gedanken und Anschlägen der Personen unterrichte[n]« muss, »welches er auf keinerley Weise thun kann, wenn er sie nicht laut mit sich selber sprechen läßt«. Andererseits findet es seine Rechtfertigung im »besonderen Vergnügen«, das es dem Publikum bereitet, »einen Menschen zu sehen, der, weil er sich allein glaubt, den ganzen Grund seines Herzens ausschüttet und seine geheimeste Gedanken an den Tag bringt.« Es scheint an ein Tabu zu rühren und muss, wie Sulzer sagt, nur deshalb »nicht [...] untersagt werden, weil es nothwendig, und weil es angenehm ist«.

Wenn das Selbstgespräch im Drama ›nicht untersagt werden muss‹, heißt dies aber umgekehrt, dass seine Rechtfertigung nötig scheint, denn »[m]an hat [...] wol bemerkt, daß [die Selbstgespräche] meistentheils wieder die Wahrscheinlichkeit seyn, indem es überaus selten ist, daß ein Mensch mit sich selbst laut spreche.« Ich vermute, dass sich hier nicht nur eine veränderte kulturelle Situation artikuliert, in der ›zu sich‹ sprechende Individuen seltener beobachtet werden können, sondern ein grundlegender Zweifel zutage tritt: Artikuliert der zu sich sprechende Mensch, der im Alltag ja bis heute anzutreffen ist, wirklich geheime Plä-

56 | Butzer, 2008, 22.

57 | Dieses und die folgenden Zitate: Sulzer, »Selbstgespräch«.

ne oder ist in diesen Situationen nicht eigentlich anderes zu hören? In dem Moment, wo das Selbstgespräch nur noch als Teil des individuellen Ausdrucks begriffen wird, verursacht diese Betrachtungsweise selbst ein gewisses Unbehagen: Es regt sich der Verdacht, dass an der Gleichsetzung des Selbstgesprächs mit dem Selbstausdruck vielleicht etwas nicht stimmt. Dass das – real beobachtbare – Selbstgespräch etwas anderes ist, als der Selbstausdruck eines Individuums, wurde entsprechend im 20. Jahrhundert durch sowjetische Forscher, etwa durch Lev Vygotskij und Jurij Lotman, herausgearbeitet. Ihre Ansätze werden noch vorgestellt.

Aber bereits bei Sulzer im 18. Jahrhundert zeichnet sich eine Trennung zwischen psychologischer Realität und literarischer Verwendung ab – die psychagogische Selbstformung ist im 18. Jahrhundert nicht mehr gängige Praxis, und der bloßen psychologischen und beobachtbaren Realität folgt die Literatur an dieser Stelle nicht. Diese Spaltung bzw. diese widerstrebenden Energien existieren bis heute, und sie bilden in dieser konkreten Ausprägung – der Spannung zwischen Selbstausdruck und Selbstformung in der Sprache, zwischen literarischer Tradition und Alltagserlebbarkeit – für die heutige Lyrik ein Feld produktiver Auseinandersetzung. Bei aller Prägekraft und auch Produktivität der literarischen Tradition des Selbstausdrucks scheinen die interessantesten Spielformen der Lyrik ihre Impulse heute nicht mehr von dort zu beziehen. Dies wird zwar schon seit Jahrzehnten postuliert; hier aber soll gezeigt werden, dass sich die lyrischen Bewegungen entlang der Linien des Selbstgesprächs, wie sie aus den Arbeiten Vygotskijs, Lotmans und, in neuerer Zeit, Weranis sichtbar werden, jenseits allgemeiner Postulate und ebenso übernutzter wie unscharfer Kategorien (etwa dem Experiment) treffender darstellen lassen.

Ähnlich wird bereits bei Sulzer deutlich, dass das Selbstgespräch zunehmend als eine eigenartige Verschränkung von Defizit und Überschuss begriffen wird. Es ist ein Überschuss an »starken Affekten«, der die Menschen mit sich selbst reden lässt, denn sie können »sich nicht enthalten«, von dem »zu reden, was ihr Herz ganz einnihmt«. Ein Defizit in der Selbstkontrolle zeichnet sich ab, ebenso wie das schlichte Fehlen eines Partners, »dem er sich anvertrauen könnte«. Allerdings sieht Sulzer neben dem Drama noch eine weitere Heimstatt des Selbstgesprächs in der Literatur: »Das lyrische Gedicht hat, selbst da, wo es die Rede an einen andern wendet, gar viel von der Natur des empfindungsvollen Selbstgesprächs.«[58] Es wird dadurch zu ›sonderbarer Rede‹: »Darum [hat] die Folge der lyrischen Vorstellungen [...] etwas Seltsames, auch wohl eigensinniges.« Die Konturen dessen, was Butzer als kennzeichnend für die Moderne ausweist, scheinen hier bereits durch: der Soliloquist, der im Monolog einem »Sprachtrieb[...]«[59] folgt. Zunächst, etwa bei Novalis, folgt dieser noch dem Wunsch, »nicht nur [...] Gedanken, sondern auch [...] Beobachtungen und Wahrnehmungen durchgehend in Worte zu fassen.« Später, etwa in Becketts *Molloy*, gerät es zum »sinnlosen Selbstzweck«, es ist eine Art »Simulationsgeräusch«, in dem die Selbstaffektion dem Sprecher nur noch dazu dient, sich seiner selbst zu versichern: »Ich höre meine Stimme, also bin ich«, formuliert Butzer.

Den Rezipienten wird damit, schon im inszenierten ›Ablauschen‹ geheimer Pläne im Drama und umso mehr angesichts eines leer laufenden Sprechtriebs, eine beobachtende Position zugewiesen. Nachvollzug ist hier keine Möglichkeit mehr; nicht zuletzt, weil Offenheit, Prozesshaftigkeit und Entwicklungspotenziale geschwächt oder deformiert erscheinen. Mehr noch, der Rezipientin wird eine analysierende und letztlich wertende Rolle zugedacht. Diese beginnt in der Aufklärung, mit der, wie Butzer es nennt, »aufklärerische[n] Untergrabung des religiösen Selbstgesprächs«[60].

Ab der Mitte des 17. Jahrhunderts – und vermutlich nicht zufällig ab dem Zeitpunkt, zu dem »Frauen immer häufiger als Verfasserinnen meditativer Selbstgespräche« auftreten – büßt der Sprecher im Selbstgespräch zunehmend an Autorität ein. Mit dem Ausdrucksparadigma wird die Frage nach Aufrichtigkeit und Authentizität möglich. Und die Rede der Soliloquistin verliert an Beispielhaftigkeit – denn der Sprecherin wird keine Kontrolle über ihre Rede mehr zugebilligt. Das Soliloquium wird zu einer ›vermeintlich‹ religiösen Rede, in der sich ›eigentlich‹ etwas anderes ausspricht: »Begehren, Verführung und Überwältigung«; eine »umfassende Sexualisierung meditativer Rede findet statt«. ›Es‹ drückt ›sich‹ aus – »ein Anderes« spricht durch das Intendierte oder vielleicht Vorgespielte »hindurch«, die Rede wird »auf ein unbewusstes Begehren hin interpretier[bar]«. Das ›Fremde‹ offenbart sich zunehmend als etwas,

58 | Dieses Zitat und das folgende: Sulzer, 2000, 84f.

59 | Dieses und die folgenden Zitate: Butzer, 2008, 455-464.

60 | Dieses und die folgenden Zitate: Butzer, 2008, 319-326.

das im unerkannten Herzen des ›Eigenen‹ sitzt.[61] Ein ungewollter Überschuss entsteht, dem der (aufgeklärte) Rezipient souverän und überlegen zu begegnen hat: Er weiß, dass »die Rede des Monologisten als intentionale Äußerung nicht ernst« zu nehmen ist, sie muss »auf ein zu Grunde liegendes eigentliches Geschehen hin analysiert« werden.[62] Das Triadische im Selbstgespräch ist damit kollabiert. Es öffnet sich kein spekulativer Raum mehr, in dem ein Subjekt sich selbst an Welt und Sprache erprobt und ändert, ein so wahrgenommenes Sprechen wirkt deterministisch. Wird das Selbstgespräch so begriffen, ist es letztlich monologisch, und nicht, auch wenn dies propagiert wird, polyphon: Zwar mögen unterschiedliche Stimmen an die Oberfläche drängen, aber es kommt kein ›Gespräch‹ dieser ›Selbste‹ mehr zustande, in dem sie sich gegenseitig modifizieren können. Sie können sich selbst ja nichtmal hören.

Gehört werden sie allenfalls vom Beobachter – für den ›Nachvollzug‹ hier bereits ideologisch ausgeschlossen ist. Die Selbstformung mag unmöglich sein, aber der Sprecher mit seiner als Symptom begriffenen Rede bildet ein zu studierendes Objekt.[63] Von hier ist der Schritt nicht mehr weit zu der von Butzer pointiert konstatierten Verschiebung von »vernünftige[r]« zu »verrückte[r] Rede«[64]: Wirkte in der Antike das Individuum mit dieser Redeform im Sinne der Vernunft auf sich selbst ein, so ist der moderne Soliloquist mit seiner mangelnden Kontrolle über die eigene Rede vielleicht ohnehin von Sinnen. Mehr noch, dass überhaupt ein vernehmbares Selbstgespräch auftritt (eher als: geführt wird), wird als Indiz für eine gewisse Verrücktheit genommen. Die genaue Beobachtung eines solchen, mit sich sprechenden Individuums, scheint aus gesellschaftlicher Perspektive angeraten.[65]

Hier lohnt noch einmal ein Rückblick auf die ›sonderbare‹ Rede des Gedichts, die von alltäglichen Spracherfahrungen abweicht. Das als Selbstausdruck begriffene Selbstgespräch markiert vielleicht exakt jenen Punkt, an dem die ›sonderbare Rede‹ sich zu einer ›verrückten Rede‹ verschiebt. Vor der Folie einer autobiographischen Erzählung, die Ereignisse eines Lebens der Leserin/Hörerin zur Betrachtung darbietet, und selbst

61 | Vgl. Butzer, 2008, 470f.

62 | Butzer, 2008, 457.

63 | Vgl. Butzer, 2008, 456.

64 | Butzer, 2008, 471.

65 | Vgl. Butzer, 2008, 472.

vor der Folie eines idiosynkratischen emotionalen Ausbruchs eines ›Ich‹, wirkt das Gedicht wie die Rede eines »Irre[n]«, der in der Reaktion einer Studierenden auf Oswald Eggers Lesung figuriert:

Er hat ja auch einmal erzählt, dass der Bauch aufgeschlitzt wird, wo dann das Fett da rauskommt, und dann mit dem Blatt [*lacht*], dass er da am Lagerfeuer das da abschleckt oder irgendwie so, also irgendwie hab ich mir so gedacht (.) vielleicht träumt er des ja (.) wie so bissl (.) konfus, wie so a so a Irrer, a bissl so diese Gedanken wie, wie wenn die, des alles, was er vorgetragen hätt, so ein Gedankenstrom ist, den man, den man träumt (.) weil, wenn ich mir oft überleg, wenn ich noch einen Traum weiß, denk ich mir auch es passt eigentlich überhaupt nicht zusammen, so is mir des da auch immer vorgekommen. Da sind Dinge möglich, die es eigentlich so nicht gibt.

Solange Eggers Texte als ›erzählt‹ wahrgenommen werden, steht der Geisteszustand dieses Erzählers, der ›ich‹ sagt, in Frage. Während die Studierende ihre Wahrnehmung beschreibt, verlässt sie jedoch dieses Paradigma: Sie kommt zu Traum und ›Gedankenstrom‹, also einem Moment prozesshafter Entfaltung, und vergleicht schließlich das Gehörte mit eigenen Traumerfahrungen. Vor allem der Bezug zum Traum ist hier aufschlussreich: Auch er kann nur aus der Perspektive des Träumenden erfahren werden. Der Traum versperrt sich jeder Nacherzählung.[66] Dem Träumenden aber öffnet er einen Raum von Möglichkeiten, die ›es eigentlich so nicht gibt‹. Also nicht: *nicht*. Sondern lediglich: nicht *so*. *Wie* es sie aber gibt, *wie* sie doch für die eigene Selbst- und Welterfahrung relevant sind, für die Beziehungsentwicklung zwischen Welt und träumendem Ich – all das kann nur vom reflektierenden Zwilling dieses Ich im triangulierten Selbstgespräch erkundet werden. Das Bild des Traums erlaubt, die Beobachterperspektive zu verlassen.

Zugleich wird hier noch einmal deutlich, was ›das Gemeinte‹ einer Äußerung oder Erzählung im Alltag auszeichnet. Es ist idealerweise nicht nur semantisch auf Anhieb transparent, zielgerichtet und funktional; es bildet vor allem eine Interaktion zwischen zwei oder mehr Individuen. Der ›Traum‹ verweist darauf, dass die Hörenden mit sich alleine sind: mit

66 | Vgl. auch die Beziehung zwischen Traum und Musik, die Nussbaum entwickelt (Nussbaum, 2003, 265ff.).

sich als Navigierende in immer nur potenziell Gemeintem, der nicht abschließbaren Verhandlung von Welt- und Sprachbezug.

Bleibt man aber beim Selbstgespräch als Selbstausdruck und setzt einen Beobachter voraus, so scheint mir überraschend, dass diesem, anders als der sprechenden Person, meist ohne weiteres zugetraut wird, jene Differenz zu überbrücken, die sich nun zwischen »Gesagtem« und »Gemeintem«[67] eröffnet hat. Er (auch: sie?) scheint imstande, das ›Tatsächliche‹ in der soliloquistischen Rede ein- für allemal zu identifizieren. Woher diese Zuversicht? Entstammt sie dem Vertrauen, dass Distanz Übersicht und sogar das Vordringen »in ›darunter‹ liegende Schichten«[68] erlaubt – da sich mit dem »›angemessenen Abstand‹«, wie Gumbrecht für das dominante Verstehens-Paradigma formuliert, die »Qualität der Beobachtungen« schon einstellen wird? Das Bild vom Gemeinten, das im Gesagten steckt, aber deutet darauf hin, dass sich auch für den Rezipienten hier kein wirklich triadisches Feld eröffnet: Es entsteht kein offener Raum von Spekulation, Möglichkeit und Wahrscheinlichkeit; es ist etwas ›versteckt‹, das auf seine eindeutige und korrekte Identifikation wartet.

Die Parallelen zu den Reaktionen der Studierenden auf die im Seminar gehörten Gedichte sind augenfällig. Und es wird die Panik, die sich im Ausruf ›Hä?‹ und in der Vermutung von ›Hochtrabendem‹ ›hinter‹ den Wörtern artikuliert hat, noch etwas verständlicher. Die Studierenden sahen sich nicht nur mit dem Kollaps alltagssprachlicher Strukturen konfrontiert, sondern auch mit dem Versagen gegenüber einem kulturell präsenten – wenn auch vermutlich nicht explizit identifizierten – Imperativ. Sie sahen sich in die Rolle der sezierenden Beobachterin gestellt und von ihr – völlig zurecht – überfordert. Die Studierenden konnten zwar beim Hören in ein Paradigma wechseln, das ihnen ein Verstehen ermöglichte. Dieses ›Verstehen‹ jedoch *ist* aus der Perspektive des überlegen-sezierenden Betrachters *keines*. Der kritische Punkt liegt also in der Frage, ob und wann es ›erlaubt‹ ist, vom Hochsitz des Beobachters herabzusteigen und sich als ›Angesprochener ohne Übersicht‹, als traumgleich navigierendes und sich korrigierendes Subjekt zu erkennen zu geben.

Vor diesem Hintergrund zeichnen sich die möglichen Verbindungen zwischen Lyrik und Selbstgespräch nun klarer ab. Eindeutig entsprachen die Gedichte, mit denen die Studierenden konfrontiert waren, nicht der

67 | Butzer, 2008, 471.

68 | Dieses und die beiden folgenden Zitate: Gumbrecht, 2004, 38.

Rede des antiken Selbstgesprächs, aber ebenso wenig hatten sie mit der Rede eines neueren, autobiographisch begriffenen Selbstgesprächs zu tun (nicht zuletzt, da dieses den Nachvollzug ja bewusst ausschließt).[69] Die zeitgenössische Lyrik zeigt Redehaltungen, die sich weder mit dem (antiken) Begriff ›direktiv‹ noch mit dem (neuzeitlichen) Begriff ›expressiv‹ zureichend beschreiben lassen. Ich möchte deshalb einen anderen Begriff vorschlagen. Wie in Antike und Neuzeit entspringt der Impuls zu sprechen auch in der heutigen Lyrik einer Dissonanz – einer Reibung an (bzw. einem wahrgenommenen Zurückbleiben hinter) der Realität (seit der Antike), einem emotionalen Überschäumen (wie es bei Sulzer anklingt), einer Bedürftigkeit bzw. einem Wunsch oder dem Drängen eines Ungekannt-Unartikulierbaren im eigenen Inneren ins Gesagt-Werden (seit der Aufklärung).

Als Ausgangspunkt für eine Benennung bietet sich aber vielleicht weniger die Art der Dissonanz an als die Art der Reaktion auf sie. In den Gedichten, die in diesem Projekt behandelt wurden, meine ich einen gemeinsamen (und nicht neuen!) Grundimpuls zu erkennen, der sich mit dem Wort ›Auseinandersetzung‹ bezeichnen ließe. Die Texte präsentieren diese ›Auseinandersetzung‹ dabei nie als abgeschlossen; sie ist prozesshaft, und es steht durchaus in Frage, ob sie prinzipiell abschließbar ist. Ziel dieser Auseinandersetzung ist dabei ein genaueres Erkennen – und zwar nicht eines verkapselt-kompletten ›Ich‹, sondern immer von unabschließbar-wirksamen Verhältnissen. Die (Neu)-Verhandlung von Beziehungen zwischen Selbst und Nicht-Selbst ist dabei eingeschlossen. Ich möchte die Redehaltung dieser Gedichte deshalb ›explorativ‹ nennen.

›Auseinandersetzung‹ und ›Exploration‹ sind zudem Begriffe, die schon die Entwicklung des Selbstgesprächs in der Literatur selbst nahe legt. Auf Sokrates' Einschätzung, das Nachdenken sei ein Gespräch der Seele mit sich selbst, wurde bereits verwiesen. Auseinandersetzung und Selbstgespräch werden in diesem Gedankengang untrennbar; es zeigt sich eine forschende Haltung, und die zeitgenössische Lyrik greift auf sie zurück.

Die forschende Haltung der Auseinandersetzung lässt auch deutlicher werden, mit welchem nachdenkenden Selbst man in einem Selbst-

---

69 | Die Kommentare Mila Haugovás, in denen sie die autobiographische Dimension der Texte betonte, haben hier (offensichtlich) keinen Einfluss auf die von der Struktur der Texte ermöglichte Rezeption.

gespräch zu tun hat: Denn vermutlich ist nicht jedes Nachdenken auch Selbstgespräch. Erst wenn das ›Selbst‹ nicht nur durchführende Instanz der Überlegung ist, sondern seinen Gegenstand als kontur- und substanzbestimmend für sich selbst begreift, scheint sich das ›Nachdenken‹ in Richtung Selbstgespräch zu bewegen.[70] Dass daraus eine Vorstellung von Intimität entsteht, ist verständlich – setzt aber erneut ein bestimmtes Subjektverständnis voraus. Sobald nämlich dieses (sprechende und besprochene) Selbst als ein Bündel an Relationen zwischen Selbst und (äußerlichem wie innerlichem) Nicht-Selbst begriffen wird, das im Gespräch weiter erkundet, verhandelt und geformt wird, erscheint das Gespräch ›mit sich‹ nicht automatisch als etwas Privates. Es ist von vornherein von einer außer- und überindividuellen Struktur durchzogen. Entsprechend ist dieses Selbstgespräch als »intensives, lebhaftes Nachdenken«, als das es, wie Butzer ausführt, im 18. Jahrhundert noch einmal erscheint, auch keineswegs eine solipsistische Angelegenheit, die im Gegensatz zum geselligen Dialog steht – es bildet »geradezu dessen Keimzelle«[71]. Letztere Aussage steht dabei in erstaunlicher Proximität zu den psychologisch-psycholinguistischen Erkenntnissen zum Selbstgespräch, die noch zu erörtern sein werden. Ebenso werden die hier angerissenen Dimensionen ›Auseinandersetzung‹ und ›Exploration‹ noch im Hinblick auf die am Projekt beteiligten Autorinnen untersucht und insbesondere in Bezug auf die Rezeption spezifiziert.

Poetisierung und die Vertiefung des spekulativen Felds

Neben der Verschiebung von Selbstansprache zu Selbstausdruck unterliegt das Selbstgespräch einer weiteren Transformation: Es erfuhr mit dem 17. Jahrhundert eine zunehmende »Poetisierung«[72]. Anhand von Friedrich Spees *Güldenem Tugend-Buch* und Catharina Regina von Greiffenbergs Lyrik führt Butzer aus, »wie die Poetisierung des religiösen Selbstgesprächs mit einem Verlust an Dialogizität erkauft wird« – je »poetisch ambitionierte[r]« die Autoren werden, desto mehr stehen ihre Fä-

70 | So wäre etwa mein Versuch, ein technisches Problem zu begreifen, dem Selbstgespräch weniger nah als mein Versuch, die Gedankengänge dieses Aufsatzes zu entwickeln.

71 | Butzer, 2008, 387.

72 | Dieses und die folgenden Zitate: Butzer, 2008, 267-293.

higkeiten im Fokus der Aufmerksamkeit, und umso weniger werden die Rollen zwischen Autorin und Rezipient vertauschbar. Desto »privative[r]« werden die Texte, wie Butzer für Greiffenberg konstatiert.

Dabei scheint die poetische Gestaltung der Rede der rezeptiven Anwendung ›auf sich‹ zunächst nicht entgegenzustehen. Bei Spee etwa dienen die »poetischen Mittel der sentenziösen Verdichtung und der lautlich-sinnlichen Codierung«, laut Butzer, durchaus einer »meditativen Applikation« und begünstigen die »Verleiblichung« des Stoffes. Eine entschiedene Bewegung weg von der »Gebrauchsdichtung« entsteht jedoch für Butzer dort, wo – wie bei Greiffenberg – »eine nicht mehr von jedem Leser nachvollziehbare inspirierte Poesie« entsteht. Die Sätze sind dann schlicht nicht mehr einfach genug, um sich dem Nachvollzug durch alle Lesenden/Hörenden zu öffnen.

Klar ist, dass eine direktive Ansprache des Selbst vermittels einer Rede, deren ›Sinn‹ gleitet und in Teilen erst durch die jeweilige Rezipientin aktualisiert und ›gemacht‹ wird, kaum denkbar scheint.[73] Denn wie soll sich die Lesende und Nachsprechende lenken, wenn ihre Reaktion auf die gehörten Sätze diese womöglich bereits stärker verändert, als in der antiken Ruminatio-Metapher vorgesehen? Oder wenn Art und Grad der Veränderung zumindest nicht genau spezifiziert werden können, da der Ausgangspunkt, das aufgenommene Material, bereits zu multipliziert in sich ist? Innen und Außen scheinen hier zu stark verschränkt für einen direktiven Redeakt. Und auch die Erinnerbarkeit leidet: Zu stark gestalteter Text lässt sich vielleicht nicht exakt memorieren und wird durch den Versuch innerlich wiederholten Nachvollzugs womöglich bis zur Unkenntlichkeit deformiert. (Die Klage der mangelnden Memorierbarkeit ist bis heute nicht erloschen und wird immer wieder auch in Bezug auf das zeitgenössische Gedicht geäußert.) Ja, selbst eine Interpretation als ›expressiv‹ scheint für solche Texte irreführend, da eine solche kaum noch über eine Expression ›für sich‹ hinausreichen würde. Sie wären dann wirklich ein ungestörtes ›Bei-Sich-Sein‹ nach Derrida im Klang der eigenen Stimme, ein »nicht außerhalb meiner und meines Atems in eine

73 | Zunächst mag es so wirken, als kenne die heutige Zeit ohnehin keine selbstdirektiven Redeakte. Der Blick in einen beliebigen Karriere-Ratgeber belehrt allerdings eines Besseren.

wahrnehmbare Ferne fallen; nicht aufhören, mir zuzugehören«[74], das jeden Raum kollabieren lässt.

So betrachtet bringt die ›Poetisierung‹ also, wie schon der Dreh in den Selbstausdruck, eine Schließung des Selbstgesprächs mit sich. Und paradoxerweise formt sich diese schließende Bewegung im Fall der Poetisierung ausgerechnet aus der Tendenz des Selbstgesprächs zur Offenheit. Denn die Aufnahme und Verdauung der ›richtigen‹ Schriften wurde in manchen Traditionslinien nicht nur als Reduktion gedacht, sondern, wie bereits erwähnt, als Ausgangspunkt für Neues, als Quelle der Inspiration: Es besteht, so Butzer, eine »Nähe von Meditation und Inspiration«, das »Wiederkäuen biblischer Worte« stehe in Verbindung »mit der Schöpfung spontaner, emotionsreicher Rede.«[75] Und auch hier zeigt sich, dass sich die Verschränkung von Offenheit mit ›spontaner, emotionsreicher‹ und damit zu Individualisierung tendierender Rede durchaus fortschreiben lässt, sobald man die Präsupposition aufgibt, die Redehaltung des Selbstgesprächs oszilliere zwischen ›expressiv‹ und ›direktiv‹.

Geht man nämlich, wie oben vorgeschlagen, von einer explorativen Redehaltung aus, die sich für die Erkundung der Beziehungen im Knäuel Welt-Selbst-Sprache/Sprechen sowie für eine prozesshafte Auseinandersetzung interessiert, muss die poetisierte Rede keineswegs mehr ›verschlossen‹ wirken. Ja, dass sich die Rezipienten in eine Rede angeblich nicht mehr einsetzen können, sobald diese ›zu sehr‹ poetisiert ist, wirkt selbst wie ein modernistisches Vorurteil: Denn ist Voraussetzung für den Nachvollzug, dass die Rezipientin das Gedicht auch selber hätte schreiben können? Hier entsteht der Eindruck, dass die Figur eines von außen betrachteten und entlang eines narrativen ›Verständniszwangs‹ souverän sezierten Selbstausdrucks auch der Analyse ihre Grenzen vorgibt. Tatsächlich kann ein Nachvollzug doch gerade dort interessant und attraktiv werden, wo das Ich den Text nicht selbst hätte hervorbringen können und ihn nicht unmittelbar paraphrasieren kann. Anziehend wird ein Textgewebe für jene Stellen des Ich, die Fragen haben, die Mangel und Bedürftigkeit zeigen. Sobald aber etwas ›Anderes‹, vielleicht: ›ganz Anderes‹, von außen wieder zum explorativen Nachvollzug zugelassen ist, scheint gerade die poetisierte Rede vervielfältigte Anknüpfungspunkte auf einem vertieften spekulativen Feld zu bieten. Statt sich auf eine exklusive Privat-

74 | Derrida, 1979, 132.

75 | Butzer, 2008, 69.

heit zu beschränken, streut sie die Reibungspunkte über verschiedene, körperlich-gedanklich-emotionale Ebenen. Auch der Verlust einer leichten, ›kompletten‹ Memorierbarkeit erscheint dann nicht mehr als Verlust: Die Anknüpfung an einzelne Stücke oder Sequenzen hat nicht *per se* geringeren Wert. Sie ermutigt vielmehr zu einer Rückkehr zum betreffenden Text und damit zu einer Art ›Auffrischung‹ und Überprüfung der Exploration, zum Neu-Abgleich und zur Fort-Bewegung. An die Stelle der Breite eines ruminierten Text-Korpus tritt dessen innere Differenzierung. Seine Energie ist eingefaltet und in verschiedene Richtungen ausfaltbar statt von vornherein ausgedehnt.

5. Die lyrische Öffnung der Sprechposition

In den letzten Abschnitten wurde das zunehmende Misstrauen deutlich, auf das der Soliloquist trifft – er könnte ›irre‹ sein, ein Lügner, durchtrieben oder aber ein eitler Autor, der seine überlegenen sprachlichen Fähigkeiten zur Schau stellt. Keinesfalls aber eine Vorbildfigur, deren Rede sich zur Nachahmung anbietet. ›Wer‹ die sprechende Figur aber ist, scheint vor allem in den Koordinaten des Ausdrucksparadigmas relevant. Wenn es hingegen weniger um die Sprecherin als um ihre Rede geht, ist diese Frage von nachgeordneter Bedeutung. Dafür rückt stärker in den Fokus, wie eine Rede die Sprechposition als unterschiedlich besetzbar entwirft und wie sie die sprechende (Dichter-)Figur in der Auftrittssituation von der biographischen Person entkoppelt. Diese Fragen werden im Folgenden – besonders im Hinblick auf die gesprochene Lyrik – behandelt. Außerdem wird gezeigt, wie die heutige Lyrik im Medium des Hörbaren eine gesprächsstiftende Spaltung zwischen ›Ich‹ und ›Ich^{Strich}‹ aufgreift und weiterentwickelt, die schon das antike bis mittelalterliche Selbstgespräch provoziert hatte. Zunächst jedoch ein Blick auf die Frage, ob die Provokation eines Selbstgesprächs wirklich eine Besonderheit der Lyrik ist.

Löst die narrative Prosa kein Selbstgespräch aus?

In Butzers Studie *Soliloquium* steht die »nicht-narrative Prosa«[76] im Mittelpunkt – dass die narrative Prosa sich in Bezug auf diese Themenstellung nicht anbietet, scheint außer Zweifel zu stehen. Dabei zeigt die narrative Prosa ja durchaus soliloquistische Figuren. Und in der Rezeption lässt sich ebenfalls beobachten, dass es gedankliche Auseinandersetzungen mit einem Film oder Roman gibt, die versuchen, die eigene Position zum Gesehenen oder Gehörten zu bestimmen, die sich aufmachen, die vom Text/Film gebildeten Bedeutungsfelder zu erkunden und das Eigene an ihnen zu messen. Und es stellt sich die Frage, ob sie nicht am sinnvollsten als Selbstgespräch *vermittels* eines äußeren Gegenstands zu beschreiben wären.

Ein wesentlicher Unterschied zu jenem Selbstgespräch aber, wie es in der Rezeption ›nicht-narrativer‹ oder ›lyrischer‹ Lyrik auftritt, liegt im zeitlichen Verlauf. Albrecht Koschorke weist in seinen *Grundzügen einer Allgemeinen Erzähltheorie* auf den schlichten Umstand hin, dass am »Anfang« des Erzählens »der Vorgang der Reduktion«[77] stehe, der zur Voraussetzung für die Vermittlung von Wissen per Narration werde.[78] Die durch Reduktion herauspräparierte Narration wiederum wird zwischen Subjekten zum Zweck der Erweiterung eingesetzt. Das Gleiche gilt selbstverständlich auch für die Lyrik – aber sie operiert an anderer Stelle. Folgt man der »Arbeitsteilung«, die Koschorke zwischen Szenischem und Narrativem feststellt, wenn er »das Szenische mit der kulturellen Wirkmacht von Bildern«, worunter er auch die »Welt der Performanz« fasst, und »das Narrative mit der strukturierenden Leistung von Begriffen« in »Kontakt« sieht[79], dann verhält sich die Lyrik zwar ebenfalls zu diesen beiden Polen, aber gewissermaßen zu deren prozesshafter Entfaltung auf ein sprechendes Individuum hin.

Entsprechend ihrer begrifflichen Leistung sind narrative Texte – selbst wenn sie mit dem Präsens arbeiten und auch wenn ihre Figuren sich entwickeln – weniger prozesshaft als die Lyrik. Abgeschlossenheit und Übersicht sind in ihnen wichtiger als aktualisierte Entwicklung. Sie lassen

76 | Butzer, 2008, 27.

77 | Koschorke, 2012, 28.

78 | Vgl. Koschorke, 2012, 35f.

79 | Koschorke, 2012, 72.

eine Welt entstehen, in der die Figuren Relationen zueinander und zur beschriebenen Welt eingehen – es bildet sich ein System aus Wissen und Beziehungen, das diese fiktionale Welt konstituiert. Die Handlungen, Äußerungen, Gedanken werden in Bezug auf diese fiktionale Welt als sinnhafte entwickelt (was auch die Gestaltung des Gegenteils einschließt!) und können als solche betrachtet werden. An der Figur bzw. den Figuren zeigt sich, *was etwas für wen bedeutet* oder *bedeuten kann*. Typischerweise – wenngleich nicht immer – werden Beziehungsgeflecht und Bedeutung für jemanden nicht *hier und jetzt*[80] entfaltet, sondern als bereits bestehende oder entwickelte erzählt. Figuren und Bedeutungszusammenhänge sind von außen evaluierbar, und das schließt auch ein, dass sie als Spiegel genutzt werden können. Diese Art der Reflexion aber setzt typischerweise ein, nachdem die hörende oder sehende Begegnung mit dem jeweiligen Text oder Film abgeschlossen ist, sie vollzieht sich *außerhalb* der konkreten Aufnahme des Werks. Und sie setzt nicht zwangsläufig ein; Lotman spricht daher davon, dass der Leser eines Romans »Wahrheit in Gestalt einer fertigen Mitteilung von einer fremden geistigen Aktivität« erhalte, er könne daher ein vergleichsweise »passiver« Leser bleiben.[81]

In der ›lyrischen Lyrik‹ hingegen bilden sich die Konturen des Relationsgefüges zwischen Sprecherin, Sprechen/Sprache und Welt typischerweise erst mit der konkreten Entfaltung des Texts heraus. Die stimmliche Entwicklung in der Aufführung treibt diese gesteigerte Prozesshaftigkeit – wenngleich sie in der Schrift ebenfalls angelegt ist – körperlich erfahrbar hervor. Wie Erika Fischer-Lichte zeigt, sind im performativen Ereignis Produktion und Rezeption zeit- und ortsgleich[82] – die hörbare Lyrik wendet diese Zeit- und Ortsgleichheit auf das Paradigma gesprochener, gestalteter Sprache an. Die Sinnentfaltung scheint sich in Produktion wie Rezeption gleichzeitig zu vollziehen: Im für gewöhnlich intersubjektiv und pragmatisch verbindlichen Sprachraum lässt sie die Bedeutungen zwischen Konvention und Idiosynkrasie, zwischen Vorgeprägtem und Erratischem oszillieren. Denn eine Position verbindlicher Einordnung (oder dezidierter Nicht-Einordnung, die jedoch von außen sinnhaft betrachtbar bleibt) durch Erzähler oder Figuren fehlt. Die Ich-Stelle der Sprecherin ist nur die Position derjenigen, *die dies ausspricht*. Der sprechenden Instanz

80 | Zum »*hic et nunc*« des Performativen siehe Fischer-Lichte, 2004, 20.

81 | Lotman, 2010, 51.

82 | Vgl. Fischer-Lichte, 2004, 22.

fehlen die vorgängigen Konturen, die sie als Figur qualifizieren und von außen betrachtbar machen würden.[83] (Und wo solche Konturen vorhanden sind – etwa in der Nutzung literarischer Figuren als Sprecher – werden sie eher als ›sich bildende‹ oder flexible entworfen und weniger als bestehende Einfassung, aus der heraus bestimmte Handlungen referiert werden.) Die sprechende Instanz wird erst durch das konturiert, *was* sie *wie* sagt – und diese Konturen müssen aus dem *Was und Wie* des Gesagten durch den Rezipienten abgeleitet werden. Die Sprechstelle ist damit gewissermaßen leer, weil sie sich erst in der Interaktion aus Sprech- und Hörprozess bildet – das ›für wen‹ in der Frage *was etwas für wen bedeutet* ist in der Lyrik unbestimmter als in der narrativen Prosa. Gewiss ist dort nur, *dass* etwas *für jemanden* (d.h. für die Sprecherin) *etwas bedeutet*. Gleichzeitig wird die autobiographische Rückbindung der Rede an die Autorin wie geschildert unterlaufen.

Während in der Erzählung also die Kategorien entwickelt und dann aufeinander bezogen werden, steht in der Lyrik die Frage der Kategorienbildung und ihrer Bedeutung für das sprechende Ich selbst im Zentrum. Typischerweise lässt sich deshalb die Frage, *was etwas für wen bedeutet*, in der Lyrik nur beantworten, wenn die leere Ich-Stelle durch die vergleichsweise »größere geistige Aktivität«[84] des Rezipienten aktualisiert und gewissermaßen ›durchgeführt‹ wird. Ihr Bezugspunkt ist dann der tatsächliche Rezipient, nicht eine fiktional entworfene Welt. Hieraus bildet sich die besondere Verbindlichkeit lyrischer Bedeutung: Da sie über die Bezugnahme auf das eigene Bedeutungsgeflecht hergestellt wird, interagiert sie mit diesem, greift ein und modifiziert es. Damit ist es die Kommunikationsstruktur der Lyrik selbst, die eine Rezeption *als* Selbstgespräch *vermittels* des Gesprochenen provoziert und andere Rezeptionsstrategien häufig ins Leere laufen lässt. Demgegenüber ermöglicht die narrative Prosa zwar ein nachgeschobenes, nachdenkendes Selbstgespräch, schließt jedoch eine Rezeption ohne bewusste eigene Interaktion nicht aus.

---

83 | Vgl. etwa im Drama das Register der handelnden Personen, das jedes Sprechen als die Rede eines spezifischen, in einer bestimmten Position verankerten Individuums rezipierbar macht. Dass es allerdings verschiedenste Übergangsformen zwischen Lyrik und Drama sowie Lyrik und Prosa gibt, bleibt von diesen Überlegungen unberührt.

84 | Lotman, 2010, 51.

Entsprechend ist für die Narration »die Setzung des Endes ein Akt von großer Tragweite« und vollzieht sich in unterschiedlichster Ausprägung.[85] Dagegen fällt bei der Lyrik auf, dass sie häufig ein schwebendes Ende inszeniert – das sich allerdings in vielen Fällen ausschließlich gesprochen realisiert, wenn die Stimme durch die fehlende Absenkung das Ende des Sprechens negiert, und dabei häufig einen eklatanten Widerspruch zum semantischen Abschluss des Texts produziert. Eines der ausgeprägtesten mir hierfür bekannten Beispiele ist die Vortragstechnik von Nico Bleutge: Sein Gedicht *nachmittag, wechselnde sicht* hält er stimmlich sogar auf Versebene in der Schwebe; auch der letzte Vers, den der Dichter mit den Worten »zeigt sie her« schon nach drei Silben (im Vergleich zu 13 Silben des vorletzten Verses) abbrechen lässt, endet in der gesprochenen Version ohne Stimmsenkung.[86] Die Öffnung für den Rezipienten realisiert sich hier hörbar: Das Gedicht weist sich mit beinahe jedem Vers stimmlich als nicht komplett aus – die Vervollständigung, so insinuiert diese Stimmführung, kann erst in der Interaktion eintreten.

Nebenbei bemerkt, widerspricht die immer wieder anzutreffende Zuhöreraussage, die Lyrik zu hören sei gewesen wie ein ›Konzert‹, man habe sich ›ganz der Musikalität der Sprache hingegeben‹, dieser Einschätzung nicht. Sie stützt sie: Solche Aussagen nämlich beschreiben schlicht einen reduzierten Rezeptionsprozess, in dem der Aufforderung zur aktiven, individuellen Interaktion mit der Sprachlichkeit des Gehörten ausgewichen und zu einem musikalischen Aufnahmemodus übergegangen wird. Lautliche Verbindungen und rhythmische Ordnungen stellen Nähe- und Anziehungskräfte vor, die (emotionale, gedankliche, körperliche) Bedeutungen erzeugen, aber noch keine *sprachliche* Bedeutung sind. Gleichwohl bleiben solche Bedeutungen nicht isoliert – da sprachliche und körperlich-gedanklich-emotionale Bedeutungen nicht trennbar sind, ziehen lautliche Ähnlichkeitsrelationen Fragen nach Vergleichbarkeit und Entsprechungen an[87], provozieren sie sprachlich-bedeutungsbildende Spekulation. Werden Gedichte jedoch nur sinnlich ›genossen‹, wie Zuhörer

85 | Koschorke, 2012, 63.

86 | Vgl. die gelesene Version dieses Gedichts auf *www.lyrikline.org/en/poems/nachmittag-wechselnde-sicht-1336*, aufgerufen am 4.4.2014.

87 | Vgl. Dolar, 2004, 208.

immer wieder sagen, bleibt dieser spekulative Impuls ungenutzt[88] – oder wenigstens unerwähnt.

Überzeitliche Inskriptionen und die demokratische Flüchtigkeit gesprochener Lyrik

Allerdings schwingt in der Rede von der Musikalität, dem ›Konzert‹, noch ein anderer Aspekt mit: In ihr artikuliert sich, dass die Gedichtlesung nicht innerhalb des sozialen Rahmens ›ein Mensch erzählt mir‹ stattfindet, sondern andere Kanäle des Wahrnehmens und Begreifens aktiviert werden. Diese öffnende Bewegung macht leichter verständlich, wie im gesprochenen Text überhaupt die eben beschworene ›Leerstelle‹ entstehen kann, die die Rezipienten zur Übernahme einlädt. Denn, wie Giorgio Agamben ausführt, der »allgemeine Hinweis auf die Musik hilft« in Bezug auf das Verständnis von Dichtung »nicht weiter«. Vielmehr haben rhythmisch-musikalische Strukturen für Agamben eine klare Funktion: Sie erzeugen Muster von »Gedächtnis[...]« und »Wiederholung«[89], die die bereits erwähnte Übertragbarkeit von einem Individuum zum anderen sicherstellen.[90]

Allerdings wirkt eine solche Übertragbarkeit im geschriebenen Text zunächst leichter vorstellbar als im Anwesenheitsformat ›Lesung‹; Letzteres scheint eher mit Präsenz zu arbeiten als mit Leerstellen. Da ist die machtvolle Gegenwart der Autorin, die ihren Text spricht. Sie bildet für die Dauer der Aufführung das offizielle Zentrum der Blicke, ihre Stimme erklingt und die Stimmen der anderen schweigen – alles, was lauter wird als ein Flüstern[91] oder länger dauert als eine kurze Replik, wird, zumindest in vielen europäischen Kontexten, als Verletzung der Spiel-

88 | Mit diesem Hinweis soll nicht gesagt sein, dass die Rezeption von Musik kognitiv weniger komplex wäre als die Auseinandersetzung mit Lyrik. Sie ist anders. Zur Verbindung von Emotion – Kognition – Musik vgl. die grundlegende Studie von Nussbaum, 2003.

89 | Agamben, 2007, 128.

90 | Wie im voranstehenden Abschnitt ausgeführt, gehe ich von einer weiterreichenden Bedeutung rhythmisch-klanglicher Strukturen aus.

91 | Vgl. aber zur besonderen Kraft des Flüsterns Schrödl, 2004. Einer der hier beteiligten Dichter, Eugeniusz Tkaczyszyn-Dycki, setzt die Anziehungskraft der Flüsterstimme in seinen Lesungen gezielt ein (vgl. hierzu Utler, 2014).

regeln empfunden. In der Lesung scheint sich körperlich zu realisieren, was Giorgio Agamben »die zentrale Erfahrung der poiēsis« nennt, »die Produktion in die Anwesenheit, d.h. das Faktum, dass etwas vom Nichtsein ins Sein, aus der Verborgenheit ins volle Licht des Werks tritt.«[92] Und die selbst sprechende Autorin hat besondere Autorität, eine solche poetische Anwesenheit ›angemessen‹ zu produzieren. Immer wieder klingt in den Reaktionen auf die Regensburger Lesungen an, die Autorin sei die kompetenteste Interpretin ihrer Gedichte. Eine Zuhörerin antwortet auf die Frage »Was an dieser Lesung hat auf Sie den stärksten Eindruck gemacht?« mit »Wissen, eine Fassung zu hören, die von Autorin intendiert ist«. Ein anderer Hörer spricht von der »beeindruckende[n] Situation, die Originaltexte auch original zu hören«. Es muss also genauer betrachtet werden, welche Art von Autorität in der Autorenlesung erzeugt und zugeteilt wird und wie durch die scheinbare Symbiose zwischen einer Autorin, ihrer Stimme und dem darin realisierten, eigenen Gedicht in Wirklichkeit ein Riss läuft, den die Hörenden mit sich füllen müssen.

Und mit sich füllen dürfen. Denn verglichen mit dem geschriebenen Text scheint das gesprochene Gedicht über eine gewisse Großzügigkeit zu verfügen, die die Verknüpfung zwischen der sprechenden Stimme und ›ihrem‹ Text lockert. Das Motiv der »Großzügigkeit« von Aufführungen wurde etwa von Oswald Egger im Gespräch ins Spiel gebracht, und sie scheint im Gegensatz zum lesenden Erfassen zu stehen, in dem sich ererbte Vorstellungen von Autorität und Wahrheit abdrücken. Paul Zumthor spricht in *Die Stimme und die Poesie in der mittelalterlichen Gesellschaft* von Vorstellungen von Poesie, die sich mit einem »Gefühl von der Heiligkeit der Inskription« verschränken. »Was geschrieben ist, besitzt eine moralische und intellektuelle Autorität, die es zu einem Zeichen der Wahrheit macht.«[93] Zugespitzt gesagt, fällt ein Leser, der die vom Geschriebenen intendierte Wahrheit nicht zu erkennen vermag, in einem von der »biblische[n] Tradition« geprägten Kontext hinter die Anforderungen kultureller Partizipation zurück. Der Autor des Texts wiederum verfügte – und verfügt vermutlich, bei aller Demokratisierung der Veröffentlichungswege, bis heute – allein dadurch, dass sein Buch gedruckt vorliegt, über

92 | Agamben, 2012, 91.

93 | Dieses und die beiden folgenden Zitate: Zumthor, 1994, 50f.

kulturelle Autorität.[94] Die Bewertung als ›gut‹ und ›wichtig‹ durch eine fingierte Allgemeinheit liegt in der bloßen Präsenz des Buchs bereits vor. Das Buch ist die objekthafte Artikulation derjenigen, die einen (Macht-) Vorsprung haben, weil sie das Buch gedruckt, gelesen, bewahrt haben. Mit ihr sieht sich der einzeln Lesende konfrontiert, und diesem Machtgefälle entspricht die zeitliche Struktur des Lesens. Der Lesende ist allein mit dem überzeitlichen Text und steht ihm mit dem Verlauf seiner eigenen, begrenzten Zeit gegenüber. Diese zu ›nutzen‹, Abschweifungen zu minimieren und das Geschriebene korrekt und vollständig aufzunehmen, obliegt seiner Verantwortung, Versagen hat sich der Rezipient selbst anzulasten. Ein disziplinierender Imperativ, der ungeachtet poststrukturalistischer Theoriebildung weiter wirksam ist.[95]

In der Lesung dagegen entsteht das gesprochene Gedicht gleichzeitig mit seiner Rezeption. Zwar verfügt nach Sybille Krämer auch der Sprecher über eine »besondere Autorität«[96], indem seine körperliche Anwesenheit für »Wahrhaftigkeit und Wahrheit« zugleich bürgt. Allerdings signalisiert schon der Begriff der ›Wahrhaftigkeit‹ die Bindung ans körperliche Individuum und seine Beschränkungen. Nicht zuletzt sind diese zeitlicher Natur. In dem Moment, wo der Text ausgesprochen und verklungen ist, ist er nur noch als das Echo vorhanden, das er in den Hörenden hinterlassen hat.[97] Die Lesung nimmt damit zeitliche Verantwortung von den Hörenden, sie können dem Rhythmus eines Geschehens folgen, das sich (vermeintlich) ohne ihr Zutun vollzieht. Damit der Rezeptionsakt gelingt, müssen sie aber auch folgen. Tempo und Pausen bestimmen nicht sie, der Lesung ist damit – auch angesichts der semantischen Sättigung lyrischer Texte – das Moment unvollständiger, streckenweise ›versagender‹ Wahrnehmung bereits eingeschrieben. Auch hier findet eine

94 | Vgl. hierzu und zum Phänomen des Buchs, das auch dem öffentlichen Vorlesenden Autorität verschafft: Zumthor, 1994, 32.

95 | Die Wirksamkeit dieses Imperativs lässt sich in jedem Gespräch mit jungen Studierenden der Geisteswissenschaften feststellen; er muss mühsam entkräftet werden.

96 | Dieses Zitat und das folgende: Krämer, 2003, 69.

97 | Dass ein Echo immer ein Widerhall ist, der durch den aufnehmenden Körper (und Geist) modifiziert wird, und wie sehr ein schlichtes Zurückschallen ohne Modifikation irritiert, arbeitet Petra Gehring in ihrem Aufsatz zum antiken Echo-Mythos heraus (vgl. Gehring, 2006).

Disziplinierung statt – nicht zuletzt durch den sozialen Kontext gemeinsamen Hörens – aber sie unterläuft sich von vornherein selbst. ›Natürlich‹, so das Publikum zurecht, habe ›man nicht alles verstehen können‹. »Sie müssten immer erkennen können, dass sie gar nicht müssen. Dass sie nichts verpassen«, sagt dazu Oswald Egger. »Und alles andere passiert dann halt.« Für das wiederum, was ›passiert‹, erhalten die Hörenden für die Dauer der Lesung einen – weitgehend – wertungsfreien Raum. Ob sie Kontakt zu den Texten herstellen können oder nicht, ist nicht in erster Linie von wertenden Voreinstellungen abhängig, die Kontaktaufnahme kann sich prinzipiell unzensiert und frei vollziehen. Das eigene Interesse, das eigene Gefallen oder Missfallen ereignen sich zunächst isoliert, soziale Abstimmung und Rückversicherung finden erst nachträglich statt.

Die mögliche ›Großzügigkeit‹ der Lesung wird mitunter sehr konkret und körperlich wahrgenommen. In den Fragebögen finden sich immer wieder Verweise auf positive körperliche Empfindungen wie Entspannung, Wärme oder das »[S]treichelnde« einer Stimme. Im Unterrichtsgespräch nach Olga Martynovas Lesung kontrastiert eine Studierende ihre Körperempfindungen mit denen während Lidija Dimkovskas Präsentation:

> Ich hab mich das letzte Mal zum Beispiel auch nicht trinken trauen. Ich hatte wahnsinnigen Durst, bin ja auch zu spät gekommen, weil ich so gerannt bin, ich hab mich, ich hab mich einfach net getraut, ich hab mich nicht in meine Tasche langen trauen, ich hab mich nicht bewegen trauen, ich war so richtig so ›oh Gott, mach ich da was falsch ej‹, und dann hier war das so richtig so ruhig, ich hab ab und zu mal bei ihr mit reingeschaut beim Lesen, und dann hab ich mal kurz getrunken, und dann hab ich ein bissl rumgeschaut, und ich hab mich so null gezwungen gefühlt [...].

Bei dieser Studierenden verschränkt sich die empfundene ›Ungezwungenheit‹ mit einer lebhaften und positiven Wahrnehmung der Gedichte – es muss also in diesen Momenten des ›bissl Rumschauens‹ im Egger'schen Sinne etwas ›passiert‹ sein. Die Studierende sagt auch, es sei »wurscht« gewesen, was sie tut, die Gedichte seien »sowieso da« gewesen, wie ein »angenehmer Regen«.

An dieser Einlassung wird deutlich, dass die Autorität der (positiv wahrgenommenen) Dichterin nicht hierarchisch entworfen wird. Die Dichterin ist nicht die Schamanin, die ebenso ehrfurchtgebietend wie unverständlich raunt. Sie mag kulturelle Überlegenheit repräsentieren, aber diese ist nicht in erster Linie einschüchternd. Gleichwohl bleibt es für jede Konstellation des Sprechens und Hörens unerlässlich, dass der Sprecherin die Autorität zuerkannt wird, zu sagen, was sie sagt. Und für die Dichterlesung gilt dies in besonderem Maße. Denn die Rede ist nicht nur sonderbar, sie erhebt auch den Anspruch, persönliche Gedanken und Lebensbereiche – den Quadratzentimeter Seele nämlich, an dem der Friedhof im Dorf der Großmutter liegt – aufzurufen und mit ihnen zu interferieren. Dies müssen ein Text und derjenige, der ihn ausspricht, ›dürfen‹.[98]

In den Fragebögen zeigt sich, dass die Autorität des Dichters, der Dichterin einerseits dadurch etabliert wird, dass ihnen die eingenommene Rolle noch einmal explizit attestiert wird, auch über schlichte, oberflächliche Merkmale. Über Oswald Egger etwa heißt es: »Der Autor sieht aus wie ein typischer Künstler: Brille, längere Haare.« Wer wie ein Künstler wirkt, und sei es nur wegen einer Brille, hat auch das Recht, Dinge zu sagen, die »merkwürdig« sind »oder ein bisschen unangenehm (Kühe; Mäuse; komische Beschreibungen)«, wie der gleiche Zuhörer an anderer Stelle zu Eggers Lesung bemerkt. Andererseits spielen Attraktivität und Sympathie der auftretenden Personen offenbar eine erhebliche Rolle. Mila Haugová etwa ist eine »sehr schöne Dame« oder eine »nette Dame mit angenehmem Aussehen«. Der hier zugrunde liegende Entwurf ist demokratisch, es wird kein Gefälle, sondern Nähe wahrgenommen, ein ›normales‹ Gespräch mit der Auftretenden scheint erstrebenswert: »Man will sie ansprechen und sich mit ihr unterhalten.« Sympathie als Autoritätsmarker erscheint dabei auch bei jenen, die eine eher verstörende Erfahrung beschert haben; so wurde etwa für Lidija Dimkovska ein überraschender »Kontrast der herzlichen Autorin zu den düsteren, fast krankhaften Texten« konstatiert. Die Art des Gesagten mag Befremden hervorrufen, das Recht, es zu sagen, wird der ›herzlichen‹ Person jedoch zugestanden.

Das Motiv des Übergangs von einem alltäglichen zu einem dichterischen Sprechen, das bereits zur Sprache gekommen ist, findet sich auch in diesem Zusammenhang. Und wieder wird ein Näheverhältnis zum

98 | Die folgenden Überlegungen zur Autorität des Autors wurden 2014 bereits in der *Zeitschrift für Slavische Philologie* veröffentlicht, vgl. Utler, 2014. Zur Frage, mit welchen Strategien (gedruckte) Gedichte eine (weibliche) Sprechstelle mit Autorität zu schaffen versuchen, vgl. ausführlicher Utler, 2004.

Dichter konstruiert. Die Sympathie speist sich nicht zuletzt daraus, dass der Dichter nervös wirkt – so wie ›man selbst‹ bei einem Auftritt nervös wäre – dann aber der Übergang zu einem souveränen Auftritt gelingt. Bei Barbara Köhler etwa sieht eine Zuhörerin ein »unsichere[s] Auftreten«, das »abgelöst« wird durch eine »sichere breitbeinige Sitzhaltung« mit »Halt und Kraft«; sie lasse die Dichterin »beim Vortrag sicher und stark« werden. Autorität ist hier keine vorgeführte Pose. Erst in Prozess und Tätigkeit des Vortragens bilden sich Position und Hierarchie, die nun aber in der Substanz des Werks gegründet erscheinen. An Oswald Egger beobachtet jemand »fasziniert« »seine ungespielte Unsicherheit und sein Schüchternsein« in Verbindung »mit dieser enormen Wortgewandtheit«. Erneut erscheint hier der ›authentische‹ Mensch, der gerade aus seiner egalitären Position heraus die Möglichkeit nutzt, sich als Dichter zu legitimieren.

Zudem scheint diese Art des Autoritätserwerbs unabhängig von der Anwesenheit des Autors – selbst wenn die Hörenden nach den Lesungen von Mila Haugová und Oswald Egger entschieden bejahten, dass die persönliche Anwesenheit ihre Wahrnehmung beeinflusst habe. Die Aussagen lauteten u.a.: »Ja!«, »Sehr«, »Extrem«, »Ganz stark«. Ein Zuhörer schreibt nach Oswald Eggers Lesung: »Ganz entscheidend. Ich bin sicher, dass meine Deutung bzw. [...] mein erster Eindruck des Gedichtes ein ganz anderer gewesen wäre, wäre mir das Gedicht zuerst in gedruckter Form begegnet ohne Anwesenheit des Autors.« Dies ist eine Gewissheit, die sich in den Antworten auf die übrigen Fragen kaum findet. Zudem herrscht in diesem Punkt vergleichsweise große Einigkeit. Allein, es fällt den Zuhörerinnen schwer, diese Einschätzung zu begründen oder auch nur auszuführen. Und nach der Absage Tkaczyszyn-Dyckis zeigte sich, dass diese Begründung womöglich schwer fallen würde. Statt einer *live*-Lesung hörten wir eine Aufzeichnung des Autors für die Hörplattform *www.lyrikline.org*. Die Reaktionen auf diese Gedichte legen nahe, dass die Intensität der Begegnung zwischen Gedicht und Hörern unter der Abwesenheit des Autors kaum leidet. Die Kommentare waren nicht weniger farbig, detailliert und interessiert als nach den *live*-Lesungen. Und auch die Zuweisung von Autorität schien sich ähnlich zu vollziehen. Nun schien die Stimme die Persönlichkeit gleichsam zu vertreten. Die Stimme wurde als »weich«, »samtig«, »angenehm« wahrgenommen, es wirkte nicht mehr der anwesende Autor ›unsicher‹, die Gedichte selbst ließen »seine Verletzlichkeit« hörbar werden.

Diese abgeflachte Hierarchie und die auf verschiedenen Ebenen entworfenen Nähe- und Ähnlichkeitsrelationen sind mit dem bereits zitierten, von Schlaffer vorgeschlagenen ›verehrungsvollen Lauschen‹ nicht vereinbar. Sie deuten vielmehr darauf hin, dass der nicht-direktive, explorative Redeakt des Gedichts als prinzipiell ›anwendbar‹ auf das hörende Ich wahrgenommen wird. Interaktion ist nicht nur seitens der Dichtenden, sondern auch von Seiten des Publikums denkbar und erwünscht. Für diese prinzipielle Anwendbarkeit scheint zwar nicht die persönliche Anwesenheit der Dichterin nötig, wohl aber Hörbarkeit und Stimme. Im Seminar wirkte die Position des Autors deutlich leichter hinterfragbar, wenn die Texte lediglich still gelesen wurden. Nach der Lektüre eines Gedichts von Ulf Stolterfoht etwa wurde das Befremden recht direkt formuliert. Als der Text jedoch angehört wurde, bildete sich bei den Studierenden offenbar eine Art »Physiognomik der Stimme«[99] heraus. Der Sprecher wurde als Mensch mit einer Haltung und der schlichten Entscheidung, diese Sätze zu sagen, bildhaft entworfen. Stimmklang, Intonation und Dialekt schlossen den Teilnehmerinnen offenbar mehr Aspekte des Begreifens auf; ihr Urteil wurde etwas weicher.

Die skulpturalen Zufälligkeiten der Stimme als explorativer Reiz

Die Differenz zwischen lautem Lesen und Hören bzw. leiser Lektüre ist in der Entwicklung des Soliloquiums ebenfalls von Bedeutung. Hier vollzog sich, laut Günter Butzer, ein Medienwechsel von lautem[100] zu leisem Lesen, mit dem der Text nicht mehr als Partitur, als etwas zu Realisierendes wahrgenommen wurde. An die Stelle der Praxis (*mit dem* und *am* Text) trat das Wissen. Und mit ihm der betrachtende Gelehrte, das stumme Gegenüber des ebenfalls stummen Texts. Dies geht einher mit der Verengung eines multisensoriellen Paradigmas – in dem Gehör, Auge, zeitliche Entfaltung, eigenes Sprechen, körperliche Präsenz im Raum eine Rolle gespielt hatten – auf einen das Visuelle fokussierenden Wahrnehmungsmodus.[101] Auch die Selbstwahrnehmung des Lesenden unterscheidet sich für Butzer je nachdem, ob laut oder leise gelesen wird. Selbst wenn für

99 | Meyer-Kalkus, 2001, 11.

100 | Zur ursprünglichen Vernehmbarkeit der Meditation vgl. Butzer, 2008, 70.

101 | Zu den Überlegungen dieses Absatzes bis hierher vgl. Butzer, 2008, 386ff.

das stille Lesen gilt, dass der wahrgenommene Text sich aus einer suspendierten Artikulation bildet, einem, wie Garret Stewart formuliert, »latent mouthing of the reader's body«[102], so ist doch das »stumme Bei-sich-Sein« des leisen Lesens imstande, eine »Illusion der Selbstgegenwärtigkeit« zu erzeugen. Im hörbaren Sprechen hingegen ereignet sich tatsächlich eine Verdoppelung[103] – die Sprecherin hört ihre eigene Stimme, diese »macht sich selbst vom Körper los«[104] und tritt in den Raum hinaus, es entsteht ein Rhythmus aus Ausdehnung und Schrumpfung, da die raumgreifende Präsenz der Stimme mit ihrem Verklingen instantan in sich zusammenbricht. Aber auch Fremdheitsempfindungen ereignen sich, sei es im Klang, sei es in einer Formulierung, die einen Gedankengang nicht wiederzugeben vermag. Aus dieser Reibung und Auffächerung entsteht die Grundlage für ein (Selbst-)Gespräch.

Gesprochene Lyrik arbeitet, naturgemäß, gegen die Drift zum Visuellen. Und das Ereignis wird – vor allem für die Hörenden – wieder multisensoriell, es erfasst den ganzen Körper. Ein Zuhörer beobachtet etwa an Oswald Egger die »Mitbewegung des Körpers im Takt und Rhythmus«, eine andere Hörerin wird in das multisensorielle Geschehen der Lesung hineingezogen, sie beschreibt eine »starke Sensibilität für körperliche Reize«, ein »Wahrnehmen einzelner Körperteile, v.a. der Sprachwerkzeuge (inneres Mitsprechen)«. Gleichwohl wird die Relation zum Geschriebenen seitens der hier betrachteten Dichterinnen unterschiedlich gestaltet. Einige gehen über das bloße ›Vorlesen‹ des Gedruckten hinaus und bewegen sich damit einen weiteren Schritt in Richtung Partitur; die Variationsbreite möglicher Realisationen wird denkbar. In den Interviews zeigt sich zudem, dass die Reflexion von Visualität bzw. Akustik und deren Bedeutung für die Rezeption der Arbeiten für die Autoren zentral sind. Dabei zeichnet sich folgende Merkmalsverschränkung ab: Wo eine größere Bedeutung des Visuellen konstatierbar ist, vergrößert sich die Bedeutung des narrativen Elements für die jeweiligen Texte. Je größer die Nähe zu einem nicht-narrativen lyrischen Sprechen, desto wichtiger wird der Vortrag. Immer jedoch gilt, dass die Autoren beide Modi für ihre Arbeit beanspruchen – so wie alle hier betrachteten Texte Gedichte sind, und alle dieser Gedichte wiederum (auch) narrative Elemente tragen.

102 | Stewart, 1990, 129.

103 | Zitat und Gedankengang vgl. Butzer, 2008, 469.

104 | Dolar, 2004, 214.

Unter den hier gehörten Gedichten streben jene von Mila Haugová am stärksten der autobiographisch-erzählenden Rede zu, und die Autorin akzentuiert diese Bewegung durch die persönlichen Einschübe zwischen ihren Texten. Im Interview streicht Haugová heraus, dass für sie vor allem die visuelle Dimension bedeutsam ist, ebenso nennt sie die Tradition des stillen Lesens von Gedichten als Bezugspunkt. Lidija Dimkovska macht eine Opposition zwischen narrativer und lyrischer Lyrik auf und sagt, ihre Texte sollten »Geschichten« erzählen. Sie sieht allerdings eine Verbindung zu mündlichen Traditionen, wie sie vor allem in der Kindheit eine Rolle spielen. Ob ihr Vortrag mit solchem ›Erzählen‹ zu tun hat und inwieweit hier tatsächlich von einem narrativen Ansatz die Rede sein kann, wird noch zu prüfen sein.

Oswald Egger, Olga Martynova und Barbara Köhler dagegen betonen die Bedeutung des Mündlichen für ihre Arbeit – was nicht heißt, dies sei noch einmal unterstrichen, dass sie die Schriftlichkeit aufgeben wollten. Egger nennt die Aufführung eine »Erscheinungsform des Texts«, Martynova erwähnt »Vortrag und Gesang« als »Ursprung der Lyrik« und vertritt die Ansicht: »Wenn der Klang nicht stimmt, kann auch alles andere nicht stimmen.« Barbara Köhler spricht sich dezidiert für eine Wiederaufnahme des ›multisensoriellen‹ Paradigmas aus, das schon für die Produktion von Texten zentral sei, denn diese seien »weniger eine Abfolge von Sätzen, sondern eher etwas Mehrdimensionales, was sich anders auch nicht erschließen lässt. Und die Klangdimension hat daran einen sehr großen Anteil.« Köhler entwirft die Arbeit mit dem klanglichen Aspekt von Sprache als Aufgabe von »Lyrik oder verwandten Formen«, überhaupt von Literatur:

> Über Jahrhunderte schon ist Sprache reduziert worden auf ein Schriftbild, auf dieses stimmlose Gedenke eigentlich, dieses Für-sich-Lesen, das gar nicht mehr laut werden soll oder darf. Und das nun nochmal umzukehren in eine lautende Dimension – das ist für mich etwas, das Literatur auch ausmacht. Das unterscheidet sie zum Beispiel von Theorie [...].

Die konkrete physikalische Realität ist für Barbara Köhler hier relevant: Das Klangliche ist ein notwendiger Aspekt des Räumlichen, und umgekehrt schafft die Stimme Raum. Das vorgetragene Gedicht dehnt sich aus und umgibt die Hörenden, in dieser Ausbreitung kann Verschiedenes zugleich präsent und »schwebend« gehalten werden. Damit kann ein interaktiver Prozess beginnen, über den die Autorin sagt: »Es geht eben nicht darum, irgend etwas nahe zu bringen, sondern etwas skulptural in den Raum zu stellen, [...] Sprache als Text hinzustellen, dass man damit etwas anfangen kann.« Diese Konzeption des Auditiven, in der die prozesshafte Entfaltung der Stimme wieder in etwas Visuelles, Stabiles rückübersetzt wird, unterstreicht, dass sich der Text von der Autorin ablöst und zu einem selbstständigen Objekt wird. Entsprechend wünscht sich die Dichterin für den Text eine Stimme, die die Person der Autorin in den Hintergrund verweist, eine »unprivate« Stimme.

Die Verselbstständigung des Texts in einer skulptural gedachten Stimme impliziert nicht nur, dass die Hörer sich eigenständig-explorativ zu diesem Ereignis verhalten können, sie enthält auch ein Moment der Unvollständigkeit. Eine Skulptur kann nie vollständig in den Blick kommen, eine (nicht nur) zeitlich zu denkende Zufälligkeit im Rezeptionsprozess ist ihr inhärent. Die Aktivität des Einzelnen im Rezeptionsgeschehen wird so betont.

Bei Olga Martynovas Gedichten tritt die Stimme schon im Geschriebenen in den Vordergrund, wenn sich die Rede auf Silbendopplungen und Lautmuster verschiebt. Kombinationen wie »la-la«, »tik-tik«, »hi-hi«, »r – ri – rik« oder »›i‹-›e‹« drängen schon beim stillen Lesen darauf, als hörbare vorgestellt zu werden. Oswald Egger und Eugeniusz Tkaczyszyn-Dycki destabilisieren in ihrer Auftrittspraxis die Schriftlichkeit noch weiter und akzentuieren das Element des Zufälligen. Sie zeigen sich (wie auch, auf andere Weise, Köhler oder Martynova) nicht als narrative Sprecher, die ihre Sprechintentionen und -inhalte kontrollieren, sondern entwerfen die Sprecherrolle selbst als instabil.

Tkaczyszyn-Dycki etwa arbeitet mit Wiederholungen und Gesang. Anders als bei Martynova sind diese im gedruckten Text nicht enthalten. Sie entstehen je nach Lesungssituation, spontan, unvorhersagbar, an keinen vorher festgelegten Stellen. Das performativ-situative Element erscheint als gestärkt. Der Text als Partitur ist weniger Handlungsanweisung, als dass er einen Raum verschiedener performativer Möglichkeiten eröffnet. Vor allem die extrem reduzierten Gesangselemente – Tkaczyszyn-Dycki singt etwa »lala-lala, lala-lala«[105] – helfen, einen narrativ ausgerichteten Rezeptionsmodus endgültig zu durchbrechen. Sie erzeugen nicht nur

105 | So im Gedicht »Wochenbeginn«/»Początek tygodnia«, siehe Tkaczyszyn-Dycki, *www.lyrikline.org/de/gedichte/poczatek-tygodnia-6166*.

einen musikalisch-emotionalen Respons; dadurch, dass sie aus der Umgebung des Gedichts zwar semantische Möglichkeiten, aber keine eindeutige Fixierung erhalten, verlangen sie nach aktualisierender Bezugsetzung durch die Hörenden. Und diese fällt entsprechend unterschiedlich aus. Im Seminar vermeinten die Zuhörerinnen nicht nur ein Wiegenlied zu hören, es wurden außerdem genannt: Die Selbstberuhigung, der Versuch, ein Kind zu beruhigen (»aber eher aus der Hektik heraus«), eine Stimme wie nach einem Saufgelage, eine langweilige Familienfeier und das ›lala‹ als alltäglicher Trott. In den Fragebögen erscheinen außerdem Farbwahrnehmungen, Hoffnung und Sehnsucht sowie Volkslieder. Gleichzeitig werden die Gesangsfetzen aber trotz ihrer semantischen Unbestimmtheit nicht als rein akustische Besonderheit, sondern als potenziell bedeutungstragend und sprachnah wahrgenommen. Auf die Frage nach dem »zentralen akustischen Eindruck« werden sie lediglich zweimal genannt, unter der Frage aber, ob »einzelne Sätze/Wendungen/Verse im Gedächtnis geblieben seien« sprechen fünf von sechs Antwortenden den Gesang an.[106]

Während Tkaczyszyn-Dycki das Buch in seinen Lesungen wie einen Stichwortgeber nutzt, den er in der Hand hält und im Sprechen immer wieder sinken lässt[107], war bei Oswald Eggers Regensburger Lesung kein Buch auf der Bühne präsent. Er arbeitete mit einer Sammlung von Kopien und Notizen, die im anschließenden Seminargespräch als »Partitur« bezeichnet wurden. Die Improvisation transportierte sich, vor allem die

---

106 | In einem Gedicht (»Piosenka utracjusza«/»Lied des Vergeuders«) sang Tkaczyszyn-Dycki »oh Leonardo, oh Leonardo«, dies wird drei Mal erwähnt, daneben fallen die Begriffe »Lied«, »gesungen«, »Liedeinlage«. Ob die Anrede eines ›Leonardo‹ auch ungesungen so einprägsam gewesen wäre, ist hier nicht entscheidbar, scheint aber unwahrscheinlich, weil sie rein semantisch keinen ›Widerhaken‹ bildet, an den sich das Gedächtnis halten könnte. (Dass das Gedicht das ›Lied‹ bereits im Titel trägt, war für den Großteil der Studierenden nicht erkennbar und spielt für die Einprägsamkeit des Gesangs vermutlich eine Rolle.) Für eine genauere Analyse des stimmlichen Geschehens in Tkaczyszyn-Dyckis Vortrag vgl. Utler, 2014, 70ff. Für die Aufzeichnung des gesprochenen Gedichts siehe *www.lyrikline.org/de/gedichte/piosenka-utracjusza-6027*.

107 | Vgl. etwa die Aufzeichnung unter *www.youtube.com/watch?v=NxuuJsqZIkI*.

Freiheit des Autors, aus dem Text spontan auszuwählen und auf Vollständigkeit zu verzichten, beeindruckte:

vor allem da war ja alles Mögliche durchgestrichen und [...] ich glaub der hat teilweise gar nicht alles gelesen was da drauf war, oder auch nicht das unbedingt gemacht, was drauf gestanden ist (.) ich glaub des war ihm nicht so das Wichtige [...]. Es waren viel so Bruchstücke irgendwie auch, wo halt dann irgendwie auch mit Pfeilen verbunden waren, [...] also es ist teilweise definitiv viel mehr auf dem Blatt drauf gestanden, als er wirklich gelesen hat. Das fand ich schon auch irgendwie faszinierend, dass das dann so wirklich je nach Situation wahrscheinlich grad so das ist, was grad passt.

Gleichzeitig bleibt unmissverständlich, dass das Gehörte gestalteter lyrischer Text bleibt und sich nicht der Alltagsrede annähert: »aber es klang schon gelesen und nicht erzählt«.

Wie bei Tkaczyszyn-Dycki gab es auch in Eggers Lesung einen Abschnitt, der den Bereich des Sprech-Sprachlichen verließ. Bei Egger war es kein Gesang, es war eine Komposition aus Lauten, die sich zu keinen sprachlich decodierbaren Sequenzen mehr zusammenfanden. Wurde schon vorher nicht ›erzählt‹, so ist mit diesem Kollaps eng gefasster Sprachlichkeit die Möglichkeit narrativer Rezeption endgültig zusammengebrochen und die Konstruktion von Sinn vollständig den einzelnen Hörenden überlassen. Auch hier aber war, vermutlich nicht zuletzt aus der Balance zwischen öffnend-improvisiertem Lesungsaufbau und extrem gestalteten Textstücken, bereits ein visueller und akustischer Raum aufgespannt, in dem das zuvor (u.a. semantisch) Wahrgenommene noch präsent war und nun mit dem Respons auf die Laute interagieren konnte. Eine Studierende beschreibt ihr Erlebnis so:

bei dem, ich weiß nicht wie ich's nennen soll, aber der Teil, der wirklich definitiv nicht mehr aus Worten bestanden hat, grad bei dem Teil ist bei mir den kompletten Teil über ein total konkretes Bild in den Kopf gekommen, nämlich irgendwie, ich vergleich's jetzt mal mit, äh, im Wasser, man ist kurz vorm Ertrinken, taucht auf und kämpft in dem Moment nur ums Leben, das war so mein Bild davon, also egal, ob das jetzt Wasser ist oder Last des Lebens oder was weiß ich noch, aber das war so ein ganz Konkretes ›da muss es darum gehen‹. Was ich total faszinierend gefunden hab, weil akkurat das ja der Teil war, wo man wirklich nichts mehr aus Worten rauslesen konnte.

Der stimmliche Verlauf provoziert ein konkretes Bild und dieses öffnet sich zu allgemeineren Spekulationen, in denen sich prinzipiell unabschließbare Übertragung (›was weiß ich noch‹) am konkret-sinnlichen, von Bedeutungs-Sedimenten durchsetzten Gehalt entzündet. Mit der Ausdehnung der Stimme – die sich hier nicht nur physikalisch, sondern nun auch über ›das Sprachliche‹ hinaus ausbreitet – scheint sich auch das reflexive Feld zu dehnen. Wie die skulptural gedachte Stimme selbst kann es nicht ganz in den Blick kommen. Wo aber einmal kein ›Verstehenszwang‹ herrscht, scheint es, wirkt die Möglichkeit einer ausgreifend-spekulativen Reflexion nicht mehr einschüchternd, sondern anziehend, ›faszinierend‹.

Mit Blick auf die Rezipienten sind diese Formen der Improvisation – sprachliche Reduktion bei gleichzeitiger lautlicher Erweiterung – vor allem Gesten, die den (Wissens-)Vorsprung des Autors reduzieren. Olga Martynova lässt die Rede der impliziten Autorin im Vers »was die Fische sagen, kommen sie zu sich an Land: – – –« (»Wer spricht was«/»Кто что говорит«[108]) schon im Schriftlichen kollabieren. Einerseits verlässt die Autorin damit das Feld der Souveränität, andererseits wird, sobald im Vortrag improvisiert wird, auch ein typisches Element des hörenden Rezipierens – nicht auf das vorgreifen zu können, was als Nächstes passiert – auf den Sprecher selbst übertragen. Seine Rolle verwischt sich, der Sprecher selbst erscheint so als jemand, auf den die Sprache eindrängt, bzw. dem sich bestimmte Sprachfetzen aufdrängen oder entziehen; der Sprache *an sich* und *sich in* der Sprache ausprobiert, bis hin zu ihrem Zusammenbruch.

Der nicht-hierarchisierende Autoritätsentwurf seitens des Publikums findet so einen Widerhall in der Auftrittsgestaltung mancher Autoren. Es entsteht ein System aus Spiegelungen, das Symmetrien zwischen Hörerinnen und Sprechern erzeugt. Die unterschiedlichen Positionen werden einander strukturell angenähert und es wird eine Vertauschbarkeit suggeriert, die die Hörenden in einer Art strukturellem Sog dazu motiviert, diese instabile, ›unprivate‹, mit Überraschung gesättigte Sprecherrolle im Nachvollzug auf sich selbst anzuwenden. Diese Konstellation aus Sprecher- und Hörerrollen, die als situativ, aber nicht prinzipiell verschieden entworfen werden, nimmt sich wie ein fernes Echo des antiken Solilo-

108 | Martynova, 2012, 17f./Martynova, 2010, 42f. Im Russischen wird statt der Striche leerer Raum gesetzt.

quiums aus, in dem der Sprechende, dessen Rede das nachzuvollziehende Vorbild abgibt, sich als Fragender, Entwickelnder, Übender zu erkennen gibt. Dadurch, dass die heutigen Texte keine direktiven Redeakte mehr zeigen, sondern explorative, ist zudem keine überlegene ›Glaubwürdigkeit‹ der Autorin mehr nötig – diese legitimiert sich nicht durch einen Gestus des Wissens. Vielmehr geht es darum, wissen zu wollen, das Gesagte sagen zu wollen; das aber ist jederzeit übertragbar.

Die Trennung vom dichtenden Subjekt und die Objektivierung des Texts

Die Aufführungssituation ist also zweiwertig im Hinblick auf das Bestreben, das Gedicht vom Subjekt, das sich auf dichterischem Wege ›ausspricht‹, zu lösen, es zu etwas ›skulptural‹ Gegebenem zu machen und so auf den nachvollziehenden Rezipienten hin zu öffnen. Einerseits fällt der Dichter als Sprecher seiner Werke mit diesen gleichsam in eins, sein Gedicht wird mit ihm greifbar. Andererseits löst sich in jedem Sprechakt die Stimme vom Körper, die »Distanzlosigkeit«[109] des Schalls trifft und berührt, durchaus im konkreten Wortsinn, die Hörenden auf mehreren sensuellen Ebenen und öffnet einen (Klang-)Raum, der von den Rezipienten betreten und erkundet werden kann. Gerade die Flüchtigkeit des Hörbaren wirkt als aktivierendes Moment auf die Rezipienten. Über den Entwurf einer flachen Hierarchie und mit Methoden, die den Vorsprung des Autors im Vortrag abbauen, arbeiten Rezipienten und Dichterinnen von zwei Seiten diesem Ablösungsprozess zu.

Diese aktivierende Struktur scheint sich aus der temporalen Stringenz des Vortrags am besten zu entfalten. Sie ist aber bereits im Gedruckten vorhanden. So geben etwa Oswald Eggers Bücher keine Leserichtung mehr vor.[110] Die Lesende ist dort von vornherein beweglich, muss von Textstück zu Textstück springen und eigene Präferenzen entwickeln, Auslassungen und Redundanzen sind Teil auch des stillen Leseprozesses. Und Olga Martynova entwirft den Schreibprozess selbst als eine Situation, in der Vorsprung und Kontrolle durch die Autorin minimiert scheinen. Sie leitet ihre Definition aus dem Vergleich zweier philosophischer Grundhaltungen ab:

109 | Schmitz, 2008, 86.

110 | Vgl. etwa Egger, 2010.

> [D]ie eine Meinung besagt, dass Denken und Sprache dasselbe ist, dass man in Wörtern denkt. Und die andere Meinung ist, dass man denkt, und dann muss das, was man denkt, mit Wörtern gefasst werden. Ich bin natürlich der zweiten Meinung. Deshalb muss man auf das achten, was aus diesem Unbewussten befreit oder gezogen werden kann. Und da muss man dann tatsächlich aufpassen und ganz schnell die Wörter bringen, die passen. Und das befreit das Denken. Das hilft. Ich glaube, Menschen, die Lyrik lesen, können besser denken, weil sie dort andere Muster finden. Sonst hat man vielleicht einen wunderbaren, genialen Gedanken, aber in dem Moment, wo der Gedanke diese Schwelle passiert, bekommt er die falsche Kleidung, und es kommen ganz banale Sätze. Deshalb glaube ich, dass Lyrik überhaupt für das Denken sehr hilfreich ist.

Wenn Olga Martynova vom ›Unbewussten‹ spricht, wird der Topos vom privaten und psychologisch motivierten Selbstausdruck aufgerufen; allerdings zielt Martynovas Argumentation in eine andere Richtung. Hier finden nicht psychologisch-individuelle Prozesse einen Ausdruck – und schon gar nicht, wie seit der Aufklärung dem Selbstgespräch unterstellt, ›unwillkürlich‹. Martynova entwirft anstelle eines emotionalen Modells ein kognitiv akzentuiertes: Dem Unbewussten entspringen Gedanken, die aber nicht in die Sprache gleichsam einbrechen. Im Gegenteil muss ihnen hinterhergejagt werden, um sie mit sprachlichen Mitteln einzufangen. Diese ›Gedanken‹ scheinen sich von individuellem Wollen unabhängig zu ereignen. Als etwas objektiv Vorhandenes bedürfen sie der Befähigung der Dichterin, ihnen das richtige sprachliche Gewand anzulegen, mit dem sie in die Welt entlassen werden können. Den Rezipienten begegnen sie als ein Mittel, die eigenen Denkfähigkeiten zu erweitern. Dass die »andere Logik« des Gedichts für Martynova durch Objektives bestimmt ist, das Subjektiv-Privates übersteigt, wird auch in der Verbindung deutlich, die sie zu meditativen Praktiken »in Fernost« sieht: Es gehe hier wie dort darum, das »Bewusstsein abzuschalten«, um »Erleuchtung«. Das Gedicht ist Erkenntnisinstrument, nicht Beichtstuhl.

Auch eine Autorin wie Mila Haugová, in deren Gedichten das subjektive Element gestärkt ist, nutzt Objektivierungsstrategien, die die Gedichte nicht zuletzt von den autobiographischen Zwischenreden absetzen. In »Fragmente einer Sprache der Liebe«/»Fragmenty jednej reči lásky«[111] etwa greift sie den berühmten Titel von Roland Barthes auf und zieht ihn

111 | Haugová, 2011, 44ff.

als von Gedicht zu Gedicht modifizierte Titelzeile durch den sechsteiligen Zyklus. Gerade die im deutschsprachigen Raum oft als rein stilistische (und zweifelhafte) Geste wahrgenommene Wiederholung des Titels als erste Gedichtzeile wird hier funktionalisiert: Der Titel nennt, wie ein Motto, ein Fundstück der Außenwelt, das zunächst für sich der Betrachtung übergeben wird. Seine Wiederholung als erste Zeile erst bindet es in die Rede des lyrischen Ich, das in der Folge eine Relation zu ihm gestaltet. Der Gesprächscharakter zwischen Zitat und Fortschrift wird betont, zwischen Fundstück und Ich entsteht ein Raum, der die Aneignung als einen prinzipiell wiederholbaren und modifizierbaren Prozess begreifbar macht.

Die rezeptive Bedeutung des Objektiven im Gedicht erscheint damit schwankend und je nach Medium unterschiedlich. Während allein seine zeitenthobene Existenz als ›Gedrucktes‹ dem Gedicht eine Objektivität zu verleihen scheint, die den Rezeptionsakt in Richtung einer mühsamen intellektuellen ›Aufholjagd‹ drängt – es also eher abschließt als öffnet –, begünstigen im Gedichtvortrag die objektivierenden Momente des Texts dessen Lösung vom sprechenden Subjekt und schaffen Öffnungen, über die sich die Hörenden in das Gewebe einhaken können.

Ergänzend sei nun noch an den Texten von Eugeniusz Tkaczyszyn-Dycki und von Oswald Egger gezeigt, mit welchen Elementen sie eine Identifikation als ›subjektive Rede‹ erschweren. Bei beiden Autoren wurde von den Zuhörern der ›Mut‹ sich zu ›exponieren‹ herausgestrichen, weil beide sich dem Prozess des Vortragens intensiv übereignen, indem sie aus der jeweiligen Auftrittssituation entstehende Zufälligkeiten, Akzente und den Einbruch nicht-sprachlichen Sprechens bzw. Singens zulassen. Beide aber tragen bereits in ihren Texten Sorge, dass eine Spaltung zwischen eigener Stimme und Gesprochenem entsteht.

So unterlaufen Eugeniusz Tkaczyszyn-Dyckis Gedichte ihre autobiographische Kontur. Im Unterrichtsgespräch berichtete eine der Studierenden, die Tkaczyszyn-Dyckis Gedichte mit Blick auf die Sitzung analytisch vorbereitet hatten, davon, sich ›verlesen‹ zu haben. Im Gedicht »So viel Schmutzarbeit«/»Tyle brudnej roboty«[112] habe sie im ersten Vers zunächst »erinnere ich mich an den Schrei meiner Mutter«, statt, wie gedruckt, »deiner Mutter« gelesen. Sie beschrieb ihren Fehler als eine unbewusst harmonisierende Geste: Die Distanzierung im Personalpronomen, die

112 | Tkaczyszyn-Dycki, 2012, 48f.

mit »erinnere ich mich« und der Wendung »mein Rufen« im folgenden Vers im Konflikt stehe, werfe die Frage auf, wer ›hier‹ eigentlich spreche. Der Reiz zur wiederholenden Lektüre wird gesetzt, bereits aus der Konstruktion innertextlicher Bezüge ist der Rezipient nicht zu subtrahieren. Die Sprechinstanz wirkt instabil, sie erscheint wie ein vorläufiger und verwischter Kreuzungspunkt in einem intersubjektiven Geflecht, das sich auch um die Lesenden erstreckt – je weiter das Gedicht fortschreitet, umso mehr: Das ›wir‹, das zuerst im fünften Vers als Possessivpronomen auftritt, dehnt sich von einer konkreten Konstellation in eine Verallgemeinerung, in die nicht weiter spezifizierte Schmutzarbeit, die ›wir‹ ›in uns‹ (»w sobie« – der verallgemeinernde Sog im polnischen Original ist noch stärker) zu verrichten haben. Es mag der Autor als ›Ich‹ sein, der sich hier exponiert, doch dieses ›Ich‹ umfasst mehr als eine Situation, die sich als idiosynkratisch einhegen ließe.

Pronomen als jene Wortklasse, die Übertragung und Aktualisierung auch für die alltägliche Rede sicherstellt, provozieren in den Texten von Tkaczyszyn-Dycki vielleicht keine Objektivierung; aber sie multiplizieren und verteilen die Involviertheitsstellen. Ähnliche und weitere vervielfältigende Verfahren – etwa springende oder undifferenzierte Subjekte, logische Inkongruenzen zwischen Sprecher und Subjekt, ein ›Auswachsen‹ der Sprache in ihre historischen Möglichkeiten – sind auch in Oswald Eggers Texten anzutreffen; hier sei noch eine für die Aufführungssituation besonders wichtige Methode herausgegriffen. In *Die ganze Zeit* findet sich der Vierzeiler: »Ich esse/Beeren und/würde daran/sterben.«[113] Durch den Austausch eines Vokals – statt ›werde‹ setzt das Gedicht ›würde‹ – wird die narrative Vollständigkeit des Satzes aufgebrochen. Die Verse drei und vier lassen sich als unvollständiges Konditional lesen – ein »wenn x« wäre durch die Zuhörerinnen zu imaginieren. Oder aber als Nachzeitigkeit – das ›Ich‹ verlässt die Zeitstufe ›Gegenwart‹ und erfährt eine zeitliche Ausdehnung, in der es sein ›Beeren-Essen‹ in der Vergangenheit betrachtet und eine (metaphysische) Aussage über eine bereits vergangene Zukunft trifft. Das konkret-narrative Bild des Beeren-Essens verwandelt sich über diesen einen Vokal in ein Bündel an Fragen, das Eggers Texte nicht explizit aufgreifen, geschweige denn beantworten. Die Fragen werden den Hörenden (und Lesenden) übergeben, und es sind, gerade in der Lesungssituation, Fragen von einem gewissen Umfang: Das Hilfs-

113 | Egger, 2010, 84.

verb ›würde‹ bricht die auf die Gegenwart fokussierte Lesungssituation auf und destabilisiert Sprechende, Angesprochene und Angesprochenes in ihrer raumzeitlichen und körperlichen Fixierung. Eine Anbindung der offenen Enden kann hier nur der Rezipient vornehmen – zu dem Preis allerdings, dass die Enden am haltgebenden Grund ziehen und ihn verformen.

Etwas ›an sich‹ zeigen – Der stimmliche Sprung vom Privaten ins Persönliche

Gerade aber, wenn das zeitgenössische Gedicht die Verbindung zum Paradigma des Selbstausdrucks schwächt oder abbricht und stattdessen einen explorativen Gestus dominieren lässt, gerade dann scheint sich wieder die Möglichkeit zu bieten, das autobiographische Ich des Dichters mit der Sprechinstanz des Gedichts ohne weiteres in eins zu setzen. Wenn sich nicht das Innerste eines Menschen offenbart, sondern eine fragende Haltung gegenüber Welt und Sprache sichtbar wird, deren sprachliche Fassung autokommunikative Merkmale ohne Entblößungsgefahr zeigt, warum kann dies nicht die der Dichterin selbst sein? Und gerade bei der Autorenlesung stellt sich ja wirklich die Frage: Warum sich die Mühe einer spitzfindigen Differenzierung machen, wenn es doch offenkundig ist, dass hier eine Dichterin *ihre Texte* spricht und diese auch für sie selbst von Bedeutung sind? Manche Autoren sehen das ähnlich, so etwa Lidija Dimkovska:

> When I read my poetry aloud, I remember the energy I wrote the poem with. So actually the experience of writing the poem comes back and I live through the same things again about which I wrote in the poem. For me it is very important when reading poetry that the reading will be very authentic, very much from my heart, my soul. [...] When I read my poetry I feel that I am here. And that's because of the intense connection between myself and myself in the poetry. So reading poetry aloud is very important for me.[114]

114 | Das Interview mit Lidija Dimkovska wurde auf Englisch geführt; um ihre Worte möglichst exakt zu bewahren, zitiere ich ihre Aussage hier im Original, während das Gespräch im Interviewteil von mir übersetzt wurde.

Wenn Lidija Dimkovska sagt, sie könne beim Lesen ›fühlen, dass sie da sei‹ und einen Unterschied zwischen ›sich selbst‹ und ›sich selbst im Gedicht‹ aufmacht, deuten sich zwar Gesprächsstrukturen mit einer Verbindung zum Soliloquium an sowie eine Dimension, die mit der psycholinguistischen Struktur des Selbstgesprächs zu tun hat und auf die noch genauer eingegangen wird. Vor allem aber scheint das Ausdrucksparadigma auf und eine unproblematische Nähe zwischen Dichterin und dichterischer Sprechinstanz. Warum also eine Distanz postulieren, die nicht einmal alle Autorinnen und Autoren für wichtig oder auch nur existent halten? Zumal Lesungen nicht selten genau in dieser Absicht veranstaltet werden, den Autor *persönlich* kennenzulernen, in einem Klima der (vermeintlichen) Authentizität der Lyrik einen Raum intimer Rezeption zu öffnen.

Tatsächlich aber ist es für die Beschreibung der rezeptiven Bedingungen von Lyrik nicht vorrangig wichtig, wie die Autorinnen das Verhältnis zwischen der eigenen biographischen Existenz und ihrer dichterischen Stimme entwerfen. Mehr noch, es wäre auch dann irrelevant, wenn auf irgendeinem Weg festgestellt werden könnte, wann dieses Verhältnis tatsächlich ein Identitätsverhältnis *ist*. Denn es hat – idealisierend gesprochen – für den rezeptiven Prozess keine produktive Bedeutung. Den Rezeptionsvorgang gesprochener Lyrik kennzeichnet, dass er in den Koordinaten ›die Dichterin spricht ihr Gedicht zu und für sich‹ nicht erfasst werden kann – weil diese eine Beobachtungsstruktur erzeugen, die, wie eingangs bereits festgestellt, den lyrischen Kommunikationsakt kollabieren lässt.

Wenn der nachvollziehend-erprobende Rezeptionsprozess aber gerade davon abhängt, dass ein Riss zwischen der Person und den in der eigenen Stimme gesprochenen eigenen Worten entsteht, dann gilt es, eine Antwort zu finden auf die Frage, *wer* dort auf der Bühne *wie* spricht. Ich möchte in diesem Zusammenhang eine Differenzierung zwischen ›privat‹ und ›persönlich‹ vorschlagen.

Schon die Erwartung, man treffe in der Lesung ›den Autor selbst‹, scheint vor allem ein liebevoll gehegtes Vorurteil. Tatsächlich spricht bei der Lyriklesung eine Person, die man den aus dem Reich des Texts hervorgetretenen ›impliziten Autor‹[115] nennen könnte; es spricht – und jeder am Ereignis ›Lesung‹ Beteiligte weiß das – eine Person in ihrer Rolle als

115 | Zum impliziten Autor im lyrischen Text vgl. Levin, 1998, 464ff.

Dichter, eine mehr oder minder öffentliche Figur. Solche Zuordnungen allerdings implizieren bereits bestimmte Diskurszusammenhänge und Wertungen, ich möchte deshalb eine neutralere, breitere Formulierung versuchen: In einer Lyriklesung zeigt eine Sprecherin Texte *an sich*. Oder, etwas ausführlicher: Es trägt eine körperlich präsente Person in ihrer Stimme Texte aus, um diese *an sich* zu zeigen. *An sich* ist dabei im doppelten Sinn dieser Wendung zu verstehen: Als Texte, die im Sprechen auf eine konkret-fleischliche (aber nicht biographisch zu verstehende) Person angewandt werden und sich vermittels dieser konkret-fleischlichen Person realisieren. Und als Texte, die losgelöst von der privaten Person des biographischen Autors in der akustischen Austragung ein Eigenleben entfalten.

Die ›STIMME‹, im Sinne Agambens als eine Art ›super-*shifter*‹ verstanden, ist in diesem *an sich* präsent. Sie ermöglicht das übertragbare Sprach-Geschehen, wird als seine Bedingung und Aktualisierung erfahrbar. Das *An-sich-Zeigen* des Lyrikvortrags erschöpft sich aber darin nicht. Es wird nicht nur das Allgemeine und Grundlegende (die Möglichkeit von Bedeutungsabsicht und Sprache) vorgeführt.[116] Es wird in einem konkreten, semantisch differenzierten Text verankert und auf ein mögliches Individuum hin – und von einem möglichen Individuum her – angewandt.

Dieses *An-sich-Zeigen* öffnet unwiderruflich einen Spalt zwischen der präsenten Person und der biographischen Person des Autors; und erst mit diesem Spalt[117] wird es tatsächlich gleichgültig, in welchem Verhältnis die biographische Person des Dichters zu den Texten steht. Denn dieser Spalt des *an sich* ist zwar klein, aber unüberbrückbar. In einer eher schwärmerischen Vorstellung von ›der Begegnung mit dem Dichter‹, die ein Lesen bevorzugt, das Jurij Levin in schöner geschlechtlicher Stereotypisierung ›mädchenhaft‹ nennt[118] und das sich mit dem imaginierten ›Dichter selbst‹ zu identifizieren sucht, könnte dies als ein Verlust erscheinen: ›Man erfährt ja gar nichts von ihm!‹ In der *Art* dieses Verlusts aber – der enttäuschten Neugier auf ein vermeintlich ungewöhnliches Indi-

116 | Vgl. Agamben, 2007, 62f.

117 | Der ›Spalt‹ klingt auch in der Stimmforschung immer wieder an, etwa wenn Sybille Krämer auf die »Spaltung« verweist, die in der »Lautlichkeit der Rede« zwischen »Sprechen und Hören« entsteht (Krämer, 2006, 280). Dieses Motiv ist mit dem hier entwickelten Gedanken verwandt, aber nicht deckungsgleich.

118 | »[Д]евичье чтение«, Levin, 1998, 466.

viduum[119] – zeichnet sich auch ab, worin der Gewinn dieses Spalts liegt: Solange der Dichter zu sich selbst spricht und Rezeption als Nachvollzug in Richtung Identifikation mit einer anderen, imaginierten Person schlittert, hätte man es mit etwas *Privatem* zu tun. Das Gedicht erschiene als Ausdruck und Resultat einer bestimmten, einmaligen Lebenssituation.

Zeigt jedoch eine Person einen Text *an sich*, verschieben sich dessen Inhalte und Sprechweisen vom *Privaten* ins *Persönliche*. Rückschlüsse auf die individuellen Umstände des biographischen Autorenlebens werden damit unmöglich. Ja, selbst wo dessen Zufälligkeiten und auch die Unverwechselbarkeit des privaten Lebens Teil des Gedichts sind, öffnen sie sich damit in ihrer intersubjektiven Dimension. Sie zeigen sich als etwas *Persönliches*, als etwas, das eine Person betrifft und formt, das sich aber aus intersubjektiv-gesellschaftlichen Strukturen speist und auf diese zurückwirkt. Das *Persönliche* kann sich zwar nur in privaten Bedingungen und Entwicklungen verkörpern; das *Private* aber bedarf im Gedicht einer bewussten künstlerischen Gestaltung, um sich als *Persönliches* zu realisieren, das über den konkreten Einzelfall hinausweist. Dabei muss dieses Hinausweisen über den Einzelfall nicht als allgemein akzeptierte Tatsache oder autoritative Behauptung erscheinen; genauso kann es als Frage, Zweifel, Provokation, Vorschlag o.ä. auftreten. Sobald aber das Persönliche, in welcher Ausgestaltung auch immer, im Gedicht angelegt ist, tritt es in der stimmlichen Aufführung automatisch in Erscheinung.

Das *An-sich-Zeigen* in der Autorenlesung legt damit schon in der konkreten Realisation des Gedichts eine Öffnung in den Text: Im Sprechen wird eine Übertragung sichtbar. Die private Person tritt in die frei besetzbare Rolle der *An-sich-Zeigenden* hinüber, die Kontingenz des Privaten wird *übertragen in* und *realisiert als* die intersubjektive Struktur des Gedichts. Diese Übertragung scheint in den Fragebögen nicht nur im Motiv des Raumwechsels oder Übertritts auf, das bereits angesprochen wurde. Sie ist auch dann präsent, wenn die ›Einheit‹ des Dichters mit dem Text betont wird, in der der konkrete Mensch zugunsten des Texts zurücktritt. In den Fragebögen zu Oswald Eggers Lesung etwa ist von einer »Symbiose« zwischen Sprecher und Text die Rede, jemand anders spricht vom »Aufgehen des Autors in den Texten«. Eine Zuhörerin antwortet auf die

---

119 | Nach Levin hervorgerufen durch die Sonderbarkeit der lyrischen Rede, die »wie jedes ungewöhnliche Benehmen« (»как любое необычное поведение«) die Aufmerksamkeit auf das Subjekt dieses Benehmens lenke. Levin, 1998, 466.

Frage, wie die Anwesenheit des Autors ihre Wahrnehmung beeinflusst habe: »Sie hat mich schon beeinflusst, dadurch, dass man wahrnehmen konnte, dass der Autor wirklich mit allem was er hatte in Lyrik/Gedicht selbst verschwunden ist. Er war wie in einem Wahn beim Vorlesen [...]. Dadurch konnte er mich festhalten, ihm zuzuhören [...].« Im Wahn des Vorlesens ist der Autor im Gedicht, und eben nicht ›bei sich‹. Gerade dadurch bindet er die Hörerin.

Diese Übertragung ins *an sich* beginnt bereits im Stimmlichen selbst. Dabei scheint die Stimme zunächst denkbar privat, individuell wie ein Fingerabdruck. Und sie entspricht perfekt dem Paradigma unwillkürlichen Selbstausdrucks, indem sie das Gesagte unablässig überschreitet. Die Stimme teilt, vom Sprecher nicht vollständig kontrollierbar, körperliche und seelische Zustände und Einstellungen mit, ihr lassen sich Informationen ›ablauschen‹. Eine gewisse Freude daran, in der Lesung mehr Informationen zu erhalten als erwartbar, scheint daher auch in den Fragebögen auf. Eine Zuhörerin etwa schreibt, der Autorin zuzuhören sei »[s]ehr spannend und interessant« gewesen, denn »die Autorin« habe »somit ihre Interpretation der Gedichte preisgegeben« – im Duden wird das Wort ›preisgeben‹ definiert als »nicht mehr geheim halten; verraten«. Der Bezug des ›somit‹ wird in der Äußerung nicht spezifiziert, es scheint die ganze Lesungssituation zu umfassen – wie zwangsläufig enthüllt die stimmliche Entfaltung des Vortrags vorher unzugängliche Information.

Allerdings lässt sich der Transport unwillkürlicher Information in der Stimme auch anders lesen. Die Stimme entzieht sich darin dem privaten Zugriff der einzelnen Person, sie ist nicht vollständig funktionalisierbar. Die Stimme enthält nach Bernhard Waldenfels ein Moment des »Selbstentzug[s]«[120], sie ist ein Hybrid, eine »Überlagerung von eigener und fremder Stimme«. Die Stimme ist immer schon ins Überindividuelle geöffnet. Das gilt auch für die Qualität der transportierten Information. Emotionale Zustände wie ›Traurigkeit‹ oder ›Anspannung‹ werden zunächst als Realisierungen eines intersubjektiven Musters im konkreten Individuum gehört, nicht als kausal strukturierte Erzählungen privater Befindlichkeit.[121] Informationen über konkrete Ursachen und Zusammenhänge

120 | Dieses und das folgende Zitat: Waldenfels, 2006, 200f.

121 | Vgl. hierzu etwa Fónagy, 2001, 87ff. Für ›Traurigkeit‹ z.B. stellt Fónagy fest, dass sie sich im Ungarischen und Französischen durch das Absenken und Zurückziehen der Zunge realisiere (vgl. Fónagy, 2001, 96).

müssen zusätzlich erfragt werden – und genau diese Rückbindung in die private Motivation schließt die Lyriklesung aus. Mehr noch, die Stimme sperrt sich gegen die restlose Inbesitznahme durch private Erzählung. Stimmliche Textur und Entwicklung wie auch die Informationsdichte in der Stimme weisen eine vollständige erzählende Erfassung schon sprachlich zurück. Zur Beschreibung eines stimmlichen Eindrucks »fehlt«[122] in der Regel »das Vokabular«, es wird auf Synästhesien zurückgegriffen (z.B. ›weicher‹ Klang) oder es werden andere Wahrnehmungsbereiche herangezogen (z.B. die ›strenge‹ Stimme); die Stimme scheint den direkten sprachlichen Zugriff ab- und auf »Vergleiche« umzuleiten.

In der stimmlichen Realisation selbst beginnt damit bereits die Aktualisierung der persönlichen Struktur des Gedichts. Daher können bei Oswald Egger und Eugeniusz Tkaczyszyn-Dycki gerade die stimmlichen Nähemittel – der Kollaps ins Stimmlich-Lautliche und ein nicht aufs Kunstvolle getrimmter Gesang – dazu beitragen, im Lesungskontext einen Rückschluss auf die privaten Personen zu unterbinden. Einerseits, weil sie, wie gesagt, Muster aufrufen. Andererseits, weil auch die privat akzentuierte, aber gegenüber anderen vorgebrachte Erzählung einem stimmlichen Protokoll gehorcht, in dem derartige Mittel (zur Zeit und in diesem kulturellen Kontext) nicht vorgesehen sind. Ein ähnlicher Effekt stimmlicher Erweiterung und Distanzierung vom Privaten wird beschrieben, wenn ein Hörer im Fragebogen zu Barbara Köhlers Lesung bemerkt, die Autorin habe »so bewusst und befremdlich vorgelesen«. Ein anderer Hörer hatte von Köhlers Lesung einen drastischeren Eindruck, er sagt, der »ganz starke[...] Rhythmus« habe »z.T. [...] die Sprache entmenschlicht«. Über Lidija Dimkovskas Vortrag heißt es, er habe »unvorhersehbare Wechsel zwischen laut – leise, langsam – schnell etc.« oder »deutliche Lautnester [...], starke wiederholende Rhythmisierung« gezeigt, oder er sei »melodisch, aber schnell, atemlos, manchmal eindringlich, bedrängend« gewesen. Für eine Hörerin war der Klang von Lidija Dimkovskas Vortragsweise offenbar so weit von ihrer Alltagserfahrung entfernt, dass sie ihn beschreibt als: »kehlig, tief, erinnerte an Klänge von Ureinwohnern«. So scheint sich im Mündlichen der Lesungssituation der, wie Sybille Krämer formuliert, »verbürgt[e] Wahrheitsbezug der Rede«[123] zu

122 | Dieses und die beiden folgenden Zitate: Eckert/Laver, 1994, 44.
123 | Krämer, 2003, 69.

erhalten – entkoppelt allerdings von privat-alltäglichen Stimm- und Personenmustern.

In diesem Kontext betrachtet aber wird auch besser verständlich, warum die Autorinnen die jeweilige Aufführungssituation als so bedeutsam für die Entfaltung des konkreten Leseereignisses erachten: Ein privates, in sich abgeschlossenes Kommunikat wäre stabil und von außen unberührbar. Das *An-sich-Gezeigte* hingegen entfaltet sich von vornherein in einer Distanz, die von der Sprecherin nicht vollständig kontrollierbar ist und öffnend wirkt. So entsteht für die Zuhörer nicht nur ein Raum der Übertragbarkeit, in dem aus dem *An-sich-Zeigen* die Möglichkeit des *An-sich-Wahrnehmens* erwächst. Es ergibt sich nicht nur die Chance, das Gedicht und seine persönlichen Strukturen in einer explorierenden Ungewissheit zu betreten sowie das Persönliche im Gedicht an den eigenen privat-persönlichen Strukturen modellhaft zu ermessen. Sondern das konkret realisierte Gedicht ist Bedeutungsraum, der in dieser konkreten Ausprägung von vornherein nur unter der Anwesenheit der Hörenden entstanden ist.

Die Projektion der Autokommunikation in die Rezeption, von der Levin spricht[124], ist also nicht eine Nachahmung von Intimität. Die Hörer bzw. Leser (re-)produzieren nicht in Ermangelung eines Systems mit Zutrittsmöglichkeit eine spiegelbildlich gleichermaßen verkapselte Kommunikation. Es ist kein: ›So wie dieser Dichter mit sich spricht, genau so will ich mit mir sprechen.‹[125] Vielmehr wird bereits eine Übertragung nachgeahmt – die individuelle Bezugnahme auf etwas prinzipiell Äußerliches, Überindividuelles wiederholt eine der Produktion des gesprochenen Kunstwerks selbst inhärente Geste. In die entstehenden Systeme sind damit Unterschiede eingeschrieben; Möglichkeiten von Reflexion und Absage; sie sind offen, aufeinander bezogen, voneinander abhängig. Dieser Sonderfall der lyrisch-induzierten Autokommunikation bietet damit tatsächliche Nähe- und Begegnungsmöglichkeiten, denn es existiert

124 | Vgl. Levin, 1998, 466.

125 | Im Falle des Levin'schen ›mädchenhaften Lesens‹ würde dies wohl bis zum Wunsch gehen, so wie der Dichter zu sein, oder der Dichter zu sein, mit ihm zu verschmelzen – in dieser sexuellen Dimension zeigt sich m.E. auch, warum der männlich gedachte Dichter meist von einer weiblichen, ›mädchenhaften‹ Leserin ›verschlungen‹ wird.

kein »Kontakt«, wie Jean-Luc Nancy sagt, »ohne Abstand«[126]. Die Nachahmung einer verkapselt-intimen Privatkommunikation dagegen wäre ein Kontaktsurrogat.

Wenn es bei einer Lesung aber vor allem darum geht, einen Text *an sich* gezeigt zu bekommen, müsste es – sobald man die romantische Idee verabschiedet, mit ›dem Autor‹ in Kontakt zu kommen – letztlich gleichgültig sein, ob die Stimme, die den Text austrägt, diejenige der Dichterin ist. Hier sei betont, dass die Rezipienten selbst dieser Einschätzung kaum zustimmen dürften. Immer wieder wurde in den Fragebögen und auch in den Gesprächen betont, wie wichtig die Anwesenheit der Dichterin für die Kontaktaufnahme zu den Texten gewesen sei. Um zu dieser Frage Aussagen von größerer Trennschärfe zu erhalten, wäre eine neue, anders angelegte Untersuchung nötig.

Und auch die Autoren selbst wirken auf den ersten Blick skeptisch, wenn es um die Frage geht, ob ihre Texte auch von anderen adäquat gesprochen werden könnten. Vor allem der Lesung durch Schauspieler stehen sie einhellig ablehnend gegenüber. Olga Martynova betont, sie »ertrage […] das sehr schlecht, wenn Schauspieler Gedichte lesen«. Schlicht »furchtbar«, sagt Oswald Egger. Tatsächlich jedoch produziert der Versuch, das Problem mit Schauspieler-Lesungen zu identifizieren, ein differenzierteres Bild. Lidija Dimkovska sagt über eine gelungene Lesung mit einem Schauspieler: »he didn't act«. Vielleicht meint sie damit etwas Ähnliches wie Barbara Köhler, die die »Geläufigkeit« von Schauspieler-Interpretationen beklagt. Die schnelle Bereitschaft also, Texte auf vorgefertigte, wie Köhler sagt, »Ideen von Betonung und Einfühlung« zu trimmen, sie auf eine Stilrichtung oder auf bestimmte Bedeutungen festzulegen; Haugová etwa schildert ihre Erfahrung mit einem »sentimental-romantischen« Lesestil. Martynova sagt, es werde von Schauspielern »der Sinn« betont, sie machten aus dem Text eine »Mitteilung«. Es scheint, als liege das Problem keineswegs in der anderen Stimme oder der anderen Körperlichkeit. Vielmehr fehlt die Bereitschaft, den Text *an sich* zu zeigen. An deren Stelle dominiert eine Herangehensweise, die das multisensorielle Paradigma des Gedichts domestiziert, indem sie dem Text eine imaginierte emotional-semantische Motivation für das Sprechen hinzufügt und mittels der Figur auf der Bühne ausagiert. Es spricht dann nicht mehr die ›unprivate‹ Stimme der Dichterin, die die Rede im

126 | Nancy, 2003, 52.

Köhler'schen Sinne ›in der Schwebe‹ hält. Stattdessen wird das Sprechen so konturiert, dass es als Figurenrede in spezifischer Situation denkbar wird. Es ist nicht mehr nur deutlich, *dass* diese Rede bedeutungstragend für jemanden ist, wie es für die Lyrik typisch wäre. Es zeichnet sich außerhalb des Rezeptionsprozesses ab, *welche* Bedeutung *für wen* diese Rede hat. Sie wird in der Realisierung rationalisiert, das narrative Element wird gestärkt, eine Betrachtung von außen ermöglicht. Sie wird in Richtung Privatheit gedrängt. Das strukturell anders arbeitende Gedicht aber löst sich in dieser Vorgehensweise auf – Mila Haugová erinnert sich daran, dass sie wegen eines ›sentimental-romantischen‹ Vortragsstils ihr eigenes Gedicht im ersten Moment nicht erkannt habe.

III. Vom Zauberspruch zur poietischen Dimension des Sprechens: Bleibt Lyrik Anrede?

»Apostrophe, Frage, Ausruf, Prosopopöie«[1] erzeugen Präsenz und Respons und sind für Butzer deshalb die zentralen sprachlichen Figuren des Soliloquiums. Für die Lyrik beschreibt Jurij Levin im Jahr 1973 diese Verfahren als Teil eines »Streben[s] nach erhöhter Kommunikativität«[2], das diese Gattung von anderen absetze. Levin nennt in diesem Zusammenhang explizit die »häufige Verwendung der zweiten Person«, »zu der es in den anderen Kunstgattungen nichts Analoges gibt«, die »Hinwendung an bekanntermaßen ›unkommunikative‹ Objekte« sowie »Ausrufe und Fragen«. Allerdings behandle die Lyrik ihr »Grundthema«, die »Existenz des Menschen in der Welt«, nicht in einer Fabel. Fragen und Ausrufe sind damit für Levin dekontextualisiert. Ohne Bindung an eine erzählte Figur werden sie verabsolutiert und radikalisiert – sie sind in keine narrative Welt gesetzt, sondern in die direkte Umwelt der Sprecherin und der Rezipienten.

Jonathan Culler beschreibt im Jahr 1981 ebenfalls die Anrede, die »Apostrophe«, als zentrale Figur der Lyrik. Culler aber konstatiert ein Zögern, sich mit dieser Figur zu befassen: Sie werde aus dem kritischen Diskurs »ausgeschlossen« (»systematically repressed or excluded«[3]). Oder aber es werde versucht, die Anrede als Beschreibung zu lesen und sie in dieser transformierten Form als kommunizierten Inhalt zu behandeln.

---

1 | Butzer, 2008, 349.

2 | Dieses und die folgenden Zitate: Levin, 1998, 466f.

3 | Culler, 1981, 137. Alle folgenden Zitate von Jonathan Culler aus Culler, 1981, 135-154. Zur Anrede in der Lyrik vgl. auch de Man, 1988.

So kennzeichne die wissenschaftliche Auseinandersetzung mit Lyrik das Versäumnis, auf die Bedeutung der Anrede für die lyrische Form auch nur hinzuweisen. Als Grund hierfür vermutet Culler, dass die Anrede im Gedicht peinlich berühre: »Such apostrophes may complicate or disrupt the circuit of communication, raising questions about who is the addressee, but above all they are embarrassing.« Die beschriebene Entwicklung des Selbstgesprächs und die in der Folge eingeübte, rein beobachtende Rezeptionshaltung macht Cullers Befund beinahe erwartbar. Das Paradigma des Selbstausdrucks verdeckt die Einladung der Apostrophe, die Sprechstelle probeweise zu übernehmen und eine Kontextualisierung selbst zu leisten – damit ist die Adressatenstelle tatsächlich verschoben, peinlich berührt fühlt sich der Rezipient als vermeintlicher Zeuge der verrückten Rede eines Soliloquisten. Die Dominanz des Beobachter-Paradigmas verhindert die angemessene Rezeption und die Anrede wird so wirklich zum auffälligsten Zeichen dessen, was der kritische Diskurs, nach Culler, nicht assimilieren kann (»represents that which critical discourse cannot comfortably assimilate«). Zumindest dann nicht, so ließe sich Cullers Gedankengang ergänzen, wenn der kritische Diskurs den zweiten Schritt vor dem ersten versucht, die objektivierend-intersubjektive Einordnung vor dem individuellen Nachvollzug.

Darin mag die lyrische Anrede tatsächlich »radikal« sein, überraschend jedoch wirkt das von Culler ebenfalls gesetzte Attribut »prätentiös«. Denn egal mit welchem Pathos eine Anrede vorgebracht werden mag, es kann nicht darüber hinwegtäuschen, dass den Kern der Apostrophe eine Bedürftigkeit bildet. Die Anrede zielt auf Veränderung und Beschwörung, Culler formuliert: »to apostrophize is to will a state of affairs, to attempt to call it into being«, und sie bedarf dazu des angeredeten Anderen. Gleichzeitig scheint das Ereignis, das das Gedicht anstrebt, über die Entfaltung des Texts selbst zu geschehen: »that which attempts to be an event: the moment of apostrophe.«

Das apostrophierende Gedicht zielt für Culler auf die Verhandlung eines Verhältnisses: »apostrophe is a device which the poetic voice uses to establish with an object a relationship which helps to constitute him«. Die Bedürftigkeit des sprechenden Ich ist damit fundamental: Es kann sich ohne die Beziehung zum angeredeten Anderen nicht bilden, die Anrede erfolgt auf etwas Ungewisses hin. Die Lyrik problematisiert die von

Levin formulierte »Existenz des Menschen in der Welt«[4], indem sie Relationalitäten befragt und Abhängigkeiten betont. Eine so funktionalisierte Apostrophe ist radikal prädikativ, das Subjekt existiert nicht außerhalb des Prädikats, es entsteht aus ihm. Wie Avanessian und Hennig in anderem Zusammenhang formulieren: »Das Subjekt kann ein Prädikat, das sich als seine Substanz erweist, nicht mehr übersteigen.«[5]

Das apostrophierende Gedicht führt einen Mangel an Kontrolle vor, es betont die Abhängigkeit des Subjekts von Respons und Beziehungsstiftung in der Sprache und der in sie verstrickten Welt. Dies mag dazu beitragen, dass die distanzierte Zuhörerin sich peinlich berührt fühlt – zumindest solange sie nicht bereit ist, sich zu involvieren, den Ort zu bilden, an dem die apostrophierte Beziehungsstiftung sich ereignen kann, an dem die ›unprivate‹, sich vom Sprecher lösende Stimme sich in ein bestehendes Relationengeflecht einer Rezipientin knüpfen und dieses modifizieren kann.

Der lyrische Anrede-Gestus ist also nicht zuletzt deshalb radikaler – und, wenn man so will, peinlicher – als eine alltägliche Anrede, weil er sich in der Regel gerade nicht an die Leserin wendet. Dadurch, dass er sich der Rezipientin nur vorführt und als Ganzes zur Verfügung stellt, ist aber der Kontakt nur auf den ersten Blick weniger direkt. Denn darin reduziert sich auch die Möglichkeit, alltägliche Interaktionssituationen zu reproduzieren. Die Lesende kann nicht – vergleichsweise intakt – von der eigenen Position aus dialogisch auf das Ausgesprochene reagieren. In der soliloquistisch geprägten Struktur des Lyrischen geht es nicht um ihre Reaktion als ›Gegenüber‹ *auf* eine bestimmte Situation. Es geht um ihren Respons *in* der präsentierten, mangelbehafteten Situation.

Dennoch zeigt der Blick auf alltägliche Interaktionsstrukturen den besonderen Status von Exklamation und Anrede. Beiden Phänomenen kommt vor allem im Mündlichen Bedeutung zu. Culler differenziert in seiner Abhandlung zur Apostrophe zwar nicht zwischen geschriebenen und gesprochenen Gedichten, aber er macht deutlich, dass er die Apostrophe als eigentlich mündliche Form begreift, wenn er spekuliert: »writing, in some innate hostility to voice, [...] seeks to deny or evade the vocative.«

Ohnehin geht für Theoretiker wie Dieter Mersch von der menschlichen Stimme ein ethischer Appell aus, die Stimme ist ein Sich-Aussetzen,

4 | »[С]уществование человека в мире«, Levin, 1998, 467.

5 | Avanessian/Hennig, 2014, 137.

das den Hörenden in die »Performanz des Antwortens«[6] zwingt. Doris Kolesch sieht eine »höchste Priorität« der Stimme »unter allen Klängen und Lauten«[7], Bernhard Waldenfels spricht von »Stimmberechtigten«, man müsse »*jemand* sein, um eine Stimme zu haben, *etwas* verursacht nur Geräusche«[8]. Eine lebende Stimme trägt den Imperativ, gehört zu werden. Aber es ist wohl gerade diese besondere Dringlichkeit im Mündlichen mitverantwortlich dafür, dass sich Ausruf und Anrede – auch in ihren lyriktypischen Verknüpfungen[9] – im Schriftlichen leicht ignorieren lassen. Besonders klar wird dies in der verschriftlichten Exklamation: In ihr ist die Gleichräumigkeit von Sprechen und Hören aufgebrochen, sie ist entzeitlichtes und dekontextualisiertes Zitat. In der konkreten Gegenwart eines Ausrufs dagegen, etwa eines Schmerzlauts[10], drängen – für die Hörende – alle drei Zeitebenen in den jetzigen Moment. Der Abruf vergangener Erfahrungen ist für das Begreifen der momentanen Situation nötig, die Gegenwart des Anrufs erzeugt eine radikale Fokussierung auf das Gegenüber, und sie verlangt eine unmittelbare Reaktion zur Gestaltung der nächsten Momente. Ein Schmerzausruf wie »au!« entfaltet also seine ganze Bedeutung nur präsentisch. Und diese Bedeutung oszilliert zwischen Selbstausdruck und Anrede, der mündliche Ausruf verknotet Sprecher und Hörerin zu einem responsiv-performativen Komplex. Vor dem Hintergrund alltäglicher Erfahrungen scheint daher denkbar, dass sich der apostrophierende Gestus von Gedichten weniger leicht ignorieren lässt, wenn die Gedichte gesprochen werden, als in der stillen Lektüre.

Diese fordernde interaktive Struktur des Ausrufs, die lautlich und lexikalisch nicht vollständig konventionalisiert ist, scheint ihren Abdruck zu hinterlassen, wenn eine Hörerin nach Oswald Eggers Lesung nicht nur schreibt, den ›stärksten Eindruck‹ habe jener Abschnitt hinterlassen, »als keine sinnvollen Wörter, sondern nur ›Schnauben‹ zu hören war«, sondern ihre Aussage mit einem »natürlich« einleitet. Es scheint selbstverständlich, dass gerade jener auf Laute fokussierte Teil die intensivste

6 | Mersch, 2006, 232.

7 | Kolesch, 2006, 53.

8 | Waldenfels, 2006, 192. Waldenfels weist dort auch auf die Eingliederung von Tieren in den antiken Kreis der in diesem Sinne ›Stimmberechtigten‹ hin.

9 | Etwa als *Oh, x!, Ach, x!*

10 | Zur Teilhabe am Schmerz anderer über Stimme und Hören vgl. Rost, 2009.

Wahrnehmung produziert. Entsprechend wird dort auch eine Dringlichkeit gehört, ohne dass sie wortsemantisch präsent wäre: Eine bereits zitierte Studierende sprach von dem Eindruck es kämpfe jemand um sein Leben, in den Fragebögen hört jemand ein »verzweifeltes Bemühen um Ausdruck jenseits des Verstanden Werdens«.

Bei Oswald Eggers Lesung herrschte aber auch jenseits des Lautlichen die Empfindung vor, man werde »persönlich angesprochen«. Der Zuhörer, der sich so äußert, ergänzt: der Eindruck, »sogar Rückmeldung geben zu müssen, drängte sich auf, v.a. hervorgerufen durch den intensiven Blickkontakt und durch die Gestik.« Eine andere Hörerin hebt ebenfalls die »Blicke« hervor, »die wie in einem normalen Gespräch waren, wo man sich durch den Blick beim anderen versichert, dass dieser auch versteht – man erwidert den Blick und versteht doch nicht.« Die Lesung scheint hier auf einer Schneide zu balancieren. Nicht eine mangelnde Aufforderung, in Interaktion zu treten, gefährdet hier die lyrische Kommunikation. Die Hörerin fühlt sich vielmehr so stark angesprochen, dass sie versucht ist, wie in einem ›normalen Gespräch‹ zu reagieren – und auch, das Gesprochene unter den Vorzeichen eines solchen Alltagsgesprächs zu rezipieren, unter denen es nicht zu ›verstehen‹ ist. Der Übertritt in den lyrischen Rezeptionsmodus wird gerade durch das Gefühl, angeredet zu sein, verzögert.

Ungeachtet dessen bleibt zu prüfen, ob die Lyrik – unabhängig von diesen appellativ-interaktiven Strukturen – die Anrede und verwandte Verfahren heute überhaupt noch verwendet oder ob diese nicht wirklich eine aufgegebene Konvention[11] sind. Falls aber die Apostrophe weiterhin relevant ist, fragt sich, wie die Lyrik den Sog zu alltagssprachlich-dialogischer Ansprache abschwächt. Eine Möglichkeit ist, dass sie die Anrede mit der – aus dem Soliloquium bekannten und lyrisch neu verhandelten – Dimension der Formung bzw. Selbstformung durch Sprache so verschränkt, dass eine zu starke Aktivierung alltagssprachlicher Gesprächsmuster verhindert und die Rezeption in Richtung soliloquistischen Nachvollzugs gedrängt wird.

11 | Vgl. Schlaffer, 2012, 26f.

1. Anreden und angeredet sein – Erweiterung und Beschneidung durch Sprache

Das erste Gedicht in Mila Haugovás Gedichtband *Schlaflied wilder Tiere* ist eine verabsolutierte Anrede – es spannt sich zwischen zwei Imperativen auf: »Schlaf später«[12], beginnt der erste und lautet der vorletzte Vers, ehe das Gedicht mit einem abgründigen Vergleich schließt: »So tief wie Gott ist.« Die Subjektstelle in diesem Gedicht ist praktisch leer, sie wird nur durch die Rede konturiert. Diese Rede wiederum steht kontextlos, auch wer die adressierte Person ist, bleibt der Spekulation der Leserin überlassen: »Engel mit dem gläsernen Handgelenk« wird sie angesprochen. Der Titel des Gedichts und des Zyklus[13], »Dormi«, löst die sprechende Figur zudem aus dem slowakischen Kontext und übereignet sie einem interlingualen Raum, in dem das Verb oszilliert zwischen dem italienischen Imperativ und Indikativ der 2. Person Singular und dem gleichlautenden französischen und portugiesischen Partizip Präteritum. Die räumliche Verortung dieser Stimme scheint verwischt, sie ist wie in einer körperlosen Schwebe, in der die möglichen Bezüge multipliziert erscheinen. Im Imperativ jedoch und in der entschiedenen Aufforderung zur Reaktion (»Schlaf später«!), drängt sie zu einer Aktualisierung und Kontextualisierung durch die Hörer. Sie sind aufgefordert, die entkörperlicht aufgespannte Situation zwischen einem zerbrechlichen Engel und einer Stimme an einen dritten Pol zu binden und sie gewissermaßen zu erden.

Die Offenheit dieses ersten Gedichts gibt Haugovás Zyklus einen Auftakt, der – auch über die Wiederholung des Titels »Dormi« – in den folgenden Texten weiterklingt. Diese konzentrieren sich auf die Interaktion zwischen einem ›Ich‹ und einem ›Du‹, bis im sechsten Text durch ein »offenes Metalltor« mit einem »versprengten Wild« die Welt wieder suchend eintritt. Dormi 7 schließlich bündelt die autobiographisch anmutende Erzählung in einer kompakten Formel: »du sprichst ich höre; im Wort ist alles;/Jetzt bist du das Wort«. In dieser Formel scheint sich die Welt des lyrischen ›Ich‹ zu schließen. Gleichzeitig öffnet die – christlich inspirierte – Verknotung von ›ich‹, ›du‹, ›Wort‹ und ›allem‹ das Gedicht auf die Rezipienten hin. Indem das ›Wort‹ das ›Du‹ und überdies die Welt bildet, lockert sich die Verbindung zwischen den in den Gedichten

12 | Haugová, 2011, 9.

13 | Haugová, 2011, 8ff. Alle folgenden Zitate aus diesem Zyklus.

konturierten Personen und den Pronomen, diese erscheinen geweitet und aus ihrer konkreten Referenz gelöst, so dass auch die Hörenden in ihren Radius gezogen werden. Pronomen und Substantive beginnen zu gleiten – eine Bewegung, die das wiederholte Verb ›dormi‹ vorbereitet hatte – und werden zur Aufforderung an die Hörenden, dem Schwebezustand durch die Verknüpfung mit der eigenen Position eine Richtung zu geben, die eigene Relationalität zwischen ›ich‹, ›Wort‹ und ›allem‹ zu befragen, etwa als: Wie sehen meine Welt und mein ›Wort‹ aus, wenn sie ident gesetzt werden? Wo bist darin ›du‹, wo ›ich‹? Wo verschmelzen die Komponenten und wo drängen sie über einander hinaus?

Schon ein erster Blick in Haugovás Band zeigt, wie gezielt die Apostrophe heute in der europäischen Lyrik eingesetzt wird, welche Bedeutung ihr für die Entfaltung rezeptiver Stimuli zukommt und wie wenig sachgerecht es wäre, sie als veraltete Pathosformel abzutun, die für die semantische Entwicklung eines Gedichts irrelevant ist. Auch in den anderen in diesem Projekt betrachteten Gedichten zeigen sich Anredemuster, die verschieden entworfen, aber immer fein austariert und bedeutsam für die Entfaltung des semantischen Raums sind. Dabei wurden die Autoren nicht auf diesen Gesichtspunkt hin ausgewählt – Relevanz und Lebendigkeit apostrophischer Muster sind mir erst im Verlauf der Arbeit an diesem Projekt klar geworden. Hier werden nun insbesondere die Anredestrukturen in Olga Martynovas, Lidija Dimkovskas und Barbara Köhlers Gedichten näher betrachtet.

Prinzipiell sind verschiedene Muster der Anrede denkbar. Anredestrukturen können sich zwischen figurähnlich konturierten Instanzen innerhalb des Gedichts entfalten und sich auf verschiedenen Wegen auf die Rezipienten hin öffnen. Das Gedicht kann darüber hinaus Instanzen ansprechen, die *per definitionem* außerhalb seiner selbst angesiedelt sind. Und der Text kann die Rezipienten selbst adressieren.

Im Kontext dieser Untersuchung scheinen Anredestrukturen besonders dann relevant, wenn sie ein Verhältnis zur Sprache als selbst- und weltformender Kraft gestalten und damit eine Beziehung zu beschriebenen soliloquistischen Mustern eingehen. Wenn allerdings an die Stelle direktiver Selbstanrede eine explorative Redehaltung getreten ist – und zumindest in den hier betrachteten Texten spricht nichts gegen diese Annahme – kann die Formung durch Sprache in unterschiedlicher Gestalt in den Gedichten präsent sein: als Faktum und als Möglichkeit sowie in allen Zwischenstufen. Diese können wiederum zwischen einem schließenden und öffnenden Gestus oszillieren, wie sich an der oben zitierten, kristallierten Verknüpfung von Welt-Sprache-Ich-Du bei Mila Haugová bereits gezeigt hat. Die explorative Haltung gegenüber der Sprache als selbst- und weltformender Kraft ermöglicht der Lyrik überdies die kontinuierliche Verhandlung zwischen dem Sog automatisierter Denkfiguren oder Klischees, die Lotman für autokommunikative Texte als prägend ausmacht[14], bzw. dem von Paul Zumthor identifizierten, mündlichen »Gewebe von [...] verinnerlichten Denkfiguren«[15] und den Kräften von Differenzierung und Unterschied.

Mila Haugovás Poetik betont generell das erweiternde Potenzial sprachlicher Prägekraft. Wenn Haugová, wie früher bereits erwähnt, Zitate aus der Literatur aufgreift und modifiziert, so lässt sich dies auch als mehrdirektionale Anredefigur lesen. Die Dichterin fühlt sich im Wortsinn ›angesprochen‹ durch einen Vers, erprobt mögliche Relationen, redet sich selbst über diesen Vers an, modifiziert ihr Sprechen an ihm, sich selbst, den Vers. Die Welt und das in ihr verstrebte Ich zeigen in diesem Prozess ihre Plastizität: Eine sprachbedürftige Konstellation entwickelt im Dialog mit vorgefundener Rede eine sprachliche Gestalt, sie wird dadurch vertieft, zugeschnitten, verhandelbar; auch die Position des ursprünglichen Verses in der Welt bleibt nicht unberührt. Die Begegnung erscheint als beinahe bildnerische Möglichkeit, prinzipiell und für alle wiederholbar. Das kreative Potenzial soliloquistischer Methoden realisiert sich hier.

Auch Barbara Köhlers Arbeit verhandelt die subjekt- und weltformende Dimension von Sprache. Die Kraft der Sprache, das Denken einerseits produktiv zu strukturieren, andererseits zu lenken und zu zähmen, wird aus dem Inneren des Materials heraus vorgeführt, in dessen syntaktischen, morphologischen, lautlichen Fügungen. Die Texte erhellen Sprach- und Sprechgewohnheiten – oder entlarven sie: Eine Zuhörerin von Köhlers Lesung schreibt, sie habe sich »wachgerüttelt« gefühlt, eine andere spricht von einem »aufrüttelnd[en]« Erlebnis. Eine weitere Person sieht sich erinnert an ein »heutiges ›Schönheitsideal‹, welches durch Medien ›vorgegeben/gelenkt‹ wird«.

Dabei zeigen Köhlers Gedichte nicht nur die Fügung – vielleicht: Enge – des Denkens in automatisierten Strukturen. Sie öffnen die tradierten

14 | Vgl. Lotman, 2010, 47f.

15 | Zumthor, 1994, 30.

Bahnen aus sich selbst heraus zu einem Feld erweiternder Möglichkeiten und Spekulation – ein Hörer spricht von der »Ausweitung des eigenen Emotions (-und Gedanken)felds«. Die Ordnung von Sprache und Denken enthält bereits Werkzeuge zur Befreiung von sich selbst, welche nur auf ihre Anwendung warten. Es entsteht eine Spannung zwischen zuschneidenden und erweiternden Kräften, die sich auf die Rezipienten überträgt und Komplexe widersprüchlicher Emotionen erzeugt, von »Beklemmung« und »Atemnot« ist ebenso die Rede wie von »Lebendigkeit«, »Kribbeln«, »Wärme in Wellen« und einem »Weben im Rhythmus«, weil sich die »Klänge [...] im Körper fort[setzen].« In einem Fragebogen erscheinen die widerstreitenden Wahrnehmungen gebündelt, dort heißt es, es seien »Gefühle von Geborgenheit, Erschrecken, Überraschung« wachgerufen wurden – das Unbekannte springt die Hörerin aus der Vertrautheit an.

Barbara Köhlers Band *Niemands Frau* beginnt mit einer der ältesten Anreden der Literatur: »Sage mir muse«[16], um diese Formel direkt um denkbar weit gefasste und grundlegende Fragen zu ergänzen: »wer Es ist was Er wer Homer & warum/ist Es wichtig & Es zu wissen sag mir wer du bist/was Ich ist sag mir dich frage ich«. In der Breite schimmert die von Levin formulierte, bereits zitierte »Existenz des Menschen in der Welt« als Thematik auf. Der Akt der Tradierung, die Fortschrift dieser Existenz allerdings erschöpft sich nicht in einer Weitergabe oder Neu-Interpretation einer abgrenzbaren und in ihrer Wirkung einzuhegenden Erzählung. In Köhlers Text steht ›alles‹ auf dem Spiel: Was sich wissen lässt und lassen soll, das Ich darin, schlicht ›Es‹. Die Anrede artikuliert eine Bitte um umfassende prädikative Ergänzung. Tradierung bietet hier ein Feld für Auseinandersetzung, für die umfassende Befragung des Vorgefundenen und des Ich an ihm – und diese Art der Bezugnahme scheint, wenn die sprachliche Weitergabe dieses ›Ich‹ zuallererst erzeugt, beinahe zwingend.

Tradierung wird bei Köhler zur Begegnung mit unüberschaubarer »mehrzahl«. Vervielfältigung ist hier sowohl Faktum als auch Utopie. Als Perspektive erscheinen »stolpernd holpernde klingende & tanzende

16 | Köhler, 2006, 10ff. Johann Reißer weist in seiner Studie Archäologie und Sampling zurecht darauf hin, dass die Anrufung höherer Kräfte das »Unpersönlich-Werden der Stimme«, das oben bereits behandelt wurde, begünstige (Reißer, 2014, 184).

sprachen«, die die »beherrschte« »sp/rache« ersetzen. Die Erweiterung ins »plurielle immortelle«[17] vermag sprachliche Hierarchien zu schleifen und wird nicht zuletzt geschlechtlich und gattungstechnisch gedacht: An die Stelle der Erzählung, in der schon der Begriff vorgibt, dass »er zählt«, an die Stelle der Geschichte, in der »er ihr einen platz« »verspricht«, rücken viele Stimmen. Die Sprachformen sind hier körperlich gedacht, das Ich wird zum »papier von anderen beschrieben«[18]. Wenn in den Fragebögen intensive körperliche Reaktionen auf die Lesung geschildert werden, so mag dies auch auf das Motiv des Körpers als Basismaterial für sprachliche Inskriptionen zurückzuführen sein.

Den Gedichten nun geht es nicht um Strich und »faden«[19], sondern um das »gewebe«. Die vermeintlich *eine* Möglichkeit, die sich über Sprechroutinen ins Denken eingräbt und ein stringent-strangulierendes Subjekt- und Weltverständnis produziert, zeigt sich als eingewoben in die unabschließbaren Möglichkeiten des Plurals. Diese Pluralität wird der einzige Weg zu überdauern, nicht das »leben/auf den toten punkt gebracht«[20] besteht, sondern »Sie wird bleiben: sie ist die/Ich sind«[21].

Dass im Entwurf einer solchen Pluralität die Stimme der Autorin sich nicht über Respons und Bezugnahme der Rezipienten erheben kann, ist logisch notwendig – alles andere würde ihn zum Kollabieren bringen. Gleichwohl formulieren die Gedichte auch explizit, dass sie ein bewegliches Denkfeld eröffnen, das durch die Rezipienten eigenständig ausgelotet werden muss. ›Ausloten‹ bedeutet Exploration, konstante Revision, ein Text nennt die »stimmen die/keine antwort stehen lassen«[22]. Aber nicht nur wortsemantisch, auch über die Funktionalisierung grammatikalisch-syntaktischer Möglichkeiten, die das Sprachsystem bereit hält, erreichen die Gedichte und mit ihnen das Denken jenen Schwebezustand, von dem Barbara Köhler im Interview spricht. Mit einer schlichten Verkehrung des »penelope wartet« in »wartet penelope«[23] wird der Fluchtpunkt der Odys-

17 | Zitate dieses Absatzes bis hier: Köhler, 2006, 10ff. Die folgenden drei Zitate: Köhler, 2006, 22f.

18 | Köhler, 2006, 16.

19 | Dieses Zitat und das folgende: Köhler, 2006, 22f.

20 | Köhler, 2006, 16.

21 | Köhler, 2006, 23.

22 | Köhler, 2006, 48.

23 | Köhler, 2006, 24.

see sich selbst und der Ungewissheit zurückgegeben. Die Frage richtet sich dabei in gleicher Weise an die Sprecherin wie an die Hörenden. Die eigene Positionierung durch die Hörenden – oder die Erfahrung einer schwankenden Positionierung in einem Feld gleichzeitig präsenter Möglichkeiten – wird konstitutiv für die semantische Entfaltung des Texts. *Die Antwort* bleibt dabei unbekannt, *Antworten* aber können aus der je eigenen Auseinandersetzung mit dem ›Gewebe‹ entstehen und werden dieses erweitern.

Köhlers Gedichte schaffen so ein interaktives Näheverhältnis, das formend, aber vor allem über die Lockerung von Formatierungen auf die Hörer zurückwirkt. Ein Rezipient beschreibt seine Wahrnehmung als »ein ganz starkes Zurückgeworfen werden auf mich selbst, ein In-Frage-gestellt-werden«. Die Intensität des Erlebnisses mag sich bei Barbara Köhler in besonderer Weise aus Präsenz und Mündlichkeit speisen. Die Dichterin nennt den ›Gesang‹, den auch die Gedichte aufrufen, im Interview explizit als Ideal. Ein Plakat, das dem Buch *Niemands Frau* beiliegt, wendet sich mit einer dezidierten Aufforderung an die Rezipientinnen. »Machen Sie unterschiede« – und diese Unterschiede werden als mündlich-performative ausgestellt. An die Leser ergeht die Aufforderung, selbst Sprecher zu werden, über variierende Betonungen verschiedene Versionen des Satzes »MEHR ALS EINE BEDEUTUNG« zu erzeugen. Die Verwandlung linearer Einsinnigkeit in ein mäanderndes Sinn-System beginnt im eigenen Mund, in der spielerischen Multiplikation alltagssprachlicher Möglichkeiten. Aber auch im Fall der Lyriklesung scheint die stimmliche Umsetzung einen Raum zu schaffen, der sich als das realisiert, wovon die Texte sprechen: »er ist/DIE SCHRIFT ich ist sein text entleibt & ab/geschrieben«. »stimmen« hingegen realisieren eine ins Weibliche konturierte Situation öffnenden (Sprach-)Denkens.

Dass allerdings auch ›die Stimme‹ nicht von vornherein und auf wundersame Weise plural ist, macht Köhlers Ansatz unmissverständlich deutlich. In »AUTOPILOT« spricht der »CAPTAIN«, Anrede bedeutet hier Anweisung, andere zum Schweigen bringen: »halten sie sich fest den rand/sich an die anweisungen«. Die monodirektionale Befehls-Stimme verengt sich ins Maschinelle: »THIS IS MY VOICE MY SELF/I AM THE VOICE-BOX I AM THE PILOT THE AUTO/PILOT I AM THE MACHINE.«[24] Lebendig dagegen sind Stimm-Gewebe, sind Fragen und unauflösliche Wi-

24 | Köhler, 2006, 13.

dersprüche, eine fluide Perspektivierung. Und sie werden in der Lesung nicht nur thematisiert, sie werden prozesshaft vor Ort entfaltet.

Ob und inwieweit dies einer einzelnen sprechenden Stimme überhaupt möglich ist, war auch im Interview mit Barbara Köhler Thema. Klanglich-stimmlich »Mehrdimensionales« kann sich für Köhler durchaus ereignen, und zwar »als Fließendes – so dass sich darin nichts verfestigt. Und mit einer Stimme geht es ja nur so – vielstimmig kann ich noch nicht.« Die schwebende Vervielfältigung in der und durch die Stimme, die Gleichzeitigkeit und Gleichräumigkeit widerstreitender Perspektiven, transportiert sich manchem Hörer – so ist von einer »Verwobenheit von allem und jedem« die Rede, eine weitere Person spricht von einer Spannung zwischen Wort und Ton: »der Rhythmus hat sich in meinem Ohr wiederholt; man wollte aber unbedingt die Worte mit erfassen und hat sozusagen auch etwas mit sich ›gekämpft‹; letztlich war es schwer, sich dem Zusammenfließen von Wort und Ton zu entziehen; also – war beeindruckend, ›spannend‹ zuzuhören!« Lautliche Kontinuitäten und rhythmische Muster zerren an den Geschiedenheiten der Wortsemantik und umgekehrt. In ähnlichem Sinne ›spannend‹ ist auch folgende Aussage: »Rhythmus erinnerte mich an Holzhacken; an das Rauschen des Meeres« – gegensätzliche akustische Eindrücke (die Abfolge kurzer, abgesetzter Laute und ein verwischtes, auf- und abschwellendes Geräusch) überlagern sich und werden als gleichrangig präsent behandelt. Die ›fließende‹ Stimme der Dichterin verweist hier auf mehr, als nur auf eine anwesende Person. Sie verklammert auseinander strebende sinnliche und Sinn-Reize; sie wird zur paradoxen Realisation präsentischer wie zeit- und raumüberspannender Pluralität in einem Körper. Eine Fixierung ist nicht möglich, und so löst dieses Sprechen, wie eine Hörerin sich ausdrückt, einen »Schwindel« aus, »wie bei Wellengang auf einem Schiff« (das ›Schiff‹ ist in der Lesung auch motivisch präsent), in dem die Rezipienten ihre Balance eigenständig herstellen müssen.

(Selbst-)Anrede bzw. (Selbst-)Befragung aktivieren und nutzen die Möglichkeiten des Sprechens so, dass ›die Sprache‹ als innerlich multipliziert erfahrbar wird. Köhlers Dichtung setzt dieses Modell einer festschreibenden, real präsenten (Befehls-)Anrede entgegen. Bei Lidija Dimkovska hingegen scheint eine solche erweiternde Möglichkeit der Selbstanrede verloren, und auch die Multiplikation verfügt über kein befreiendes Potenzial – im Gegenteil. In Dimkovskas Gedichten ist die Anrede ebenso wenig erloschen wie bei Köhler; sie erscheint vielmehr radikalisiert: Die Texte im Band *Anständiges Mädchen/Чесна Девојка* eint, dass ihre Sprecherin sich bestürmt sieht von Floskeln, Slogans und Alltagsweisheiten, »neukomponierte[n] Volkslieder[n] und den großen Gedanken kleiner Nationen«[25], Produktempfehlungen und Imperativen. Anstelle einer »Haube zum Entlausen/oder einer ähnlichen Vorrichtung gegen Fremdkörper im Kopf« jedoch, von der sie im Gedicht »Pflege«/»Нега«[26] träumt, erhält sie »[n]ur Einrichtungstipps für das Unterbewusstsein, das Ego und die Hölle« (»Bonsai«/»Бонсаи«)[27]. Die Sprecherin wird zu einer von allen Seiten Angeredeten – sogar ein in die USA mitgenommener »Nagelknipser«/»Грицалка за нокти«[28] spricht zu ihr, in einem Befehlston, in dem sich Schönheitsjargon, familiärer Druck und religiös verbrämte Pseudo-Moral kreuzen: »Das Leben ist ein Assortiment an Nägeln, Haut und Haar,/ihre Pflege hingegen ist ein Assortiment an Göttlichkeit. Das ganze Leben lang kaust du Nägel,/aber aus Trotz hast du mich hierher gebracht. Bring mich zurück, egal wie,/du gottlose Nagellose, oder hol deine Familie her,/damit sie sich menschenwürdig die Nägel schneiden«. Die Komik dieser Rede scheint sich im »Geschrei«, von dem dieses Gedicht spricht, für viele Rezipienten zu verlieren – in den Fragebögen wird nur durch eine Hörerin von »Ironie, Selbstironie« gesprochen und davon, dass die Gedichte »manchmal lustig (Nagelknipser)« gewesen seien.

Das ›Geschrei‹ von allen Seiten und auf allen gedanklichen Ebenen formt die Sprecherin der Texte. Und aus der Art der Stimmen, die diesen Klangraum bilden, leitet sich für Dimkovskas Gedichte womöglich auch ein etwas verschobenes Verhältnis zwischen geschriebenem und gesprochenem Text ab: Das Geschriebene scheint hier etwas lockerer geknüpft, aus ihm können die ironischen Aspekte womöglich leichter hervortreten. Das Gesprochene dagegen lässt die »keifende[n]« Stimmen, von denen in den Fragebögen die Rede ist, zur unausweichlichen Realität werden. Öffnende, den Vorsprung minimierende Gesten, wie oben beschrieben, fehlen hier. Eine Hörerin schreibt, sie habe immer wieder das Bild gesehen, »dass eine große Figur auf eine kleine einredet«. Die Ausbildung eines Selbst wird in einer derart extremen Form gelenkt – und zwar in wi-

25 | Dimkovska, 2010, 27.

26 | Dimkovska, 2010, 62f.

27 | Dimkovska, 2010, 38ff.

28 | Dimkovska, 2010, 26ff.

dersprüchliche Richtungen – dass sie letztlich verhindert wird. An seiner Statt entsteht ein ›Ego‹, an das Maßstäbe der Verwertbarkeit angelegt werden: »Meine Eingeweide sind sauer geworden. Wer wird mich jetzt importieren?«[29] Die Anrede des ›Ich‹ durch die Welt hat hier durchaus direktive Qualitäten, die das Gedicht zwar nicht affirmiert, aber auch nicht außer Kraft setzen kann. »[N]ah an der Erfahrungswelt«, sagt jene Rezipientin, die auch die Ironie wahrgenommen hat. Das ›Ego‹ wird gleichsam möbliert und verlangt nach Pflege und Politur – daraus jedoch entsteht keine Ganzheit. Das ›Geschrei‹ auf geistiger Ebene ergänzen Dimkovskas Gedichte um Bilder massiver körperlicher Zergliederung. Im Gedicht »pH-neutral fürs Rückgrat«/»pH неутрална за 'рбетот«[30] etwa wird das Rückgrat auf ein »Angebot« hin in eine »Künstlerkolonie« geschickt, es wird mit »Anti-Stress-Duschgel« gewaschen und geschrubbt, während im zurückbleibenden Körper die »Eingeweide schimmeln«, die »linke und rechte Körperhälfte [...] mit einer Kosmodisk zusammen« gehalten werden. In dieser Welt, in der das Außen die Innenwelt von Denken und Fühlen übernommen hat, verwischt sich auch die Grenze zwischen Leben und Tod – das maschinelle Element der Befehlsstimme, das in Barbara Köhlers Gedichten präsent ist, das Tötende der Festlegung, erscheint hier ebenfalls, etwas gedehnt und erweitert um ökonomische Aufforderungen. Bei Dimkovska heißt es im Gedicht »Bonsai«/»Бонсаи«[31]: »Die einzige Grenze zwischen dort und hier ist das kleine Fenster des Flugzeugs«. Die Toten erreichen dieselben auffordernden Angebote wie die Lebenden: »›Verlieren Sie 5 kg in 7 Tagen, gratis.‹« Die Toten selbst »rauschen« »wie Durchlauferhitzer« in den Adern des Lebens, während dieses weniger wird: »Und der Baum des Lebens wird kleiner werden, das Fleisch wird um die Knochen/herum schwinden, solange es die fünf täglichen Mahlzeiten/nicht ankreuzt, solange es nicht zu einem Bonsai wird.«

Das Ich der Texte zeigt eine intensive Auseinandersetzung mit der entstehenden Welt, aber es erhebt sich nicht über sie, grenzt sich nicht ab – stellenweise (Selbst-)Ironie scheint das Maximum, was an Distanz möglich ist. Die Gedichte führen gerade die Existenzbedingungen eines – gewissermaßen – zunichte gesprochenen Selbst vor. Die Sprecherin mag an der Situation leiden, aber sie stilisiert sich nicht zur stumm Leidenden.

---

29 | Dimkovska, 2010, 45.

30 | Dimkovska, 2010, 44ff.

31 | Dimkovska, 2010, 38ff.

Sie bleibt selbst nicht ohne Stimme. Vielmehr spricht sie im dissonant-chaotischen Chor der Welt mit, ihre Stimme ist jenen der anderen verwandt, sie selbst ist eine Anredende, die sich an verschiedene Adressaten richtet, etwa immer wieder an einen »A.«. Damit schließt sich dieses System, das Wort »Klaustrophobie«[32] erscheint nicht umsonst in den Gedichten – und wird vom Publikum gehört, zwei Hörer zitieren es in den Fragebögen. Die Motive und Sequenzen streben zentrifugal auseinander und scheinen doch den gesamten Raum rings um das Ich auszufüllen, sie bleiben unauflöslich verklammert.

Die Autorin nennt ihren literarischen Entwurf im Interview »narrativ«, und auch in den Fragebögen scheint das narrative Element auf – ein Hörer sagt »ich habe mir einige Szenen aus den Gedichten innerlich vorgestellt, sie beinhalteten kleine Geschichten«. Ich meine aber, dass die ›Geschichte‹ nicht das ist, was Dimkovskas Gedichte vor allem auszeichnet. Denn die Texte kennen gerade keine Position, von der aus eine – wie auch immer distanzierte – Betrachtung möglich wäre. Der »Vorgang der Reduktion«[33], den Koschorke als den Kern der Erzählung identifiziert, wird hier in problematisierter und ironisierter Form vorgeführt, distanzierende und abwägende Auswahl sind gerade nicht möglich. Die formenden Sprachmuster dringen stattdessen präsentisch auf das ›Ich‹ ein, die mehrdirektionalen Anredemuster erzeugen das Gedicht und seine Sprechpositionen in ihrer Entfaltung; sie sind nicht ihr Thema, das aus einer wie auch immer abgesetzten Perspektive erzählt würde. Gerade daraus speist sich, meines Erachtens, die provokative Kraft dieser Texte.

Das Stimmengewirr, das kein Außen, keine qualitativ anderen Stimmen kennt und das weder eine zeitliche noch eine räumliche Position außerhalb der lyrischen Präsenz eröffnet, schließt die Hörer unwiderruflich mit ein. Da sich für die Texte die Welt als Ganzes aus solchem ›Geschrei‹ zusammensetzt, werden die Hörenden selbst unter die Angeredeten und Anredenden eingereiht. Aus den Fragebögen und Gesprächen entsteht der Eindruck, dass diese Gedichte den Hörenden sehr nahe gingen. Zum einen körperlich – wiederholt ist von »Gänsehaut« die Rede, es war »Einsamkeit körperlich zu spüren«. Dabei scheinen die Texte den Körper regelrecht zu betreten, es wurde ein »Kloß im Hals und ein Ziehen im Bauch« gespürt, ein Hörer berichtet von der Beobachtung, dass

32 | Dimkovska, 2010, 29.

33 | Koschorke, 2012, 28.

seine Faust sich unwillkürlich ballte. Immer wieder ist von Bedrängnis, von Traurigkeit, Angst, Wut die Rede.

Zum anderen wird das Echo eines direktiv-formenden Gestus in den Texten von den Rezipienten wahrgenommen und spiegelt sich nicht zuletzt in der Aussage, dass die Texte ›anklagend‹ gewesen seien. Dieses Adjektiv taucht in den Fragebögen einmal auf, ebenso im Gesprächen mit den Studierenden direkt nach der Lesung[34]. Zwei Wochen später wird das ›Anklagende‹ der Gedichte zu einer Art Leitmotiv. Die Studierenden fühlen sich provoziert, sie seien »gezwungen« gewesen, sich »dieser Anklage hinzugeben«, dieser »Kritik«. Es scheint – punktuell – eine Ablehnung und auch Verärgerung auf, wie sie bei den anderen Lesungen nicht entstanden war. Eine Anklage aber richtet sich gegen aktiv Beteiligte. Es scheint, dass die in dieser Lesung entwickelte Kommunikationssituation keine passiven Positionen zuließ. Dadurch, dass die lyrische Sprechinstanz selbst sich als nicht nur Betroffene, sondern auch als Akteurin eines formenden, komplett umschließenden Stimmengewirrs zu erkennen gab, entstand ein symmetrisches System, in dem jede Person sprechende und ›ersprochene‹ zugleich wurde. Die Möglichkeiten der Rezipienten, sich auf die Position der bloß Angeredeten oder gar der bloß Beobachtenden zurückzuziehen, wurden so minimiert. Die Gedichte schienen in Bezug auf die Hörer etwas zu insinuieren wie: ›Wenn ihr selbst sprecht, hört ihr euch nicht anders an‹. Wie ›es‹ sich aber anhört, ist, nach Meinung der Studierenden, »krankhaft«. Eine Studierende merkt an, dass es »im Grunde gepasst [hat] das alles«: Dass Dimkovska nichts zu ihren Gedichten gesagt habe, sei angemessen gewesen, »also es war ›ne Art Anklage und blieb unkommentiert«. Jeder Kommentar hätte den Vorsprung der Autorin, die sich nun schon in den Redeschwall der Außenwelt eingebracht und ihn für sich fruchtbar gemacht hat, reduziert, hätte der Kommunikationssituation eine Öffnung, einen möglichen Ausweg verschafft, der sie weniger ›zwingend‹ und klaustrophobisch gemacht hätte. So aber mussten sich die Studierenden eine eigenständige Haltung zu dieser unkommentierten Anklage einnehmen. Sie erwähnen im Gespräch den wahrgenommenen ›Appell‹, ›aktiv‹ zu werden – sich nicht nur als anzuklagende Akteure zu verstehen, sondern auch die Initiative zu ergreifen, um die dargestellte Situation zu verändern.

34 | Von diesem Gespräch existieren nur handschriftliche Notizen, keine Tonaufzeichnung.

Nachdem ich selbst Lidija Dimkovska zum ersten Mal lesen gehört hatte, war ich überzeugt gewesen, bereits der mazedonische Vortrag sei so energiegeladen und von so enormer Anspannung, auch Aggressivität gekennzeichnet, dass sich die ›Inhalte‹, wenn auch nicht in nacherzählbarer Form, bereits aus diesem Klangbild aufdrängen würden. Manche Lesungsteilnehmer kamen zu einer ähnlichen Einschätzung. So identifiziert eine Hörerin im Fragebogen ohne Kenntnis des Mazedonischen gerade dort eine »Appellfkt.«, den Aufruf »zu denken«. Insgesamt aber unterscheiden sich die Eindrücke von Dimkovskas Stimme und Vortragsweise stark. Einig ist man sich zwar weitgehend, dass man etwas Melodisches und starke Rhythmen gehört hat, »die man fast innerlich fortsetzt«, und dass man das Mazedonische gern gehört hat. Abgesehen davon aber gehen die Meinungen auseinander. Für eine Hörerin hat Dimkovska eine »sehr angenehme, dunkle Stimme; sehr poetisch«, für eine andere klingt sie »kehlig, tief, erinnerte an die Klänge von Ureinwohnern«, ein weiterer Hörer vernimmt »sehr dunkle Laute«, die »eher düster klingen«. Ein anderer akustischer Eindruck hingegen ist »heiter und freundlich«, »etwas Positives«, eine weitere Person vernimmt »Freundlichkeit und Ruhe«, jemand anders wiederum »Ungeduld«. Weitere Personen halten das Gehörte für »bedrohlich« oder »schnell, atemlos, [...] bedrängend«. Insgesamt jedoch messen die Auskünfte in den Fragebögen dem Vortrag große Bedeutung für diese Gedichte bei.

Es scheint sich eine Art unterdeterminierter Intensität zu bilden, aus der zwei Aspekte erkennbar werden: Einerseits wird die Kluft zwischen einer intensiven Wahrnehmung und deren sprachlicher Paraphrase deutlich. Dabei ist nicht feststellbar, ob die Wahrnehmung des stimmlichen Ereignisses oder deren Übersetzung ins Sprachliche differieren.[35] Andererseits zeigen sich die Grenzen stimmlicher Bedeutung: Sie ist nicht absolut, in ihr bilden körperlich-akustische, semantisch-emotionale und

35 | Auch mein Vortrag der Übersetzungen wurde, wie sich in Gespräch und Fragebögen zeigte, sehr unterschiedlich wahrgenommen. Das Spektrum reicht von der Kritik, ich hätte Lidija Dimkovska stimmlich noch übertrumpfen wollen, zu der Empfindung, mein Vortrag sei zu ruhig für den Inhalt gewesen. In beiden Fällen zeigt sich, dass die »Beschränkung auf wenige, breite und eindeutig dekodierbare Emotionskategorien«, von der Winfried Menninghaus »tendenziell« für den »vokalen Emotionsausdruck« (Menninghaus, 2011, 160) spricht, womöglich einen engeren Geltungsbereich hat, als angenommen.

responsive Aspekte ein unauflösliches Ganzes. Dabei erzeugt bereits das Hören der fremden Sprache unausweichlich eine semantische Spekulation. Entsprechend wird wiederholt betont, dass man, sobald man die Texte in der Übersetzung gehört habe, von ihrem Inhalt erstaunt gewesen sei.[36] Die semantische Decodierung wiederum scheint ebenfalls modifizierend auf die Wahrnehmung zurückzuwirken. Die Verbindung zwischen beidem wird weitgehend mit Interesse verfolgt, eine Hörerin staunt »Wie stark der Kontrast war zwischen der weichen melodischen Sprache und den desillusionierenden, oft harten, grausamen Bildern«. Mitunter aber scheint sich durch diese Dissonanz das Mazedonische auch zu einer Art sicherem Hafen zu entwickeln: Eine Hörerin berichtet, sie hätten »vor allem die mazedonischen Texte berührt«, sie waren »in der Lage Emotionen zu erzeugen«. An einer anderen Stelle sagt sie, der Unterschied zwischen den beiden Sprachen sei »erstaunlich« gewesen, gegen Ende »störten« die deutschen Versionen. Womöglich gestaltete sich die Emotionsentwicklung intensiver nicht »[o]bwohl der Inhalt [...] nicht erschließbar war«, sondern gerade deswegen. Die semantische Unverständlichkeit erlaubte ein freieres Driften, der ›störende‹ Inhalt konnte in den fremdsprachigen Passagen ignoriert werden.

Das ›Überraschende‹ und ›Originelle‹ in der poetischen Bildlichkeit, wie es die Fragebögen Lidija Dimkovska immer wieder attestieren, muss also nicht zu einer öffnenden Atmosphäre führen. Entscheidend ist neben der konkreten semantischen Einbettung seine Funktionalisierung im Kommunikationszusammenhang innerhalb des Gedichts sowie zwischen dem Gedicht und seinen Rezipienten. Auch Olga Martynovas Gedichte sind vielstimmig – die Sprechinstanzen wechseln, wie bereits im zweiten Abschnitt im Zusammenhang mit der polylogischen Struktur der Lyrik gezeigt wurde. Die Stimmen aber drängen nicht auf die Sprechinstanz oder die Rezipienten ein. Wo Imperative ausgesprochen werden, lauten sie etwa: »na, dann flieg«[37]. Die Anredestrukturen der Gedichte sind komplex, instabil, offen, die Adressaten wechseln, die Frage ist zentraler Gestus dieser Texte. Ungewissheit scheint ein wichtiges Moment in Martynovas Lyrik; »Tschwirik und Tschwirka« sind vogelähnlich, die

36 | Es war offenbar nicht möglich, sich solche Texte vorzustellen. Gleichwohl fühlten sich viele Zuhörer von ihnen direkt ›gemeint‹.

37 | Martynova, 2012, 38.

Gedichte stellen aber fest, »dass Tschwirik kein Vogel ist«[38] – es bleibt den Hörenden überlassen, sich ihre genaue Gestalt oder Provenienz auszumalen. Die beiden Wesen eilen den Zuhörern zwar in gewisser – und radikaler – Weise voraus, Tschwirka spricht an einer Stelle von dieser »Welt, die wir für Fleisch und Blut einst erbauten (*seltsam ist das*)«. Aber ihr Wissen scheint begrenzt, sie bestimmen »die Laute/ohne etwas zu wissen oder zu bedeuten«[39]. Ein Zuhörer nennt sie »Mittler«, und sie scheinen Mittler ins Unbekannte – aber sie beherrschen dieses Unbekannte selbst nicht. Das Überraschend-Originelle wirkt bei Martynova weder überwältigend noch determinierend, es hat kein bedrohliches Element. Daher wird es von den Zuhörern auch anders bezeichnet als bei Dimkovska: Hier ist von einer »Vielfalt der Bilder« die Rede, von »Fantasie«, von Lebendigkeit. Es sind »[s]chnelle, flüchtige, Ideen« zu hören, die sich der Spekulation anbieten. Denn eine spekulative Interaktion seitens der Hörenden ist nötig – prädikative Konstruktionen wie »die Perücke perückend«[40] oder »Und nur auf den Tapeten die Ewigkeit – schamlos, geblutet«[41] brauchen eine aktive Bezugnahme seitens der Rezipienten, die Einbettung in eigene Denk- und Erfahrungsstrukturen, um, mit Avanessian und Hennig zu sprechen, »signifikant«[42] zu werden. Das »Erkenntnismittel«, als das Vvedenskij und Charms die »Unsinnigkeit« (»бессмыслица«) sahen und von dem Martynova im Interview spricht, braucht zu seiner Realisierung den Erkenntniswilligen.

Von Martynovas »Unsinnigkeit« geht kein Druck aus. Sie ist eine erweiternde Möglichkeit, keine bedrängende Tatsache. Und so entsteht auch wenig von jener Reibung zwischen sensorischer und kognitiver Wahrnehmung, die bei Dimkovskas Lesung so ausgeprägt war. Die Hörenden sind sich weitgehend einig, dass Martynovas Vortrag »angenehm« war, dieses Wort taucht wiederholt auf und wird mitunter um ein »sehr« oder »sehr sehr« erweitert. Nur eine Hörerin hatte ein anderes Erlebnis, sie spricht von etwas »traurig-depressive[m]« oder einer »Schwere«, ein anderer Hörer nahm einen Unterschied zwischen »fröhlicher Lautgestaltung« und »eher bedrückenden Inhalte[n]« wahr. In den anderen Stel-

38 | Dieses und das folgende Zitat: Martynova, 2012, 14f.

39 | Martynova, 2012, 22.

40 | Martynova, 2012, 12.

41 | Martynova, 2012, 23.

42 | Avanessian/Hennig, 2014, 141.

lungnahmen wird der Vortrag »sehr weich, klingend, fließend« genannt, jemand spricht von »›erhebend‹«. Es kommt zu einem »Fließen, Schwimmen, Schlingern, Abheben«, das sich auf die emotional-kognitiven Eindrücke erstreckt. Martynovas lautliche Gestaltung der Gedichte ist dabei auch imstande, Vorurteile über das Russische zu widerlegen. Eine Studierende sagte im anschließenden Gespräch: »Es war meine Angstsitzung heut 'n bisschen, ich dachte so, oh nee Russisch, das geht gar nich' […], und, ähm, also ich hab noch nie so russische Sprache gehört, also das war so, ja, schön und sanft, und ich hab mich so wohl gefühlt.« Auch im Vergleich zum Deutschen habe das Russische, wie es in den Fragebögen heißt, »leichter, fliegender« gewirkt, es sei eine »überraschend melodische und musikalische Sprache«.

Flüchtig ist jedoch nicht der hergestellte Kontakt, die Gedichte hinterlassen Spuren. Gerade in visueller Hinsicht waren sie anscheinend eindrucksvoll – ausnahmslos alle Zuhörer berichten von visuellen Wahrnehmungen. Es wird eine Vielzahl unterschiedlicher und oft sehr konkreter Bilder referiert. Nicht nur von einer »Sommerwiese, Hummeln, Bienen, Vögel[n]«, wie sie in den Texten aufscheinen, ist die Rede, es werden auch eigene Vorstellungs- und Erfahrungswelten aufgerufen. Ein Hörer sah »eine Mischung zwischen sehr bunten Vögeln und irgendwelchen Gartenfeen«. Und er zielt nicht nur darauf, sich »[d]ie vielen Vögel vorzustellen« – er habe versucht, so ergänzt er, sie »zu erinnern«. Offenbar wird nach einer Einordnung im eigenen Erfahrungsrahmen gesucht – die sich jedoch nicht einfach aufdrängt; das Gehörte und das individuell bereits Bekannte sind nicht deckungsgleich. Das Gedicht erweitert und verschiebt den eigenen Erfahrungsrahmen.

Für andere Hörer sind die aufgerufenen Vorstellungswelten abstrakter. Eine Einlassung unter dem Stichpunkt ›Visuelles‹ lautet: »nach oben, in die Luft, einem Fluss oder Flug folgend«. Mitunter wird auch in der Formulierung deutlich, dass dieses multisensorielle Erlebnis selbstverständlich unterschiedliche Sinne zugleich ergreift: »Man hat ständig Vögel vor Augen – ihr Schweben, sieht auch ihr Zwitschern im Dialog.« Dieselbe Zuhörerin ergänzt: »Bekannte Bilder – nein!«

Olga Martynovas Lesung ist ein Erlebnis der Fülle, das auch körperliche Wahrnehmungen einschließt. Wiederholt werden Wärmeempfindungen erwähnt, und im Unterschied zum Erleben von Dimkovskas Lesung scheint die Stimme den Körper nicht zu durchdringen – sie respektiert offenbar die Körpergrenzen der Rezipienten. Diese Stimme ist eine »streichelnde«, sie hat »etwas Einlullendes«. Man fühlt sich in dieser – weitgehend – positiven Atmosphäre nicht nur »interessiert, mitgerissen« oder gar »entführt«. Die Gedichte stiften auch einen intensiven emotionalen Kontakt zu ihren Protagonisten: »man fühlt mit den im Gedicht beschriebenen Lebewesen, gewinnt diese lieb«. Vermutlich genau durch diesen als wenig aufdringlich empfundenen Kontakt, der an den eigenen Erfahrungsrahmen rührt und ihn ergänzt, die persönlichen Grenzen aber nicht beschädigt, ermöglichen die Gedichte ein Gespräch. Anders als bei Dimkovska, wo bei einer Hörerin das von Unausweichlichkeit gekennzeichnete Bild auftauchte, es rede eine große Figur auf eine kleine ein, spricht hier eine Hörerin von einem »Dialog mit der Welt«, der sich eröffne. Eine aktive Involviertheit besteht in beiden Entwürfen. Bei Martynovas Lesung aber dominiert Offenheit, und auch die räumliche Einbettung der Hörenden ist hier anders: Musste die hörende Figur bei Dimkovska zur sprechenden nach oben blicken, so können die Hörenden hier selbst, wie bereits zitiert, »[a]bheben«. Die Hörerin, die in den »Dialog mit der Welt« treten konnte, ergänzt ihre Einschätzung um: »Vögel – Flug – Gedankenflug«. In der Auseinandersetzung, die das Gedicht initiiert, erheben sich die Gedanken und erhalten einen modifizierten Blick auf ihr gewohntes Feld.

An dieser Stelle sei betont, dass ich diese unterschiedlichen Wahrnehmungen der Hörerinnen ohne Wertung darstelle – ›angenehm‹ heißt hier nicht ›besser‹ oder umgekehrt. Vielmehr zeigt sich die Qualität der Gedichte gerade darin, dass ihr völlig verschiedener Zugriff auf unterschiedliche Dimensionen der Existenz auch so wahrgenommen werden konnte: als anders angehend.

2. Selbstformung, Weltformung, Zauberspruch – Das poietische Sprachverständnis

Vor dem Hintergrund verschiedener Arten möglicher und faktischer (Selbst-)Formung durch sprachlich-poetische Anrede lässt sich an dieser Stelle noch einmal der Zauberspruch in den Blick nehmen – und mit ihm die Poesie. Der Begriff ›Poesie‹ selbst deutet – anders als ›Gedicht‹ oder ›Lyrik‹ – darauf hin, dass Zauberspruch, poetischem Denken und seinen soliloquistischen Aspekten womöglich eine vergleichbare Auffassung von Sprache zugrunde liegt: Eine, die sich aus dem altgriechischen

Verb *poieīn* mit seinen Bedeutungen ›machen‹, ›verfertigen‹ herleitet. Schon die Soliloquien Marc Aurels haben – laut Butzer – den »Charakter von Bannsprüchen«[43], über die das Individuum seine Identität nicht nur beschwört, sondern ›herstellt‹. Das Verb *poieīn* scheint hier angebracht. Ebenso die Vermutung, dass dieses Verb, als Kern der Poesie, dieser eine vergleichbare Verbindung zwischen Sprache/Sprechen und Welterzeugung, Weltformung ermöglicht.

Jüngst wies das Autorenduo Armen Avanessian und Anke Hennig in ihrem 2014 erschienenen Buch *Metanoia* darauf hin, dass die *poietischen Funktionen* von Sprache auch ein halbes Jahrhundert nach Begründung der Sprechakttheorie im geistes- und kulturwissenschaftlichen Denken unterrepräsentiert geblieben sind. Sie konstatieren: »Die nicht nur von ästhetischer Philosophie übersehene poietische Dimension der Sprache betrifft ihre welterzeugende Funktion.«[44] Selbst wenn dieser Befund nur teilweise zutreffend sein *sollte*, bleibt er doch insofern überraschend, als dieser Zusammenhang archaisch ist: Zaubersprüche gehören als Gesten, die Welt erzeugen bzw. manipulieren sollen, bekanntlich zu den ältesten Überlieferungen. Dass der Zauberspruch Dinge erwirken soll, die durch manuelle Bearbeitung der Welt unerreichbar bleiben, ist unbestritten. Aber lässt sich daraus auch ableiten, er gehöre einem ›anderen Bereich‹ an, der von der alltäglichen Wirklichkeitserfahrung (säuberlich) getrennt ist? Es scheint auch das exakte Gegenteil denkbar: Dass der Zauberspruch sich aus der allgegenwärtigen Erfahrung speist, dass Sprache die Welt verändert und formt.[45] Er könnte der Versuch sein, diese Erfahrung zu funktionalisieren, zu objektivieren, wiederholbar zu machen – und, in der Tat, sie auf Felder auszudehnen, die sich gewissermaßen als ›unwegsam‹ erwiesen haben. Die weltverändernde Kraft der Sprache wird täglich erfahren, das Vertrauen in sie ist deshalb groß, und entsprechend wird ihr zugetraut, dorthin vorzustoßen, wo Hände und Handwerk nicht hinreichen – immerhin ist auch das aus dem Alltag bekannt. Das Gegenüber, das sterben würde, wenn jemand eine Hand in seinen Kopf steckte, kann durch ein richtiges und richtig gehörtes Wort erst zu sich kommen und

43 | Butzer, 2008, 126.

44 | Avanessian/Hennig, 2014, 19.

45 | »Manipulating words is nearly equivalent to manipulating or even creating parcels of reality« – so begründet Fónagy die Tendenz der poetischen Sprache, neue Komposita zu schaffen (Fónagy, 2001, 385).

aufblühen. Oder, wie Walter J. Ong griffig formuliert: »words *are* powerful. We take them in tiny doses, a syllable at a time.«[46]

Sprechen formt die Welt zwar nicht, indem es Objekte schafft, aber nach Vygotskij ist es »ein Mittel der Einwirkung auf sich selbst (oder auf einen anderen)«[47]. Es verändert die Beziehungen von Subjekten zu sich und untereinander. Es lässt Subjekte, aber auch Objekte, als sprachlich betastbare sichtbar werden, es betrachtet ihre Definitionen neu und gibt diese weiter. Es ermöglicht Objekte (und Subjekte) und gibt ihnen Verankerungen. Schneidet sie zu und schließt aus. Es rückt sie an Plätze und entfernt sie wieder. In der Einschätzung von Avanessian und Hennig in *Metanoia* ist es die »Sinnlichkeit«, die »Unterschiede macht« und damit »dafür sorgt, dass die Denotationsrelation nicht arbiträr ist«[48]. Gleichwohl sei mit der »These einer Arbitrarität der Sprache [...] ein Riss zwischen der Sprache und der Welt geschaffen«[49] worden, der erst wieder überwunden werden muss – und es ändert nichts an der Tiefe dieses Risses, dass er aus einem simplifizierenden, totalisierenden Missverstehen der These von der Arbitrarität entstanden ist. Etwas vereinfachend gesagt, war es nie zulässig, aus der Beobachtung, dass dem ›Bett‹ genauso gut ›Bild‹ gesagt werden könnte, den Schluss abzuleiten, dass sich aus dem Gebrauch dieser Worte dann ebenfalls keine welterzeugenden, sinnlich abgesicherten Verbindlichkeiten entwickeln würden – Verbindlichkeiten, wie sie etwa im verstummenden Vereinzeln nach dem berühmten Tausch von Bett, Bild, Tisch bei Peter Bichsel auch vorgeführt werden. Ebenso wenig zulässig ist, aus der prinzipiell arbiträren Beziehung zwischen Bezeichnendem und Bezeichnetem abzuleiten, dass mit einer so beschaffenen Sprache keine Aussagen über die Realität mehr möglich seien – als sei in anderen Sprachauffassungen das über ›Tische‹ Sagbare zwangsläufig bereits im Substantiv ›Tisch‹ aufgefangen und die semantisch-syntaktischen Relationen, die dieses Wort eingehen muss, um sich in eine Aussage mit einem spezifischen Verhältnis zur Realität zu erweitern, bildeten damit nur eine Art Zierrat. Und auch der (ideologiekritische) Hinweis aus der poststrukturalistischen Theoriebildung, dass sprachliche Zuschneidungen prinzipiell offen und veränderlich sind und sich auf keine unverän-

46 | Ong, 1967, 112.

47 | Zitiert nach Werani, 2011, 37.

48 | Avanessian/Hennig, 2014, 150f.

49 | Avanessian/Hennig, 2014, 13.

derliche Substanz berufen können, fällt nicht mit der Behauptung in eins, sprachliche Zuschnitte würden keine Realitäten erzeugen – die oft genug gedanklich wie körperlich verbindlich werden – und auch nicht damit, dass keinerlei sprachunabhängige physikalische Realität *existiere.*[50] Die tatsächliche theoretische Auseinandersetzung hat kaum derart vereinfacht; aber genau diese – etwas hysterisierte – Sichtweise hat Wirkung für das alltägliche, aber auch im universitären und künstlerischen Kontext beobachtbare Denken entfaltet.

Die Gegenstände, die das Sprechen als reale erzeugt, sind – naturgemäß – nicht *unmittelbar* ›der Tisch‹ oder ›der Baum‹. Doch das Sprechen erzeugt, wie es das Denken des 20. Jahrhunderts in vielfacher Perspektivierung herausgearbeitet hat, Gegenstände als Beziehungen oder Relationen, indem es sie thematisiert und in sie eingreift, sie unter verschiedenen Winkeln ausleuchtet, verändert und mitunter zuallererst schafft. Avanessian und Hennig fassen es konzis, schließen den Gegenstand aber zunächst aus: »Die Welt, die die Sprache uns vermittelt, besteht aus Relationen, nicht aus Gegenständen.«[51] Allerdings stellt sich hier die Frage, was ein Gegenstand ist. Immerhin lassen sich die Relationen, die die Sprache schafft, durchaus physisch verstehen, physikalisch; immerhin verbindet die Physik selbst Materie mit Relationalität. Der amerikanische Physiker Lee Smolin weist darauf hin, dass mit der Evolutionstheorie im 19. Jahrhundert eine generelle ›relationale Revolution‹ begonnen habe, die in den Naturwissenschaften und über diese hinaus weit gediehen sei[52], zuletzt identifiziert er sie in den Kommunikationstechnologien. Was aber heißt es, wenn, wie Smolin postuliert, die genaueste Beschreibung von ›etwas‹, also auch des Physischen selbst, darin besteht, seine Beziehungen zu seiner Umgebung zu erfassen[53], wenn die Eigenschaften von Teilchen sich ebenfalls aus ihren Beziehungen erklären müssen[54] und diese

50 | Die etwa von Judith Butler herausgearbeitete Erzeugung körperlicher Realität durch Sprache bedeutet nicht, dass etwa vor der sprachlichen Bearbeitung kein Körper existiere. Vgl. hierzu dezidiert Judith Butlers Bodies that Matter von 1993.

51 | Avanessian/Hennig, 2014, 14.

52 | Vgl. Smolin, 2013, xxviiiff.

53 | »relationalism [...] asserts that the truest description of something consists of specifying its relationships to the other parts of the system it is part of.« Smolin, 2013, xvi.

54 | Vgl. Smolin, 2013, xxx.

überdies nicht stabil sind, sondern als ›Prozesse‹ gesehen werden müssen, die sich in der Zeit entwickeln[55]?

Wenn für Physisches und Sprachlich-Gedankliches in gleicher Weise gilt, dass es sich am exaktesten über die Spezifikation seiner ›Beziehungen‹ erfassen lässt, dann muss nicht mehr bloß programmatisch postuliert werden, dass der »Dualismus von Sinnlichkeit und Denken« ›verworfen‹ werde[56]. Dann ist dieser Dualismus faktisch kollabiert. Und er wird durch ein Kontinuum ersetzt; ein kontinuierliches Gleiten zwischen physisch-physikalischen Bezogenheiten und einer gedanklichen oder sprachlichen Bezugnahme, die wiederum physische Ursachen und Konsequenzen haben kann. Und dieser Dualismus kollabiert nicht nur deswegen, weil sich jede geistige Tätigkeit – notwendigerweise – körperlich vollzieht. Er erodiert auch von der anderen Seite her, weil sich kaum bestimmen lässt, wo in den Bezogenheiten der Materie der Übergang zur aktiven Bezugsetzung anzusetzen ist. Mit dem Philosophen Hans Jonas ließe er sich im Lebewesen selbst ansetzen, in dem notwendig eine »innere Identität«[57] entsteht, die, »indem sie für das Außen offen ist, Subjektpol einer Kommunikation« wird. Aus der »Intentionalität als [...] Grundcharakter alles Lebens« bildet sich eine Bezogenheit, »die enger als zwischen bloß physischen Einheiten ist«.

Die Sprache ist der privilegierte Ort, an dem die entstehenden Beziehungssysteme bewusst werden, überprüfbar und modifizierbar. Gedankliche Operationen finden aber auch außerhalb sprachlicher Systeme statt. Martha Nussbaum etwa zeigt in ihrem Entwurf von Emotion und Kognition in *Upheavals of Thought* die Schwachstellen der (Schein-)Alternative »›either linguistically formulable or noncognitive‹«[58] auf. Für »das Haben von Gedanken mit Inhalt«[59] spielt – für den Philosophen Markus Wild – zunächst die Existenz in einer »synchrone[n] materielle[n] Umwelt« eine Rolle und nicht »die soziale und die sprachliche Umwelt«. Für

55 | Smolin, 2013, xxix.

56 | Etwa auf der von Avanessian betriebenen Webseite *www.spekulative-poetik.de*, dort auch der wörtlich zitierte Text (aufgerufen am 03.03.2014).

57 | Dieses und die drei folgenden Zitate: Jonas, 1997, 160ff.

58 | Nussbaum, 2003, 265. Für die Entwicklung ihrer Argumentation zur Überwindung dieser Dichotomie siehe insbesondere Nussbaum, 2003, 89-138 u. 174-237.

59 | Dieses und die folgenden beiden Zitate: Wild, 2008, 148f.

Wild sind Bezugnahmen auf die Welt für den Selbsterhalt jedes Lebens notwendig, ihre Verarbeitung und Organisation ist deshalb bereits vorsprachlich gegeben. Nussbaum nennt diese Art der Bezugnahme »kognitiv-evaluativ«[60], sie schließt Emotionen ein, die die Entwicklung von praktischem Begreifen und Selbstbewusstsein bedingen.[61] Gleichwohl führt die Sprachlichkeit eine qualitative Veränderung ein. Sie schafft eine »sprachlich-soziale Mitwelt«[62] – doch bleibt diese von den Bedingungen rein physikalischer Abhängigkeiten und den Realitäten anderer Referenzsysteme durchzogen. Wie Winfried Menninghaus formuliert, kann davon ausgegangen werden, »dass die menschlichen Modi symbolischer Darstellung als Sprache des Körpers, der Bewegungen, Töne, Formen und Farben der kognitiven Sprache und den abstrakten Begriffen im engeren Sinn vorausgehen. [...] Sprache im engeren Sinn würde dann nicht mehr das symbolische Muster begründen, sondern es nurmehr zu neuen kognitiven Ufern treiben.«[63] Umgekehrt zeigt die Existenz von nichtsprachlichen und nicht in Sprache übersetzbaren Kunstformen, dass die nicht-sprachlichen Formen des Gedanken- und Bedeutungsaufbaus auch in einem von Sprache erzeugten, aber nicht vollständig determinierten Kontext weiter entwickelt und ausdifferenziert werden.

Spekulationen über nicht-sprachliche gedankliche Bezugssysteme wirken auf den ersten Blick für die Lyrikrezeption unnötig – immerhin ist die Lyrik die vielleicht am stärksten sprachlich ausdifferenzierte Kunstgattung. Gerade Gedichte aber sind, wie sich bereits gezeigt hat, zuinnerst multiplizierte Gebilde, die sich einer einseitigen Aufschlüsselung als bloß gedankliche oder bloß körperlich-sinnliche oder bloß musikalische Ereignisse beharrlich widersetzen. Daher hat die Erinnerung daran, wie tief diese Ambivalenz außerhalb des Menschlichen und in ihm selbst reicht, hier eine Funktion. Denn aus der Sprache verschwinden die anderen Systeme der Bezugnahme auf Welt nicht automatisch oder restlos – und die Lyrik ist der Ort, der dieser Tatsache zu einem Echo verhilft, wo sie ausagiert und entwickelt wird. In den Relationsüberlagerungen des Gedichts wird die multisensorielle Bezugnahme auf die Welt auf verschiedenen Bewusstseinsstufen in einem sprachlichen Relationsgeflecht gezeigt. Der

60 | Nussbaum, 2003, 23.

61 | Vgl. Nussbaum, 2003, 200.

62 | Wild, 2008, 148.

63 | Dieses und die folgenden beiden Zitate: Menninghaus, 2011, 234f.

rhythmischen Gebundenheit des Körpers in sich (etwa in Atem und Puls) und in der Welt setzt das Gedicht sein eigenes rhythmisches Muster entgegen. Der auditiven und optischen Navigation begegnen Bildstruktur und strukturierte Sprachlautlichkeit; der semantischen Alltagsfunktionalität gelockerte oder strengere oder gedehnte Wort- und Satzbedeutungen etc. Menninghaus spricht von »nichtredundante[n] Darstellungsbedürfnissen«, die die »Poesie [als] die entwickeltste Wortsprache an die Sensitivität für Klänge und prälinguistische Bedeutungshaftigkeit« rückbindet. Diese unterschiedlichen Beziehungssysteme im Gedicht lassen sich nicht rückstandsfrei ineinander übersetzen. Sie lassen sich ebenso wenig voneinander lösen. Sie bleiben in einem prinzipiell unabschließbaren Übersetzungsprozess aufeinander bezogen, auch darin gründet die gesteigerte Prozesshaftigkeit des Gedichts, die sich im Prozess des Vortragens hörbar ausagiert. So setzt das Gedicht zwar immer wieder den Impuls zu Übersetzung und Paraphrase, weist aber gleichzeitig die Sehnsucht nach einem ›Supermedium‹ Sprache zurück, in das sich alle anderen Wahrnehmungs- und Denkformen umwandeln ließen. »Man verzeihe mir meine Bildlichkeit«, sagt eine Studierende, als sie ihre Eindrücke von Martynovas Lesung schildert – als werde eine Sprache, die das Gedicht nicht in analytische Kategorien übertragen kann, sondern Anleihen an anderen Wahrnehmungsformen nimmt, diesem nicht gerecht.

Dabei aktiviert erst das rezipierende Individuum, es bringt Reduktion und Überschuss, bringt eigene Bedeutungen ein, nimmt von den angebotenen Relationen wahr und versäumt. Es reflektiert sich und seine Welt am »spekulative[n] Satz«[64] des Gedichts, der nach Avanessian und Hennig »nicht einfach der Signifikant eines bereits existierenden Signifikats« ist, sondern »erst noch signifikant werden« muss. Diese »Spekulation« stößt – im Idealfall – »eine Bewegung« an, aus der »das Subjekt [...] als verändertes hervor[geht]«. Aber diese Spekulation ist eben nicht als rein sprachlich-kognitive zu denken, denn die Subjekte, die dem Text, wie Avanessian und Hennig formulieren, »entgegenkomm[en]«, werden auch von ihm getroffen und auf unterschiedlichen Ebenen affiziert. Das Individuum, das dem Gedicht begegnet, ist nicht nur das agierende ›Ich‹ der Auseinandersetzung, es ist auch das ›Mich‹[65] der Affiziertheit, das sich zu seinen aktiv zugreifenden, rationalisierenden Anteilen in Beziehung

64 | Dieses und die folgenden Zitate: Avanessian/Hennig, 2014, 141ff.

65 | Vgl. das Mich der Wahrnehmung, Wiesing, 2009.

setzt und die Grenzen beider Wahrnehmungsweisen am gehörten Gegenstand neu vermisst. Das Gedicht und die Reaktion darauf ist damit nicht nur eine noch auszulotende und nicht völlig auslotbare Relation zwischen Signifikant und neu zu erkennenden Aspekten erweiterbarer Signifikate, sondern es wird zur, mit Jonathan Culler gesprochen, »unkalkulierbaren Kraft eines Ereignisses«.[66]

Zunächst profitiert nur das rezipierende Individuum für sich allein davon, wie das Gedicht eine im Überschuss strukturierte Sprachlichkeit mit einem Mangel an sprachlicher Paraphrasierbarkeit verquickt. Denn das Erkunden nicht-sprachlicher Beziehungsmodi in der Sprache und mit sprachlichen Mitteln ist keine sinnfreie Übung. Diese werden aus- und angesprochen (idealerweise nicht thematisiert, sondern verkörpert) und begegnen so der Sprache als einem Operator in der Zeit. Was sprachlich dem Bewusstsein zugänglich wird, kann auch in eine überlegende Betrachtung, in Erörterung und Diskussion überführt, in manchen Fällen vielleicht einer Veränderung zugänglich gemacht werden. Die sprachliche Auseinandersetzung schafft nicht nur die Bedingungen für Wiederholung – in der Wiederholung wächst auch die Chance auf Modifikation. Gerade hier: Denn es entsteht der Reiz der Doppelung. Indem das Gedicht nicht-sprachliche Bedeutungen ebenso unabweisbar sprachlich hervorbringt, wie es ihre abschließende Fassbarkeit in der sprachlichen Begegnung zurückweist, setzt es einen Impuls zur Wiederbegegnung, die immer nur leicht verschoben stattfinden kann. Damit aber lädt es ein zu einer fortgesetzten Exploration. Es hält die Frage akut, woraus Relationalität – und damit Individualität – besteht, wie sie entsteht und sich in jedem einzelnen Fall konkret zusammensetzt.

Das *poieīn* des Gedichts formt nicht nur eine eigene Sprachwelt. Es versucht – als Zauberspruch – nicht nur auf die bestehenden Relationen zwischen Individuen einzuwirken und so die Welt der beteiligten Individuen ein klein wenig zu drehen. Es führt die Relationen*bildung* zwischen ›Ich‹, ›Ich^{Strich}‹ und Außenwelt vor und greift – in Interaktion mit dem einzelnen Rezipienten – in diese ein. Damit aber setzt es genau an einem Punkt an, den Smolin als gegenwärtigen Krisenpunkt der ›relationalen Revolution‹ sieht – heiße Debatten, so Smolin, entzündeten sich an der Frage »What is an individual?«[67] Das (zeitgenössische) Gedicht aber

66 | »uncalculable force of an event«, Culler, 1981, 152.

67 | Smolin, 2013, xxix.

konfrontiert das Individuum mit jenen Fragen, die sich einem relational bestimmten Individuum stellen: Welche Beziehungen sind in welchem Maße konstitutiv für mich, wie sind sie zustande gekommen, und wie lassen sie sich – unter anderem Blickwinkel betrachtet – womöglich ändern oder anders lesen? Oder aber auch: Welche Relationen hatte ich bislang erfolgreich verdrängt oder ignoriert?

Die Affinität des Gedichts zum selbst-formenden Selbstgespräch bringt jedoch noch eine weitere Dimension des *poieīn* ins Spiel – wenn das Selbst sich in der Auseinandersetzung mit einem Text formt, eine, nach Lotman, »qualitative Transformation«[68] herbeiführt, so ändert sich das Selbst als »Ensemble von sozial relevanten Codes« und damit ändern sich auch die Kraftverhältnisse im Ensemble dieser Codes selbst. Wenn es sein Wahrnehmen am Gegenstand des Gedichts differenziert, nimmt es an einer – letztlich auch intersubjektiven – Entwicklung des Denkens teil; noch einmal mit den Worten von Avanessian und Hennig: »[Das Denken] wächst, wächst über sich hinaus, nimmt Einfluss auf seine Bedingungen, schafft andere Möglichkeiten zu denken.«[69] Und dies umso differenzierter, je spezifischer, perspektivisch genauer und dadurch zugleich offener der Raum der *Poiesis* sich ihm darbietet.

3. Von der Assoziation zum Respons auf Stimme und gesprochenes Wort

In den theoretischen Überlegungen zur Stimme ist den letzten Jahrzehnten immer wieder auf den unwillkürlichen Respons hingewiesen worden, den die menschliche Stimme im menschlichen Angeredeten erzeugt. Berühmt ist Roland Barthes Diktum: »Jeder Bezug zu einer Stimme ist zwangsläufig einer der Liebe.«[70] Wie zwangsläufig sich Liebe bei Stimmkontakt ereignet, sei dahingestellt; dass aber Stimmen körperliche wie emotionale Informationen transportieren und ihrerseits unwillkürliche Reaktionen provozieren, ist eine Alltagserfahrung. Ulrike Sowodniok spricht von der »nicht beabsichtigte[n] Antwort«, die das Subjekt beim

68 | Dieses Zitat und das folgende: Lotman, 2010, 33f.

69 | Avanessian/Hennig, 2014, 23.

70 | Barthes, 1990, 280.

Hören »ereilt«[71] – das »Mich der Wahrnehmung«, das Lambert Wiesing zum Titel seines Buchs gemacht hat, das Subjekt im »*genitivus subiectivus*«, das »von der Wahrnehmung als Subjekt der Wahrnehmung hervorgebracht wird«[72] und damit in eine radikale »*Teilhabe-Relation*«[73] gestellt ist, ist auch unweigerlich involvierter Pol jeder menschlich-stimmlichen Interaktion. Und das nicht nur kognitiv-emotional: Maurice Merleau-Ponty merkt an, dass »jeder Stimmlaut« ein »motorisches Echo«[74] im Hörer provoziere. Die an der Stimmbildung beteiligten Organe gleichen sich – in ihrer grundlegenden Ausrichtung, etwa in Spannungszuständen – der wahrgenommenen Lautproduktion an. Wenn also die Anredestrukturen des Gedichts sich in der konkreten Anrede durch eine Stimme realisieren, können sie bis in die Körper der Hörenden gelangen und sich dort fortsetzen. Dies wird den Hörenden mitunter bewusst, eine Schilderung körperlicher Reaktionen auf Barbara Köhlers Lesung etwa lautet: »mein Atem hat sich dem Rhythmus des gesprochenen Wortes angepasst«.

Dieser Respons auf die Stimme aber ist weder eindimensional noch in seiner Ausdehnung ohne weiteres eingrenzbar: Er umfasst und durchdringt, spiegelt den Umfang der Stimme selbst, die für Doris Kolesch und Sybille Krämer ein »Schwellenphänomen«[75] ist, immer *beide* Pole eines dualistischen Weltentwurfs in sich trägt. Sie ist »nicht einfach Körper *oder* Geist, Sinnliches *oder* Sinn, Affekt *oder* Intellekt, [...] sie verkörpert stets beides«. In ihrer schieren Existenz führt bereits die menschliche Stimme jeden Dualismus *ad absurdum*. Roland Barthes sieht in ihr daher den privilegierten »Ort des Unterschieds«, sie ist »ein Ort, der sich jeder Wissenschaft entzieht, da es keine Wissenschaft gibt (Physiologie, Geschichte, Ästhetik oder Psychoanalyse), die der Stimme gerecht wird«[76]. Die Stimme produziert und transportiert feinste Differenzierungen, überwuchert selbst aber jeden Versuch verengender Kategorisierung. Das für die Lyriklesung charakteristische Muster an Verflechtungen, Übertragungen und Verdoppelungen zeigt sich auch hier: Eine Stimme, die ein Gedicht spricht, trägt, in akzentuierter Form, ein Gebilde ineinander

71 | Sowodniok, 2013, 63.

72 | Wiesing, 2009, 120

73 | Wiesing, 2009, 151.

74 | Merleau-Ponty, 1986, 189.

75 | Dieses und das folgende Zitat: Kolesch/Krämer, 2006a, 12.

76 | Barthes, 1990, 280.

übergreifender aber nicht ineinander auflösbarer Bedeutungen aus, das vom alltäglichen Stimmgeschehen bereits vorgezeichnet ist.

Dies auch insofern, als die Stimme als Medium an der Erzeugung »der Kontingenz, der Undurchsichtigkeit und Unbeherrschbarkeit, der Materialität und Zeitlichkeit endlicher menschlicher Kommunikationsereignisse«[77] zuinnerst beteiligt ist. Diese Perspektive fügt nun der immer unvollständigen Übersetzbarkeit zwischen den verschiedenen Bedeutungsebenen des Gedichts einen weiteren Aspekt hinzu. Denn im gesprochenen Gedicht wird die Sprache nicht nur ›rematerialisiert‹. Charles Bernstein beschreibt, wie der Lyrikvortrag der Sprache ihre Klanglichkeit zurückgibt: »returns it from ›speech‹ back to ›sound‹; or rather, the poetic mode synthesizes the speech mode of perception and the nonspeech mode of perception.«[78] Wichtig ist hier das Wort ›synthetisiert‹, denn die wahrnehmbare Musikalität macht aus dem Gedicht keine Musik, so wie der Klang einer alltäglichen Aussage ihren Gehalt nicht ausradiert. Die Stimme bündelt, sie ist imstande, auseinanderstrebende Informationen in sich zu fassen. Ihre Emotionalität lässt Inhalt und Intellekt auch dann nicht kollabieren, wenn zwischen ihnen Widersprüche bestehen, der Intellekt kann die Affiziertheit durch den Klang nicht abschalten etc., im Alltag so wenig wie im Gedicht. Wie Erika Fischer-Lichte konstatiert, dominiert in der Performanz die Materialhaftigkeit die Zeichenhaftigkeit[79], eine Ebene eliminiert aber nicht die andere.

Für das gesprochene Gedicht, in dem das Materielle gerade aus dem Zeichen hervorgetrieben wird, gilt vielleicht, dass beide Ebenen miteinander verstrickt sind, ohne dass eine von beiden dominieren könnte, und dass lautlich-kompositorische Strukturen formend auf das sprachliche Begreifen oder Spekulieren vor- und zurückgreifen. Die konkrete Interaktion zwischen den verschiedenen, ko-präsenten Ebenen aber wird sich der vollständigen Kontrolle immer entziehen – sie ereignet sich unter Einschluss aller Bewusstseinsebenen und bleibt deshalb ›kontingent‹

77 | Krämer, 1998, 37.

78 | Bernstein, 1998, 18; Bernstein verweist für diese Einschätzung auf die Arbeit von Reuven Tsur. Vgl. auch Tsur, 2008, 93f. u. 111f., wo betont wird, dass die Dichtung gegen die natürliche Neigung (»*natural inclination*«, Tsur, 2008, 94) menschlicher Aufmerksamkeit arbeitet, wenn sie die lautliche Ebene des Gesagten akzentuiert.

79 | Vgl. Fischer-Lichte, 2004, 21.

und ›unbeherrschbar‹. Für Sybille Krämer ist dies Teil der »produktive[n] Kraft des Performativen«: Der Umgang mit etwas, »was wir selbst nicht hervorgebracht haben, [...] mit Bedingungen, die nicht völlig in unsere Macht gestellt sind«[80].

Und so übersteigt auch die Bedeutungsbildung des performativen Ereignisses den bewussten Zugriff der Hörenden. Für Fischer-Lichte kann in der Performanz nicht länger unterschieden werden »zwischen der sinnlichen Wahrnehmung eines Objektes, die als ein eher physiologischer Vorgang begriffen wird, und der Zuweisung einer Bedeutung, die als ein geistiger Akt gilt«[81]. Stattdessen »ereignen« sich im performativen Prozess »Assoziationen [...], ohne dass sie gerufen oder nach ihnen gesucht würde. Sie stellen sich von sich aus ein, stoßen dem, in dessen Bewusstsein sie bei der Wahrnehmung eines spezifischen Objektes auftauchen, eher zu.« Dies ist eine treffende Beschreibung, auch des Bedeutungsgeschehens bei einer Lesung. Dennoch möchte ich, ergänzend hierzu, eine begriffliche Verschiebung vorschlagen. Denn der Begriff der ›Assoziation‹ – und dies ist vor allem seiner alltagssprachlichen Verwendung geschuldet – scheint einen konkreten Ausgangspunkt zu kennen, von dem aus eine Reaktionskette angestoßen wird, die sich insbesondere ins Kognitive erstreckt. Demgegenüber wirken ›Respons‹ oder der Begriff »Responsivität«[82], wie ihn Ulrike Sowodniok benutzt, breiter. Der ›Respons‹ als Echo, als »nicht beabsichtigte Antwort«[83] ist imstande, unterschiedliche Wahrnehmungsebenen, Gleichzeitigkeiten und -räumigkeiten zu umspannen, er fasst die Reaktion der Haut auf eine Berührung genauso wie die zeitgleich von einem rhythmischen Muster ausgelöste Erinnerung an einen philosophischen Gedanken oder eine durch lautlich verstrickte, aber semantisch auseinanderstrebende Begriffe provozierte Empfindung von Helligkeit und Textur, die für immer mit diesem Wortkomplex verbunden bleiben wird. Ein ›Respons‹ kann auftreten, ohne dass sein Auslöser exakt benennbar oder isolierbar wäre, und er kennt verschiedene Richtungen – er strebt nicht automatisch ins

80 | Krämer, 1998, 48.

81 | Dieses und die beiden folgenden Zitate: Fischer-Lichte, 2004, 246ff.

82 | Sowodniok, 2013, 68.

83 | Sowodniok, 2013, 63. Sowodniok weist dort auch darauf hin, dass sie ihre ›Responsivität‹ vom Begriff des ›responsiven Hörens‹ bei Bernhard Waldenfels ableitet.

Kognitive, sondern kann etwa auch von dort ins Körperliche springen. Der Begriff scheint deshalb auf das multisensorielle Geschehen der Lyriklesung anwendbar.

Denn die Besonderheit der Lyriklesung liegt meines Erachtens in ihrer Erweiterung responsiver Möglichkeiten: Das gesprochene Gedicht generiert eine responsive Reaktion auf Wörter und Wortkombinationen. Der aus dem Alltag bekannte, nicht vollständig kontrollierbare Respons auf menschliche Stimmen wird im gesprochenen Gedicht aktiviert und gedehnt. Indem das hörbare Gedicht unterschiedliche Dimensionen des Sprechens in gleicher Weise präsent werden lässt und aus ihrer konkret-pragmatischen Funktionalisierung löst, lässt es den responsiven Impuls auf die sprachsemantische Ebene überspringen. Die Bindung der Wort- und Satzbedeutungen an körperlich-emotionales Wissen wird ebenso erfahrbar wie ihre Verstrickung in die ganze Breite individueller semantischer Prägungen. Mit Lev Vygotskij ließe sich sagen, dass das gehörte Gedicht den Zugang zum »Sinn eines Wortes« aufstößt, denn dieser

> stellt [...] die Gesamtheit aller psychischen Fakten dar, die in unserem Bewusstsein durch ein Wort entstehen. Der Sinn eines Wortes ist also immer ein dynamisches, fließendes, komplexes Gebilde mit verschiedenen Zonen unterschiedlicher Stabilität. Die Bedeutung markiert nur eine Zone jenes Sinns, den das Wort im Kontext des Sprechens annimmt, und zwar die stabilste, einheitlichste und präziseste. [...] Diese Bedeutung ist aber nicht mehr als eine Potenz, die im lebendigen Sprechen realisiert wird, sie ist nur ein Baustein im Sinngebäude.[84]

Dem Lyrikhörenden zeigt sich in der Entfaltung des Gedichts also nicht nur der Baustein, er nimmt das Gebäude wahr. Er wird mit seinem eigenen Sinngebäude konfrontiert, das den Baustein der Wortbedeutung umschließt – und mit Elementen eines fremden Sinngebäudes um diese Wortbedeutung. Das eigene Gebäude beginnt Interferenzmuster zu zeigen, es ist im Flux – denn es besteht aus ›der Gesamtheit aller psychischen Fakten‹, die sich soeben im Prozess einer Befragung und Modifikation befinden. Damit aber entsteht auch auf psycholinguistischer Ebene eine Nähe zum Selbstgespräch bzw. zum ›inneren Sprechen‹ nach Lev Vygotskij, die im folgenden Abschnitt näher betrachtet werden soll.

84 | Vygotskij, 2002, 448f.

IV. Die Sinnsphären des ›inneren Sprechens‹: Von der Alltäglichkeit lyrischer Rede

Diese Überlegungen haben, daran sei nochmal erinnert, ihren Ursprung in Zuhöreraussagen. Bisher ist es vor allem darum gegangen, auf welche Art der Kontaktaufnahme Zuhörer sich beziehen könnten, wenn sie erklären, sie hätten die Gedichte ›erst hören müssen, um sie zu verstehen‹. Dieser abschließende Teil nun befasst sich verstärkt mit dem Eingeständnis, das diesem Satz oft folgt – nämlich, dass man aber ›selbstverständlich nicht alles habe verstehen können‹. Gemäß Barbaras Köhlers Aufforderung »Machen Sie unterschiede«[1] wird dieser Abschnitt zwei Betonungsvarianten jenes Satzes verfolgen: Die Tatsache, dass nicht ALLES verstanden werden konnte, wird ebenso betrachtet wie die Frage, was es heißt, nicht alles verstehen zu KÖNNEN. Denn nicht nur strukturell lädt die Lyrik mit ihren instabilen Anredemustern, entleerten Sprechpositionen und ihrem poietischen Sprachverständnis die Rezipienten zu einem Selbstgespräch vermittels ihrer selbst ein. Vor allem aus den Arbeiten Lev Vygotskijs wird deutlich, dass lyrische Sprech- und vor allem Hörmuster Ähnlichkeiten mit dem von ihm so bezeichneten ›inneren Sprechen‹ aufweisen. Das Motiv des ›nicht alles‹ verweist darauf, dass das Gehörte immer unvollständig ist. Das ›Verstehen-Können‹ illustriert, wie prekär die Begegnung mit dichterisch ›ersprochener‹ Welt ist. Beide Aspekte kennzeichnen nicht nur die Lesungssituation, sie sind zentral für ein psycholinguistisch begriffenes inneres Sprechen oder Selbstgespräch. Auch auf diese Verbindung zwischen dem gehörten Gedicht und einem inneren Sprachgeschehen, das in psychischen Prozessen funktionalisiert ist,

1 | Köhler, 2006.

verweist eine Zuhöreraussage. So antwortet eine Zuhörerin Tkaczyszyn-Dyckis auf die Frage, ob sie das Gehörte an etwas erinnert habe, das sie kenne: »Selbstgespräche, Gespräche im Kopf/mit dem Psychiater«.

Lev Vygotskijs Arbeiten zu Sprechen und Bewusstsein entstanden in den 1920er und frühen 1930er Jahren, die jüngste Übertragung ins Deutsche seines Hauptwerks *Denken und Sprechen* stammt von Joachim Lompscher und Georg Rückriem und erschien im Jahr 2002. Im Jahr 2011 publizierte die Psycholinguistin Anke Werani ihre Studie *Inneres Sprechen*, in der sie das Denken Vygotskijs und seines Umfelds umfassend darstellt und die Validität und Vitalität seines »kulturhistorischen«[2] Ansatzes zeigt. Vygotskijs Anliegen ist umfassend. Ihn interessiert ein Problem, das, wie er sagt, »so alt ist wie die Psychologie selbst«[3]: die Herausbildung der »›höheren‹ psychischen Funktionen des Menschen«[4]. Für das Verständnis des menschlichen Bewusstseins und Verhaltens kommt der »Untersuchung des Zusammenhangs zwischen Sprechen und Denken« eine zentrale Rolle zu. Vygotskij wendet sich gegen behavioristische »Reflexologie und [...] Reaktologie« und plädiert stattdessen für eine Erforschung des Sprechens als flexibles, umweltabhängiges, persönlichkeitserzeugendes ›psychisches Werkzeug‹.

Dieses ›psychische Werkzeug‹ ist für Vygotskij »ein Mittel der Einwirkung auf sich selbst (oder auf einen anderen), auf die Psyche, auf das Verhalten«[5]. Das Individuum, das über das Sprechen auf sich selbst zugreift, ist dabei ein grundlegend soziales, es ist vor allem ein Subjekt als »weltoffene[s] System, das in den Dingen draußen seinen eigenen Mangel erlebt, das sich zu Sich, zu den Anderen und zum Überpersönlichen verhält«[6], wie es Wolfhart Matthäus als charakteristisch für die *Sowjetische Denkpsychologie* beschreibt. Janette Friedrich fasst Vygotskijs Verständnis von Sprache, Welt und Bewusstsein wie folgt:

Mit Hilfe der Sprache verwandelt das Subjekt die Beziehung zwischen sich und dem Objekt zu einer durch das reflexive Verhältnis des Subjekts zu sich selbst vermittelten Beziehung. Für Vygotskij war das menschliche Bewusstsein das be-

2 | Vgl. Werani, 2011, 18ff.

3 | Vygotskij, 2002, 41.

4 | Dieses und die folgenden Zitate dieses Absatzes: Werani, 2011, 11.

5 | Vygotskij, 1985, 314.

6 | Matthäus, 1988, 6.

wusst gewordene Verhältnis zum Sein, in dem Sinne ist das Bewusstsein Selbstbewusstsein. […] die Vorstellung des Objekts ist immer das Bewusstwerden der Vorstellungsweise des Objekts durch das Subjekt. Diese über Sprache realisierte Vermittlung von Erkenntnissubjekt und Erkenntnisobjekt ist theoretisch die einzige Vermittlung, die der Existenz der Unerschöpflichkeit der objektiven Realität nicht widerspricht. Denn das Subjekt bezieht sich bei dem über Sprache vermittelten Bezug zur Welt immer gleichzeitig auf sich, d.h. auf sein Denken von Welt.[7]

Dem Vorgang, den Friedrich hier mit ›verwandeln‹ beschreibt, ließe sich auch mit dem Verb ›verhandeln‹ begegnen: Der ›Unerschöpflichkeit der objektiven Realität‹ entspricht Vygotskijs Auffassung von Sprache und Bewusstsein als prinzipiell unabschließbare und unausschöpfliche Prozesse – erforderlich wären also wiederholte ›Verwandlungen‹ oder fortgesetzte Erweiterungen, Revisionen, Modifikationen. Dieses kontinuierliche Verhandeln ist nötig, weil die Bezugsetzung zu einer sich entwickelnden dinglichen und sozialen Welt keine abschließende Fassung erhalten kann. Aber auch, weil Denken und Sprache bzw. Sprechen nicht deckungsgleich sind – und genau wegen dieser Unabschließbarkeit nicht werden können. Vygotskij hält »die Verschmelzung von Denken und Sprechen« für »eine Einzelerscheinung«[8]. Technisches Denken etwa ist für Vygotskij zunächst nicht sprachlich, und ganz generell beobachte man auch im »Denken Erwachsener […] ständig den Übergang vom Denken in Begriffen zum konkreten Komplexdenken«, das ein Mechanismus »des anschaulichen Verschmelzens, Verdichtens und Verschiebens von Bildern«[9] sei, der »Herstellung von Verbindungen und Beziehungen« im »Überfluss«. Im »sprachlichen Denken« dagegen »erschöpfen sich weder alle Formen des Denkens noch des Sprechens«[10].

Die Verbindung zwischen Denken und Sprechen bzw. Sprache muss damit beweglich und instabil vorgestellt werden. Vygotskij formuliert: »Die Beziehung vom Gedanken zum Wort ist vor allem kein Ding, sondern ein Prozess. […] Jeder Gedanke weist eine Bewegung, einen Verlauf, eine Entfaltung auf.«[11] Und er benötigt eine ebenso fluide Sprache – ent-

7 | Friedrich, 1993, 121.

8 | Vygotskij, 2002, 162.

9 | Dieses Zitat und die beiden folgenden: Vygotskij, 2002, 231ff.

10 | Vygotskij, 2002, 162.

11 | Vygotskij, 2002, 399.

sprechend ist Vygotskijs Sprachverständnis grundlegend dynamisch. Für seine »wichtigste Entdeckung« hält er, »dass sich Wortbedeutungen entwickeln«[12]. Nicht zuletzt aus den »Nichtentsprechungen zwischen Grammatischem und Psychologischem«[13] entsteht eine »Bewegung, die wir als Evolution bezeichnen«.

Vygotskij denkt nun diese Veränderlichkeit nicht historisch, sondern als Dynamik in Gegenwart und Individuum. Nicht nur jede Sprachgemeinschaft, jeder Sprecher bildet sich aus formbaren Wortbedeutungen: »Die Wortbedeutung [...] verändert sich auch bei verschiedenen Funktionsweisen des Denkens.«[14] Und, so ließe sich ergänzen, eine verändert vorgefundene Wortbedeutung modifiziert die Möglichkeiten des Denkens und Wahrnehmens. Das »dynamische[...] Gebilde« Wortbedeutung wird vom Wortsinn, der zitierten ›Gesamtheit aller psychischen Fakten‹, die mit diesem Wort in einem Bewusstsein verknüpft sind, überragt und durchdrungen. Zeitweise Stabilität gibt es vor allem im Bereich der zwischenmenschlichen Interaktion, aber auch dort ist die Wortbedeutung – je kleiner und stabiler die interagierende Gruppe, desto stärker – Schwankungen je nach Kontext sowie Individuationen unterworfen. Vygotskij sieht also eine Differenz zwischen kommunikativem Gebrauch und individuellem, innerem Sinn und (Denk-)Zweck der Worte – bei fortwährender Wechselwirkung der beiden Bereiche. Er spricht vom »Prozess der Umwandlung des Gedankens in Wörter«[15] in etwas intersubjektiv Kommunizierbares als einer »Materialisierung und Objektivierung« des Gedankens. »Der entgegengesetzte Prozess« hingegen gehe »von außen nach innen«, die instabile Selbstansprache resultiere in der »Verdampfung des Redens im Gedanken«.

Diese beiden Richtungen kennzeichnen Vygotskijs Verständnis zweier unterschiedlicher, aber voneinander abhängiger Sprach- und Sprechformen, einem sozialen und einem ›inneren‹ Sprechen. Vygotskij leitet seine Unterscheidung entwicklungspsychologisch her. Sein Ansatzpunkt ist das »egozentrische Sprechen« der frühen Kindheit. Dieses »dient nicht dem Zweck der Mitteilung und erfüllt keine kommunikativen Funktionen, sondern skandiert, rhythmisiert, begleitet die Tätigkeit und die Emo-

12 | Vygotskij, 2002, 390.

13 | Dieses Zitat und das folgende: Vygotskij, 2002, 405.

14 | Dieses Zitat und das folgende: Vygotskij, 2002, 398.

15 | Dieses und die folgenden Zitate dieses Absatzes: Vygotskij, 2002, 413.

tionen des Kindes wie die Begleitung einer Hauptmelodie«[16]. Dieses egozentrische Sprechen jedoch – in dem das Kind sich an sich selbst wendet und das für Außenstehende weitgehend unverständlich ist – bildet bereits den zweiten Schritt der Entwicklung. In der ersten Stufe ist das kindliche Sprechen ausnahmslos sozial, ausschließlich auf Interaktion gerichtet. Der Beginn egozentrischen Sprechens dann weise auf die Ausbildung einer individuellen inneren Welt hin:

> Das Sprechen für sich entsteht durch Differenzierung der von Anfang an sozialen Funktion des Sprechens für andere. Nicht die allmähliche Sozialisation, die von außen in das Kind hineingetragen wird, sondern die allmähliche Individualisation, die auf der Grundlage der inneren Sozialität des Kindes entsteht, ist der Hauptweg der kindlichen Entwicklung.[17]

Mit fortschreitendem Alter verlagere sich diese ›Begleitung‹ vollständig ins Innere des Individuums. Dabei ist diese Verlagerung nicht als, wie Anke Werani deutlich macht, »(passiver) Transport von außen nach innen«[18] zu denken, vielmehr besteht eine »Wechselwirkung zwischen interpsychischen und intrapsychischen Prozessen«. So kann ein lautloses, ›inneres Sprechen‹ entstehen, das in direkter Interaktion (und Spannung) mit sozialsprachlichen wie auch nicht-sprachlichen Denkformen steht und in dem der reichere, individuellere und radikal veränderliche »Wortsinn[...] gegenüber der Bedeutung«[19] dominiert. Gerade deshalb aber kann es dem ›realistischen‹ Denken[20] dienen, also der Verhandlung, Verfeinerung, (Neu-)Bestimmung von Positionen und Beziehungen.

Vygotskij versteht sein ›inneres Sprechen‹ als Bedingung jeder menschlichen Existenz in dreierlei Hinsicht: als Individuum, in einer sozial strukturierten wie auch in einer vom Menschen unabhängigen Umwelt. Vygotskijs inneres Sprechen ist eine fundierende Konzeption, die noch vor den alten soliloquistischen Traditionen in der Literatur ansetzt, welche sich an ein bereits existierendes Individuum wenden, das sich anhand übenden Sprechens formt und weiterentwickelt. Vygotskijs

16 | Vygotskij, 2002, 84.

17 | Vygotskij, 2002, 417.

18 | Dieses Zitat und das folgende: Werani, 2011, 355.

19 | Vygotskij, 2002, 448.

20 | Vgl. Vygotskij, 2002, 72ff.

Individuum dagegen wird außerhalb der Prozesse inneren Sprechens – das sich wiederum erst aus der Einbindung in und Interaktion mit sozial präsenter Rede bildet – nicht denkbar. Es würde nicht entstehen. Ein solches Individuum aber ist verkörperte »*Dialogizität*«[21], wie Matthäus formuliert: »Das Allgemeine, die gesellschaftliche Norm [...] verkörpern sich nicht ungebrochen in der leiblichen Existenz, [...] sondern spalten sich in Stimmen und Gegenstimmen.« Es entsteht ein »interne[s] Perspektivenverkörperungs- und -wechselspiel«, das »Individuum, das sich so entwickelt, ist nicht mit sich identisch, jedenfalls nicht so strikt, dass es dem Identitätspostulat der Logik genügte, und es weiß dies«.

Eine ähnliche Position gestalten bzw. befragen, wie sich vor allem im Zusammenhang mit lyrischen Anredestrukturen gezeigt hat, einige dichterische Ansätze der Gegenwart. Das Moment der explorativen Auseinandersetzung, wie es für die zeitgenössische Lyrik gezeigt werden konnte, ist diesem Verständnis von Bewusstsein inhärent. Und die Exploration gestaltet sich umso ergiebiger, wenn die Furcht, ›Vielstimmigkeit‹ könnte automatisch gleichbedeutend mit ›Identitätsverlust‹ sein, das Denken nicht mehr bestimmt.

Das innere Sprechen scheint dabei solchen dialogischen Widerstreit nicht nur zu produzieren. Es ist, für Vygotskij, zugleich das privilegierte Werkzeug, um Schwierigkeiten – Neu-Bewertungen, Anpassungen – zu bearbeiten und zu bewältigen. Es dient »den Zielen der geistigen Orientierung, des Bewusstwerdens, der Überwindung von Schwierigkeiten und Hemmnissen«[22] und Vygotskij betrachtet es als erwiesen, dass »der Koeffizient des egozentrischen Sprechens bei solchen Schwierigkeiten in der Tätigkeit, die Bewusstwerdung und Überlegung erfordern, anwächst«. Die so zu lösenden Schwierigkeiten sind nicht zuletzt sprachlich-gedanklicher Natur.[23] Im inneren Sprechen scheint eine Spannung zu existieren, die dem Gegenstand mancher lyrischer Ansätze gleicht: Dem instabil-bearbeitbaren Verhältnis zwischen einer Formung des Selbst von außen und einer möglichen (oder gerade unmöglichen!) Öffnung von innen her, die in den sprachlich-gedanklichen Strukturen und ihrer Inkorporation

21 | Dieses und die beiden folgenden Zitate: Matthäus, 1988, 12.

22 | Dieses und das folgende Zitat: Vygotskij, 2002, 417f.

23 | Anke Weranis Studie zeigt, dass und wie inneres Sprechen in Problemlösesituationen sich nachweislich positiv auswirken kann. Für ein Fazit ihrer empirischen Untersuchung vgl. Werani, 2011, 350f.

bereits angelegt ist. Lyrik wie inneres Sprechen ver- und behandeln das Potenzial intersubjektiv-normativer Strukturen, Widerspruch, Veränderung und Idiosynkrasie zu generieren. Mitunter zeigen sie auch, wie »die Flexibilität und Subjektivität von Begriffen diese zwischen Menschen unähnlicher macht als gemeinhin angenommen«[24].

Vygotskijs ›inneres Sprechen‹ und die Lyrik berühren sich allerdings nicht nur darin, wie sie das Individuum und die Funktionen von Sprache verstehen. Das ›innere Sprechen‹ selbst ließe sich in mancher Hinsicht, wie die Lyrik, als ›sonderbare Rede‹ bezeichnen. In seiner konkreten Gestalt unterscheidet es sich massiv vom äußeren, auf Kommunikation gerichteten Sprechen.[25] Vygotskij attestiert der Syntax des inneren Sprechens, sie sei »lückenhafter, fragmentarischer, verkürzter«[26], sie wirke »unverbunden, unerkennbar, unverständlich«. Nicht nur der Sinn dominiere im inneren Sprechen die Bedeutung, auch »die Phrase das Wort, der Kontext die Phrase«, was zu einer »Vereinigung und Verschmelzung von Wörtern« führe, zu ihrer »Agglutination«. Diese Verschmelzung führt für Vygotskij zu einer größeren Simultaneität – die, denkt man die Dynamik seines Entwurfs hinzu, als eine Art aufgewühlter Bildhaftigkeit, auseinanderstrebender Gleichzeitigkeit vorzustellen wäre. Die Wortgrenzen destabilisieren sich im inneren Sprechen, die »Sinneinheiten fließen ineinander und beeinflussen sich gegenseitig, so dass vorangegangene im nachfolgenden Wortsinn enthalten sind oder ihn modifizieren.« Abseits vom inneren Sprechen beobachtet Vygotskij »analoge Erscheinungen besonders oft in der schöngeistigen Sprache«. Trunkierungen[27] und Verschmelzungen kennen allerdings eine Richtung, sie streben, nach Vygotskij, zur »Beibehaltung des Prädikats und der dazu gehörenden Satzteile auf Kosten des Subjekts und der ihm zugehörigen Wörter« – denn Kontext und Bezug sind dem innerlich zu sich Sprechenden bekannt, eine Spezifikation ist unnötig.

24 | Werani, 2011, 359.

25 | Vgl. Vygotskij, 2002, 95f.

26 | Dieses und weitere Merkmale des inneren Sprechens in diesem und den beiden folgenden Absätzen zitiert aus: Vygotskij, 2002, 431-460.

27 | Zu den reduzierenden Tendenzen in der (auch poetischen) Autokommunikation vgl. Lotman, 2010, 38ff.

Die zuletzt genannten Aspekte werden im Folgenden zum Phänomen gesprochener und gehörter Lyrik in Beziehung gesetzt.[28] Vorab sei aber einmal mehr betont: So wenig die Lyrik ein Selbstgespräch eines Autors mit sich selbst *ist*, so wenig ist sie das zutage geförderte ›innere Sprechen‹ einer Person. Nach Vygotskij wäre dies auch gar nicht möglich, denn das innere Sprechen besteht für ihn aus »Idiome[n], die nicht in die Sprache des äußeren Sprechens übersetzt werden können«. Gleichwohl stehen beide Seiten in einem unausgesetzten Übermittlungsprozess, der Überschuss und Mangel zugleich erzeugt – eine Situation, die an die sprachliche Überdeterminiertheit der Lyrik bei gleichzeitigem Fehlen eines abgrenzbaren Kommunikats erinnert, an ihre Überfülle multisensoriell entfalteter Bedeutung bei gleichzeitiger, dauerhaft unvollständiger Paraphrasierbarkeit.

Die Lyrik kann bestenfalls Spuren inneren Sprechens tragen, sie kann dessen Strukturen aufrufen und sie dadurch auch in den Hörenden aktivieren. Dies ist möglich, weil die sprachlichen Sphären zwar nicht ineinander aufgehen, aber einander bedingen. Die Sinnsphäre des Wortes bleibt an seine äußere Existenz gebunden, das äußere Wort wiederum wäre ohne das Geflecht innerer Entsprechungen hohl. Vygotskij geht von graduellen Übergängen aus: »Schriftliches Sprechen ist [...] maximal entfaltet, die syntaktische Gliederung erreicht hier ihr Maximum, Verständigung durch Andeutungen und prädikative Aussagen ist bei getrennten Partnern selten möglich.« Es benötigt »für den Ausdruck eines einzelnen Gedankens wesentlich mehr Wörter« als die situationsgesättigte mündliche Kommunikation, die damit »eine Mittelstellung zwischen dem schriftlichen und dem inneren Sprechen« einnimmt. Schon die mündliche Realisation von Dichtung unterläuft die Schrift, deren »Funktion«, nach Zumthor, darin besteht, »das kollektive Wort einem Klärungsprozess zu unterwerfen«[29], und drängt diese in Richtung einer, um in Zumthors Bild zu bleiben, größeren Verschmutzung, in Richtung amalgamierenden, wuchernden inneren Sprechens. Weiterhin aber *ist* das gesprochene Gedicht kein inneres Sprechen – vielmehr zeigt es die Verschmelzung schriftlicher, mündlicher und innerer Aspekte des Sprechens. Letztlich gleich es darin der Alltagssprache. Mit dem Unterschied,

28 | Die Verbindung zwischen Vygotskijs Konzeption und dem Lesen untersucht etwa Ehrich, 2006.

29 | Zumthor, 1994, 49.

dass seine ›Sonderbarkeit‹ und Anziehungskraft sich aus der gleitenden Überlagerung verschiedener Sprachformen speist, von denen, in dieser intersubjektiv entpragmatisierten Form, keine die anderen dominieren und für die eigenen Zwecke funktionalisieren kann. Und dieses lyrische Sprechen ist nie, wie weiter oben bereits besprochen, schlichte Wiedergabe – gerade jene Elemente, die an innere Sprechmuster gemahnen und sie in den Rezipienten antippen sollen, müssen gestaltet sein, müssen, um diesen Widerhall zu erzeugen, Privates ins Persönliche überführt haben.

1. Nur weil etwas fehlt, kann ein Ganzes entstehen – Die Bedeutung der Lücke

›Alles‹ konnte nicht verstanden werden – dies wird von den Zuhörern häufig als Mangel wahrgenommen und trägt in Gesprächen den Ton eines Geständnisses. Dabei sind es genau die Lücken in der Lyrik und ihrer mündlichen Realisation, die das Gedicht an innere Sprachstrukturen rückbinden und damit ein Verstehen überhaupt erst ermöglicht haben. Denn Lücken müssen beim Hören des Gedichts gefüllt werden. Sie sind Ausrufezeichen, die zur Interaktion auffordern. Und diese Lücken können nur mit innerem Sprechen gefüllt werden – mit aktiver Bezugsetzung, individuellem Nachvollzug. Eine Hörerin bei Haugovás Lesung schreibt: »Manchmal konnte ich [...] nicht gut verstehen, deswegen habe ich in meinem Kopf selber Zusammenhänge gebildet. Das war für mich sehr großes emotionales Erlebnis, weil ich die entstandenen Lücken mit meinen Emotionen erfüllt habe.«

Die Lücke ist dabei schon dem geschriebenen Gedicht inhärent. Weniger im oft zitierten ›weißen Raum‹, der die Verse bricht und das Gedicht auf der Buchseite umgibt; die Lücke formt vielmehr sein Inneres. Redesituationen und Konstellationen des Gedichts sind, wie bereits beschrieben, dekontextualisiert. Vygotskij spricht davon, dass reduzierte Kontextualisierungen und entleerte Subjektstellen im alltäglichen inneren Sprechen deshalb möglich seien, weil diese Verkürzungen alles Nötige und Bekannte in sich einschließen[30]: Der Sprecher weiß um sich und seine Voraussetzungen auf seiner eigenen Subjektstelle. Umgekehrt aber

30 | Inwieweit der Sprecher tatsächlich in jedem Moment weiß, wovon er spricht, wird noch zu diskutieren sein.

bedarf jede sprachliche Entfaltung eines Subjekts, welches sie an sich und mit sich vollzieht und verhandelt – daher der Sog, den die Andeutung einer Lücke, einer entleerten Sprechposition im Zentrum des Gedichts auf die Rezipienten ausübt.

Aber auch das sprachliche Gebilde um diese transparente Subjektstelle herum ist lose und durchlässig. Da ist einerseits die sprachliche ›Verdichtung‹ zu Versen und Bildern, wie sie Mila Haugová im Interview betont; »[e]rst ungewohnt dann ›Wesentliches‹, kurz und prägnant«, schreibt ein Hörer nach Barbara Köhlers Lesung. Andererseits sind einzelne Sequenzen häufig locker geknüpft. Mila Haugová selbst zeigt, wie mitunter schon das Bruchstück Text sein kann, etwa wenn sie die Entfaltung des Vorgangs »... als glitzerte/ein umgedrehter Stein/in seinem nassen Schatten ...« und seine Verknüpfung mit der anschließend festgestellten Beobachterposition »(aus dem Zugfenster/im Jesenské údolie)«[31] den Rezipienten anheimstellt. Oswald Eggers strophenähnliche Gebilde in *Die ganze Zeit* haben zum Teil ebenfalls den Charakter von Bruchstücken, aber sie streuen über die Buchseite. Eine stabile Beobachterposition wird nicht angeboten, stattdessen verkörpert sich als Konstante zwischen einzelnen Sätzen und Bildern sichtbar der Raum – auch dies allerdings kein Äquivalent zum ›weißen Raum‹ *um* das Gedicht: Es handelt sich nicht um unbedrucktes Papier, das einen Text umgibt, sondern um Leerraum, der die Texte so umfließt und durchzieht, dass er die Frage nach Übergängen aufwirft und danach, was *ein* Text oder *ein Ganzes* eigentlich ist oder sein könnte. Olga Martynovas Gedicht »Durch das offene Fenster schritt der Duft von Flieder«/»В открытое окно вшагнул сиреней запах«[32] wiederum endet mit der Zeile »Und nur auf den Tapeten die Ewigkeit – schamlos, geblutet«. Dieser Vers erzeugt innerhalb des entwickelten Gedichts eine zugleich schließende wie fliehende, abspaltende Bewegung: Sein Beginn rekurriert noch auf zuvor etablierte Motivkomplexe wie das Sommerhaus und das Verstreichen der Zeit, die schließenden Adjektive »schamlos, geblutet« eröffnen jedoch eine neue semantische Sphäre (oder auch mehrere).

Alle diese – hier lediglich beispielhaft angeführten – Mittel sind nur aus der Distanz betrachtet isolierende Verfahren. Sobald sie in Interaktion mit den Rezipienten treten, zeigt sich, dass sie den Impuls intensi-

31 | Haugová, 2011, 124f.

32 | Martynova, 2012, 22f./Martynova, 2010, 46f.

vieren, spekulative Verknüpfungen herzustellen. Gerade scharfe Abgrenzungen verweisen auf den zu füllenden Raum. Mila Haugovás Gedicht zeigt ihn mit den Auslassungspunkten, »...«, bildlich an: Die Verse sind nicht prinzipiell kontextlos, aber ihr Kontext ist in jeder Rezeption erst zu stiften. So aktivieren sie die – mit Vygotskij verstandene – Sinnsphäre der Wörter. Diese ist weiter als die Wortbedeutung, und kann deshalb, konkret-körperlich gedacht, über jene hinausreichen. Im Raum des Gedichts, der durch die Stränge kommunikativ-funktionalisierter Wortbedeutungen nicht dicht genug strukturiert und durchlässig geknüpft ist, kann sich eine Ebene des Sinns ausbreiten, auf der vervielfachte Berührungen herstellbar werden. Sie ist der im Individuum und seinem Sprach- und Weltbezug verkörperte Kontext. Es könnte also sein, dass das Lyrikhören erst in einem zweiten Schritt bedeutet, ›Sinn‹ zu ›machen‹, ›herzustellen‹ – in einem ersten Schritt könnte es schlicht darum gehen, den Kontakt mit dem eigenen Sinnradius der Wörter und Phrasen – einen Respons – zuzulassen.

Womöglich erleichtert die mündliche Realisierung des Gedichts diesen Kontakt – die Stimme selbst schafft konkrete physische Berührung, indem sie Schall ist, der sich ausbreitet und die Rezipientin umfasst, sie am ganzen Körper trifft. Das Akustische lässt sich ebenso wenig auf einen Punkt reduzieren, wie sich die Sinnsphäre, sobald sie sich aus einem Wort heraus entwickelt hat, wieder in ein Wort erklärend zurückfalten lässt. Aber das gesprochene Gedicht ist nicht nur stimmlich ›umfassend‹, es zeigt auch Trunkierungen und Verkürzungen. Die Struktur des geschriebenen Texts erfährt so im Vortrag – wie bereits an anderer Stelle zu beobachten war – eine Wiederholung. Oder vielmehr eine Verdoppelung: Denn die mündlichen Trunkierungen sind nicht nur Abbild des schriftlich Vorgegebenen, sie erfassen weitere, für sie spezifische Ebenen.

So ist es in der hörenden Rezeption – anders als beim stillen Lesen – schlicht aufgrund der physisch-kognitiven Kapazitäten unmöglich, ›alles‹ zu hören. Die mündliche Alltagsrede arbeitet aus diesem Grund mit Wiederholung und Redundanz, um Verständigung sicherzustellen. Die Lyrik tut das Gegenteil. Die Überlagerung verschiedener Rhythmen (des Sprechens, der Sprache, des Hörers) etwa bringt nicht nur eine interaktiv-situative, sondern auch eine prinzipielle semantische Spaltung hervor: Lotman spricht davon, dass der »Rhythmus auf die Ebene der Bedeutung erhoben«[33] werde und »die Bedeutungen [...] sich zu einem Rhythmus [fügen]«. Diese beiden Ebenen aber sind weder deckungsgleich noch verschmolzen. Vor allem in den Reaktionen auf Barbara Köhlers Lesung wird der Widerstreit zwischen diesen unterschiedlichen Aspekten wiederholt thematisiert, ein Hörer etwa schreibt in einer temporalen Wendung, die den nachträglich realisierten Sprung auf eine andere Bedeutungsebene nachzuvollziehen scheint: »ich habe den Rhythmus ganz intensiv und hatte dann weniger den Inhalt wahrgenommen«.

Die gesprochene Lyrik erzeugt damit eigene Lücken: Der rhythmisierte Strom der Stimme erzeugt eine zeitliche Ganzheit und treibt zur gleichen Zeit Lücken in die Perzeption. Es kommt zu einem »Tanz mit der Sprache«, wie ihn eine Hörerin bei Barbara Köhler wahrgenommen hat, der ein Muster aus Trunkierung und Zusammenhang zeigt, »abgehackte Sätze, ineinander verwoben«. Wie mit diesem Muster aus Abstand und Berührung umgegangen wird, obliegt den Hörenden. Sie können ignoriert, als unfüllbare und ›peinliche‹ Lücken betrachtet werden, oder es kann mit ihnen interagiert werden, um zwischen dem sprachlich Wahrgenommenen und dem gedanklich-emotional im Hörer Präsenten eine Beziehung zu etablieren. Dabei produziert diese Interaktion weitere Lücken – für ihre Dauer blockiert sie die Aufnahme weiterer Information: Das Gelingen selbst hat zur Folge, dass ›nicht alles‹ verstanden werden kann.

Auf einer Ebene also wird die Lücke aus einer Sättigung heraus getrieben, und betrifft die Hörenden, nicht den Sprechstrom, der die auseinanderstrebenden Kräfte in sich bündeln kann. Der zweite vom Phänomen der Trunkierung betroffene Aspekt jedoch betrifft die Präsentation des Gedichts durch eine anwesende Stimme oder Person. Denn der gesprochene Text entsteht auf einer Ebene, durch die selbst eine Lücke läuft. Weiter oben wurde der ›Spalt‹ beschrieben, der sich durch den Gedichtvortrag zieht wie ein Rückgrat. Die Stimme verliert beim Gedichtsprechen ihre Privatheit, sie zeigt sich in einem Ablösungsprozess vom biographischen Individuum als fremd und ›befremdlich‹ sprechende, wie manche Rezipientinnen sich ausdrückten, und erringt so die Fähigkeit, den Text *an sich* zu zeigen.

Damit entsteht diese Schrittfolge: Die dekontextualisierten Gesten des Gedichts brauchen die Sinnebene, die in sie einschießt und – anstelle

33 | Dieses und das folgende Zitat: Lotman, 2010, 48.

streng funktionalisierter kommunikativer Bedeutung – Punkte der Berührung und intra-individueller Verbindung herstellt. Die Sinnebene aber siedelt im ›inneren Sprechen‹, sie ist damit ganz von der Präsenz eines Subjekts abhängig, das sie erzeugt. Bereits die unpersönliche Stimme im Vortrag jedoch zeigt an, dass dieses Subjekt nicht mit dem Sprecher der Texte in eins fallen kann – so gebraucht, ist die Stimme ins Intersubjektive akzentuiert und sie wird damit, in der vollen Bedeutung des Wortes, Mittlerin. Sie breitet das Gedicht für eine Übernahme durch die Rezipienten aus, in der es Subjekte und ihre ›Sinne‹ (an-)trifft und involviert, affiziert und modifiziert.

2. Etwas = x, = etwas x? Prädikative Aktivität und das Einschiessen von sprachabweisendem Überschuss

Lev Vygotskij betont, dass er das ›innere Sprechen‹ für prädikativ hält. In diesem Punkt wurde ihm bereits von zeitgenössischen Kollegen widersprochen[34], und auch die Untersuchung Weranis aus dem Jahr 2011 zeigt, dass diese Einschätzung Fragen aufwirft. Für diese Betrachtungen spielt die Beziehung zwischen ›Prädikativität‹ und gesprochener Lyrik gleichwohl eine Rolle. Weniger in Bezug auf die Texte selbst: Eine verallgemeinernde Aussage über die Bedeutung des Prädikativen in dichterischen Texten kann ich an dieser Stelle nicht treffen.[35] Ohnehin scheint die Quantität weniger entscheidend als die Frage, wie die Texte eine Verknüpfung zwischen der Wahrnehmung und prädikativen Strukturen herstellen. Für die unterschiedlichen Reaktionen auf Lidija Dimkovska und Barbara Köhler ist womöglich auch der unterschiedliche Zugriff auf Prädikate verantwortlich: Die wuchernden – und schillernden – Verbfolgen Dimkovskas[36], die die Leser von Aktion zu Aktion zu jagen scheinen, könnten mit dem ›Bedrängenden‹ in der Wahrnehmung verknüpft sein,

34 | Vgl. hierzu Werani, 2011, 75.

35 | Vgl. aber Reuven Tsur, 2008, 254f., zur Bedeutung des prädikativen Satzteils für die Entfaltung der Metapher.

36 | Vgl. den Beginn des Gedichts »Bonsai«/»Бонсаи«, Dimkovska, 2010, 38f., aber auch Kombinationen aus substantivierten Verben wie am Beginn von »pH-neutral fürs Rückgrat«, Dimkovska, 2010, 45.

während die Multiplikation von Prädikaten in Versen wie Köhlers »sieht er sich gesehen gesungen/gespiegelt undeutliches doppel/im halben vogelblick«[37] eine aufgefächerte Gleichzeitigkeit erzeugen, die sich als Überlagerungsbild einen Moment – wenn auch schwankend und schwindelerregend – stabilisieren kann.

Zentral aber scheint im Hinblick auf das Rezeptionsgeschehen ohnehin ein anderer Aspekt: Die von Lücken durchsetzte Lyrik zieht Interaktion an, diese Aktion selbst aber ist prädikativ. Sie ist mit jener bedeutungserzeugenden Tätigkeit verwandt, in der für Avanessian und Hennig »ein neues Ganzes hergestellt wird, indem ein Element [...] in Beziehung gebracht wird zu einem anderen Element«[38]. Denn das gesprochene Gedicht produziert Teile mit intensiver Binnenstruktur im Überfluss, der Status des ›Ganzen‹ hingegen ist prekär. Nur die Hörenden können es herstellen. Deren Wahrnehmungsgitter streben aus der Interferenz mit dem Gedicht (etwas) anders und ergänzt heraus, es entsteht eine verkehrte Spiegelung der ›Ganzheit‹ des Sprechers, der in seinen Gedichten verschwindet.

Das Prädikat ist der Ort, wo Welt- und Sprachbezüge geschaffen und verhandelt werden und an dem sie auf dem Spiel stehen. Auch unter diesem Blickwinkel zeigt sich die Verbindung des Lyrikhörens zum inneren Sprechen mit dessen Dominanz der Sinnsphäre, da sich dort das Subjekt genau auf diese Fragen hin bildet: Wie verhalte ich mich zu etwas und wie verhalten sich die Dinge zueinander? Ein Zuhörer von Lidija Dimkovska scheint geradezu den Vorgang zu beschreiben, in dem semantische Bruchstücke in die Sinnsphäre eindringen und sich mit dem dort Vorgefundenen verknüpfen: »sehr dichte, erst punktuell wirkende Bilder stehen, die man nach und nach auflöst«. Wie ›dichte‹ Knäuel setzen sich die Punkte ab und werden schrittweise in größere syntaktische Strukturen mit Anknüpfungsmöglichkeit entfaltet. Das Gedicht wirkt wie ein Waldenfels'scher »Wirklichkeitskeim[...]«[39], wie etwas, von dem »wir vorweg nicht wissen, was es ist und wozu es gut ist«, aber hoffen, dass es eine Kognition ermöglicht, die »keine bloße Rekognition« ist.

Wenn die Rezipientin allerdings sich selbst als eine ›Ganzheit‹ setzt, die in der Beziehung auf neue ›Teile‹ und deren eigene Beziehungsbil-

37 | Köhler, 2006, 46.

38 | Avanessian/Hennig, 2014, 83.

39 | Dieses und die beiden folgenden Zitate: Waldenfels, 1998, 210.

dung zu verhandeln ist, könnte jener Punkt erreicht sein, an dem es, nach Agamben »unmöglich wird, zwischen Autor und Interpret zu unterscheiden. Obgleich dies für den Interpreten ein besonders glücklicher Moment ist, weiß er, dass es nun an der Zeit ist, von dem Text, den er analysiert, abzulassen«[40]. Agamben beschreibt hier einen hermeneutischen Leseprozess. Und dieser vollzieht sich vielleicht in der umgekehrten Richtung wie das Hören von Lyrik. Beim Hören gesprochener Gedichte ist die Projektion der Sprechposition auf sich selbst gerade der Anfang einer verstehenden und interpretierenden Beziehung – einzelne Teile des Gedichts erfahren in der Interaktion eine Vervollständigung. Die ›Ganzheit‹ des einzelnen Gedichts aber wird dadurch nicht ausradiert, sie wird nicht einfach in den eigenen Kosmos eingeschmolzen; sie bleibt als eine Art Phantomschmerz bestehen. Das Faktum, dass eben *nicht alles* verstanden werden konnte, insistiert in der Erinnerung. Eine Hörerin schreibt nach Dimkovskas Lesung: »Ich hatte tausend Bilder u. Gedanken im Kopf, die ich versucht habe, in einen Einklang zu bringen. Durch die Vielzahl der Gedichte fiel es mir aber schwer genauer in einzelne Texte einzudenken.« Dieser Phantomschmerz kann einerseits eine wiederholende, Bezüge erkundende Betrachtung der memorierten Textteile anstoßen. Andererseits produziert er das in den Fragebögen immer wieder formulierte Bedürfnis, das Gehörte noch einmal nachzulesen. Eine Hörerin Barbara Köhlers schreibt, sie würde einem Freund Folgendes erzählen: »Etwas vom ästhetischen Dreiklang aus Text, Ton und Bewegung, vom Eintauchen in die Ruhelosigkeit, die Atemlosigkeit, die wirkt, ohne dass man versteht, davon dass ich die Texte unbedingt nachlesen muss«. Ein Hörer Oswald Eggers sagt, er habe noch keine gedanklichen Eindrücke zu referieren: »Nicht direkt nach der Lesung – zu viele Eindrücke, hoffe, dass es später kommt oder wenn ich seine Gedichte zu Hause lese.« Ein anderer hofft, das Mitgenommene sortierend verknüpfen zu können: »Nach der Lesung hängen noch immer viele verschiedene Bilder in meinem Kopf, die geordnet werden wollen«.

Avanessian und Hennig sehen eine solche, vorwiegend prädikativ geprägte Rezeption als einen bedeutungsbildenden Prozess, der »den Geist

40 | Agamben, 2008, 25. Ich habe den Hinweis auf diesen Gedanken Agambens dem Buch *Metanoia* entnommen. Vgl. dort auch die Auslegung einer längeren Passage Agambens zum Lese- und Verständnisprozess, Avanessian/Hennig, 2014, 131ff.

auf eine neue Stufe [zwingt], bevor er sich verstehen lässt.«[41] Zwar scheint zweifelhaft, ob sich geistige Prozesse am günstigsten in einem ›Stufenmodell‹ fassen lassen – und, selbst wenn, ob dann jede durch Rezeption erreichte Veränderung des Subjekts gleichbedeutend sein muss mit dem Erreichen eines neuen ›Levels‹. Horizontal-erweiternde Modifikationen und solche schlichter Binnendifferenzierung erscheinen mir in einem solchen Bild abgewertet, die Kluft zu den ›niederen‹ Wahrnehmungsformen wirkt vertieft, die durchschimmernde Verknüpfung zu einem Fortschrittsdenken allzu optimistisch. Wichtig allerdings ist hier der Gedanke, dass sich eine profunde Veränderung im Denken und Wahrnehmen ereignen kann, ohne dass diese damit automatisch ›verstanden‹ werden muss. Im Rezeptionsprozess kann zunächst etwas als für das Individuum relevant erkannt werden und deshalb Aufmerksamkeit anziehen – es ›wirkt‹, wie sich die oben zitierte Hörerin ausdrückte. Dieses als relevant Erkannte kann dabei in der Verstrickung mit der persönlichen Sinnsphäre verweilen und mit ihr interagieren, ohne je in eine Paraphrase zu finden. Es kann aber auch in den Prozess sprachlicher Rückbindung und damit auch kognitiv-erfassenden Verstehens überführt werden – und in diesem Prozess sowohl an sensoriell-gedanklicher Sättigung verlieren wie an intersubjektiver Bedeutung gewinnen. Im ersten Fall kann es nichtsdestoweniger das eigene Sprechen und Handeln beeinflussen. Im zweiten Fall wird ein Resultat der Auseinandersetzung in die Sprachgemeinschaft zurückgeschleust und dort – im Idealfall – weiter entwickelt. In beiden Fällen aber gilt, dass das Gedicht seine prädikative Anbindung und Verhandlung ebenso ermuntert, wie es ihr Widerstände entgegensetzt: Es kann auf das Ganze des Rezipienten ausstrahlen, aber selbst nie mit umfassender Gültigkeit erfasst werden. Die Lücke reproduziert sich im prädikativen Ergänzungsprozess.

Fraglich ist, ob sich für die konkrete Rezeption eines einzelnen gesprochenen Gedichts voraussagen lässt, welche seiner molekularisierten Teile, die nach einer prädikativen Ergänzung verlangen, sich in den Hörern verhaken werden. Immerhin bringt jede Hörerin eigene Bedingungen mit. Vielleicht weisen die Antworten auf die Frage »Sind Ihnen einzelne Sätze/Wendungen/Verse im Gedächtnis geblieben?« dennoch in eine bestimmte Richtung. Vor allem aus den Fragebögen zu Oswald Eggers und Mila Haugovás Lesung ergibt sich der Eindruck, den Höre-

41 | Avanessian/Hennig, 2014, 137.

rinnen könnten sich besonders solche Wendungen einprägen, die selbst eine spannungsgeladene Prädikativität zeigen. Einerseits, wenn Subjekte ungewohnt gruppiert oder ihnen verstörende Tätigkeiten zugeschrieben werden, wie den »Asylanten im Totenreich, die mit einem Bein ins Leben zurückwollen, weil sie etwas vergessen haben; Selbstmörder und gewöhnliche Tote«, in einem Fragebogen zu Lidija Dimkovska. Andererseits dann, wenn beschreibende oder definierende Sätze, statt abschließende Aussagen zu bieten, eher eigene Einordnungen und Assoziationen fördern. So wird nach Mila Haugovás Lesung in drei von zehn Fragebögen das Bild »Pferde sind Lichttiere«[42] genannt, ebenfalls dreimal das »Wintertelefon« (dieses alle drei Mal auch auf Slowakisch, als »zimný telefón«). Beide Wendungen schlagen eine Neu-Definition ihres Gegenstands vor, die selbst auf ihre Unabschließbarkeit verweist: Es wird nicht spezifiziert, was ein Telefon zu einem ›winterlichen‹ machen kann. Ebenso uneindeutig ist, was »Tiere des Lichts« oder »Lichttiere« sind, als die die Pferde definiert werden. Die Bestandteile der prädikativen Relation sind einfache Elemente (Pferd, Tier, Licht bzw. Winter und Telefon), die behauptete Beziehungshaftigkeit aber ist komplex. Ähnliches fällt auch in den Fragebögen zu Oswald Eggers Lesung auf – gerade die schlichten Wörter in ungewöhnlicher Kombination scheinen memorierbar. Je zweimal werden genannt die Wendung »Zwei ja sind zwei« und das »Nicht-Gedicht«, letzteres einmal in der Phrase »und kann nicht-gedicht«. Diese Phrase zeigt, wie die Verneinung ausstrahlt, wie sie sowohl ›das Gedicht‹ als auch ›das Können‹ ausstreicht, in ihrer mündlich zweideutigen Zuordnung aber für beide die Verbindung zur positiven Sphäre aktualisiert hält. Eine Zuhörerin von Olga Martynova erinnert sich an einen Satz, der sich wie eine Spekulation mit einer maximalen Zahl an Unbekannten liest: »ringsum könnte Gott sein«.

Insgesamt jedoch zeigen die Antworten auf diese Frage auffallend viele einzelne Substantive, mitunter werden sie mit Wörtern anderer Wortarten gereiht. Häufig sind sie einfach, konkret und alltäglich: »Waldweg, Brombeeren, Schlangen« (Haugová), »›die Welt‹ (svet), ›Suppe‹, ›Löffel‹, ›Mädchen‹« (Dimkovska), »Lichter + Leuchtturm + Meer sinnlos...« (Martynova), »Verletzt, Siech Vieh, Lippen, Bäume« oder »denken, ich, meine, Fleisch, Gedanke, vorher, nachher« (Egger), um nur einige Beispiele he-

42 | Im slowakischen als Genitivkonstruktion, »Kone sú zvieratá svetla« – ›Pferde sind Tiere des Lichts‹, Haugová, 2011, 12.

rauszugreifen. Diese Notate wirken im ersten Moment vergleichsweise dünn, besonders wenn vorher von einer angeblichen Dominanz und Fülle des Prädikativen die Rede war. Behält man aber auch die von Vygotskij behauptete Unübersetzbarkeit des inneren Wortsinns im Blick, verschiebt sich das Bild: Die Sinnsphäre kennt den ›Waldweg‹ weniger als abstraktes Lexem, denn als ein Bündel aus konkreten Erfahrungen, Bildern, Gerüchen, akustischen oder emotionalen Assoziationen, das im Verlauf eines Lebens entstanden ist. In dieses Bündel schlängelt sich nun Haugovás Waldweg – sein Verlauf und seine Berührungspunkte sind erfahrbar, Sättigung und Reibung machen ihn erinnerlich, aber er wird damit noch nicht in jene Sprache, die ein Fragebogen fordert, übersetzbar.

Gewiss lässt sich nun daraus, dass ein Hörer ›Waldweg‹ auf einen Fragebogen schreibt, nicht automatisch ableiten, dass dieses Wort mit einem inneren belebten Konzept und der Art seiner Verwendung im Gedicht interagiert hat und der Rezipient nur an der Übersetzung der erfahrenen Fülle in die Alltagssprache gescheitert ist. Trotzdem gehe ich davon aus, dass genau dies hier geschehen ist. Denn eine Hörerin von Olga Martynova etwa sagt explizit, dass einzelne Substantive für sie den Ausgangspunkt für breitere Vorstellungswelten gegeben haben: »viele Bilder z.B. bei den Wörtern ›Vogel‹, ›Papagei‹, ›Apotheker‹, ›Leuchtturm‹, ›Meer‹, ›Ozean‹, ›Indianermädchen‹«. Schon die Anführungszeichen, wie sie etwa auch um die aus Dimkovskas Lesung aufgepickten Wörter gesetzt wurden, deuten an, dass hier mehr gemeint und gesehen wird als ein formal definiertes Lexem. Würde hier nicht *mehr* wahrgenommen, so würde auch kaum begreifbar, worin das vertiefte Interesse an der Lesung bestanden haben könnte, das etwa Haugovás ›Waldweg‹-Hörer formuliert. Auf die Frage, ob ihn das Gehörte an etwas erinnert habe, das er kennt, schreibt er: »Ja, an Erlebnisse auch aus meinem Leben/An schwierige Situationen, die ich bewältigen musste, oder versuchte sie zu bewältigen/An Bilder aus meiner Kindheit.« Und auf die abschließende Frage, was er einem Freund, einer Freundin erzählen würde: »Es war sehr schön und eindrucksvoll./Haugova ist eine nette Person./Poesie von M. Haugova hat mich auch persönlich berührt.«

Die prädikative Bezugsetzung des Gehörten zum eigenen Sinnkontext bildet die erste Bewegung der Rezeption. Die Rückübersetzung dieses Vorgangs in alltägliche Sprache, wie sie in den Fragebögen erbeten wurde, ist bereits ein weiterer Schritt. Dieser Schritt bereitet nicht nur unmittelbar nach der Lesung erwartbare Schwierigkeiten, er ist insgesamt als problematisch anzusehen – als ein Vorgang, der seinerseits wieder Lücken produziert. Denn das multisensorielle Geschehen des Hörens drängt über die Kategorien hinaus, es ist immer ›mehr‹, als sich sagen lässt. So führen immer wieder Zuhörer, nachdem sie bereits ihre Wahrnehmungen in den fünf Kategorien ›körperlich‹, ›emotional‹, ›visuell‹, ›akustisch‹, ›gedanklich‹ geschildert haben, unter dem Punkt ›sonstige‹ weitere Eindrücke an. Dies ist zwar bei jeder Lesung eine Minderheit – aber es findet sich immer mindestens eine Person, die noch etwas ergänzt, z.B. bei Mila Haugová »Bildlich-malerisch die Assoziationen«. Unter diesem Punkt wird spezifiziert oder gewichtet, z.B. bei Oswald Egger: »Am meisten auf der emotionalen, akustischen und gedanklichen Ebene«. An einer Stelle, nach Olga Martynovas Lesung, wird die Formulierungsproblematik konkret angesprochen, die Hörerin schreibt, der akustische Eindruck sei: »Schwer in Worte zu fassen«. Eine andere Hörerin zeigt sich nach Barbara Köhlers Lesung überrascht davon, auf diese Problematik zu stoßen. Sie schreibt auf die Frage, ob ihr von der Lesung einzelne Wendungen im Gedächtnis geblieben seien: »ich dachte ja, doch jetzt fällt mir auf, dass ich sie nicht wiedergeben kann; schade«.

Für andere Rezipienten werden exakte Spezifikationen bis hin zum Ausschluss denkbarer Assoziationen nötig, um sich dem Wahrgenommenen anzunähern: »lichtdurchflutete (Morgensonne bzw. Sonnenaufgang) Landschaften mit hohem Gras, Blumen, (kein Wald) und Seen«. Mitunter wird vor der Aufgabe einer konkreten Beschreibung kapituliert und eine schlichte ›kategoriale‹ Bejahung oder Verneinung geliefert. Ein Hörer etwa kreuzt nach Barbara Köhlers Lesung einfach die Punkte ›visuell‹, ›akustisch‹ und ›gedanklich‹ an und versieht die übrigen mit Strichen. Eine Hörerin antwortet nach Lidija Dimkovskas Vortrag auf die Frage, ob die Lesung bekannte oder unbekannte Bilder wachgerufen habe, mit: »Durch den Vortrag des deutschen Texts kamen mir neue Bilder durch den Kopf. Mazedonisch: bekannte Bilder«.

Das sprachlich Inkommensurable dringt aber noch auf einer weiteren Ebene an die Oberfläche. Immer wieder wird der Wahrnehmung mit Bildern begegnet, die selbst poetisch wirken. Nach Eggers Lesung beschreibt jemand seinen visuellen Eindruck als »Innerlich ohne Farben« und die akustische Dimension als »Einheit, Fließen mit Stolpersteinen«. Selbst bei der Frage »Was würden (oder werden) Sie einem Freund, einer Freundin von dieser Lesung erzählen?«, die den Weg aus dem individuellen Erleben eröffnet und zu einer Rückbindung an Gesprächszusammenhänge einlädt, scheint zwischen den erwartbaren Wertungen »interessant«, »faszinierend«, »schwere Kost« u.ä. noch die Übersetzungsproblematik durch. »Neue Welt« schreibt ein Hörer schlicht über Oswald Eggers Lesung, ein anderer fasst Haugovás Auftritt in einem Bild aus mehreren Wahrnehmungsschichten zusammen: »Es war ein angenehmes, lichtes und stilles Erlebnis«, das seinerseits eine individuelle, innere Konkretisierung provoziert. Eine weitere Hörerin von Mila Haugová spiegelt die eigene Situation an den Worten der Autorin, um den Widerstand des dichterisch-sprachlichen Erlebnisses gegen die sprachliche Paraphrase deutlich zu machen: »Ihre Lyrik handelt nach ihren Worten von dem, was ihr fehlt/was sie vermisst...«. Die Dynamik des dichterischen Sprechens bearbeitet Mangel- und Leerstellen in der Alltagssprache, in dieser Bearbeitung aber geht es unwiderruflich über ein alltägliches Sprechen hinaus und bleibt von diesem wiederum uneinholbar. Deleuzes Einschätzung, dass der lyrische »Term unersetzbar« sei und »nur wiederholt werden«[43] könne, erscheint nach wie vor zutreffend. Vor allem aber zieht er sprachliche Reflexion und Versuche zur Integration an.

Hier gerät auch die digitale Erfassung der Fragebögen an ihre Grenzen, es zeigt sich, dass der Blick auf die handschriftlichen Bögen notwendig bleibt. Auf die Frage nach der emotionalen Wirkung von Barbara Köhlers Lesung etwa schreibt eine Hörerin: »manchmal sehr mitreißend, meistens in E schwer« – und streicht diese Wörter und Buchstaben durch. Neben »~~manchmal sehr mitreißend~~, ~~meistens in E schwer~~« findet sie zu keiner Formulierung, die ihr angemessen erscheint. Gleichwohl steht hier nicht nichts. Vielmehr hat es den Anschein, dass hier ein intensives emotionales Erleben um einen Ausdruck ringt und angesichts der verfügbaren Wörter und Syntagmen kapituliert – seine Präsenz findet für sich im (schrift-)sprachlichen System keine Entsprechung.

Anke Werani schreibt – und sie bezieht sich dabei auf den Linguisten Ray Jackendoff –dass die Sprache »das Denken wahrnehmbar« mache.[44] Beim Hören von Lyrik scheint das Umgekehrte zu gelten: Hier wird die Wahrnehmung ›denkbar‹. Wahrnehmung wie Denken aber sind nicht gleichbedeutend mit ›sprachlich-kognitiv‹. Die Wahrnehmung drängt ins Sprachlich-Kognitive hinein und strebt darüber hinaus. Sinnlicher Reichtum und Sinnfülle treiben durch das Denken, befragen und provozieren

43 | Deleuze, 1992, 16.
44 | Werani, 2011, 116.

es, verlangen nach einer Rückbindung in die Sprache – die, im Falle der Gedichtrezeption, letztlich wieder auf das Gedicht verweist, das diese Art Wahrnehmung als ›denkbare Figur‹ produziert hat. Jakobsons berühmtes Diktum von der poetischen Sprachdimension, die auf sich selbst zurückverweist, erscheint hier als gewissermaßen körperlich durchgeführt: Der Verweis zurück ist kein direkter, simpler Reflex. Diese Bewegung entsteht dann, wenn der Text wahrnehmbar produziert wurde, eine Resonanz im Welt- und Sprachverständnis eines Rezipienten gefunden und so aufgeladen nach einer beschreibenden Formulierung gesucht hat.

3. Hören, inkorporieren, Neues produzieren

Mangelnde Übersetzbarkeit ist ein Generator für sprachliche Veränderung. Aber schon auf dem Transport nach innen verändern sich nach Vygotskij die Sätze – sie verkürzen sich. Und im Prozess der Auseinandersetzung nimmt der Sinn explosionsartig zu. Über Wort- und Satzgrenzen hinweg gehen Wörter und Silben neue, sinngeladene Verbindungen ein. Eine Hörerin etwa erinnert sich an die Sequenz »Fressen ... Liebe ist natürlicher Zustand des Kannibalen« aus Dimkovskas Lesung. Die ursprünglichen Verse aus dem Gedicht »Bonsai«/»Бонсаи«[45] lauteten »›Ich könnte dich fressen, ich könnte dich fressen ...‹. Liebe ist der natürliche Zustand/des Kannibalen.« An die Stelle der direkten Rede bei Dimkovska tritt das substantivierte »Fressen«, die Auslassungspunkte deuten noch einen Einschnitt an, vor allem aber bilden sie eine Brücke zum folgenden Substantiv. Der direkte Artikel vor dem ›natürlichen Zustand‹ fehlt. Die Verknappungen drängen die Phrase in Richtung Verallgemeinerung, sie scheinen sich in Richtung ›Emblem‹ zu bewegen, in dem die konventionelle Verbindung zwischen ›Kannibale‹ und ›Fressen‹ um die ›Liebe‹ erweitert wird, oder, in anderer Hierarchisierung, in der Wendung ›zum Fressen gern haben‹ – wie im Gedicht – der kannibalistische Akzent gestärkt wird. Diese Bewegung modifiziert noch nicht das vom Gedicht Gesagte – aber sie scheint einen Schritt auf dem Weg der Vygotskij'schen ›Eindampfung‹ des Gesprochenen in einen Gedanken zu markieren.

Die Hörer scheinen sich der Veränderung des Gehörten in der Erinnerung durchaus bewusst. Eine Teilnehmerin bei Dimkovskas Lesung

---

45 | Dimkovska, 2010, 38ff.

versucht zu zitieren, setzt dabei wiederholt an und kommentiert ihr Erinnerungsvermögen: »beim Gedicht Asylanten etwa, in dem sie das Thema Suizid aufgreift, war einer der letzten Sätze. Heute ~~muss~~ habe ich ~~selbst ins~~ einen Termin im[46] Asylantenheim. Ich weiß nicht ob ich von dort zurückkomme‹ (in etwa :)«. In Dimkovskas Text lautete die letzte Strophe: »Gestern bin ich angekommen. Ich erhielt zwei Passierscheine./Tagsüber werde ich mich im Asylantenheim aufhalten,/nachts bei den gewöhnlichen Toten./Ich weiß nicht, woher ich nicht zurückkehren werde.«[47] Unter den Vorzeichen eines dynamischen Sprachverständnisses betrachtet, sind solche Abweichungen vom Wortlaut, wenn sie in der Lyrikrezeption aufscheinen, allerdings keine ›Fehler‹. Sie könnten vielmehr darauf hinweisen, dass eine produktiv-aktuelle Verbindung zwischen dem Gehörten und dem eigenen inneren Sprechen entstanden ist. Im zitierten Fall deutet besonders die Verschiebung des Gehörten in die Gegenwart bzw. Zukunft (»Heute«, »Termin« statt »Gestern«) und in die Ungewissheit (»weiß nicht ob« statt »woher«) darauf hin, dass der Text mit eigenen Todesvorstellungen in eine Beziehung gesetzt wird.

Mit Vygotskij gesehen, wäre von einer inkorporierenden Bezugnahme besonders dann auszugehen, wenn Verschmelzungen auftreten. Es ereignen sich also zwei gegenläufige Bewegungen: Dem Auffalten und Ausbreiten der wahrgenommenen ›Knäuel‹ in die Sinnebene antwortet ein ›Eindampfen‹, etwa in Komposita, in denen die erfahrenen Resonanzen codiert werden. So erhält etwa Haugovás Vers »Pferde sind Tiere des Lichts« (»Kone sú zvieratá svetla«[48]) das Echo »Das Lichtpferd«. Mitunter verklumpen gemeinsame semantische Tendenzen der vorgetragenen Gedichte in den angeführten Wendungen, z.B. wenn in der Aussage »Import, Export, Verwandte weiterverstreut in alle Welt«, die Substantive des Verses »taugst weder für Export noch für Import«[49] erhalten bleiben, sich mit den im Ausland lebenden Verwandten aus anderen Gedichten verbin-

46 | Im Original stehen »habe« und »einen Termin im« über den durchgestrichenen Wörtern.

47 | Dieses Gedicht ist nicht Teil von Dimkovskas Band Anständiges Mädchen. Es ist eine neuere Übersetzung von Alexander Sitzmann, die mir nur als Datei vorliegt.

48 | Haugová, 2011, 12.

49 | Dimkovska, 2010, 49.

den[50] und so das Motiv globaler, ökonomischer Verdinglichung des Menschen aufscheint, das für Dimkovskas Gedichte wichtig ist.

Die Hörer antworten auf die Gedichte, indem sie Wörter und Motive neu verknüpfen und zu Kernen mit – für sie – großer semantischer Sättigung ballen. Die Reaktion kann bis zur Bildung von Neologismen (»Lichtpferd«) gehen. Dabei werden augenscheinlich nicht mehr Neologismen gebildet, sobald die Texte den Lesern selbst mit zahlreichen Neologismen entgegentreten, wie es bei Oswald Eggers Texten der Fall war. Die Einnahme der ›Autorenposition‹, die Agamben sieht, scheint also nicht so weit zu gehen, dass Verfahren des Texts übernommen und selbstständig weitergetrieben würden – man hat es tatsächlich mit einem Nachvollzug des Gesprochenen zu tun, nicht mit einer Usurpation der Autorenstelle.

Auffällig ist jedoch, dass in den Antworten auf die Frage nach erinnerten Wendungen bei Eggers Lesung vergleichsweise häufig ganze Sätze oder Phrasen wiederholt werden – neun von zwölf Hörern referieren Phrasen, sieben davon mehr als eine. Es scheint, dass Sätze wie »Wort für Wort sagen mehr als 1000 Wörter«, »5 Kücken sind meine Finger«, »ich entschlafe und habe mehr Schaden, als Schafe«[51], oder »Ich mag fette Tiere, magere sind abstoßend«, besonders viel spekulative Energie tragen und anziehen. Sie geben sich nicht nur metaphorisch oder redensartlich, sie scheinen auch die Anbindung an eine Narration zu versprechen, ohne dieses Versprechen einzulösen, weder in sich selbst noch in der Art ihrer Kontextualisierung. Ihre prädikativen Verhältnisse wirken unruhig, sie fordern zu einer abtastenden Bewegung auf. In ähnlicher Weise machen die Neologismen in Eggers Gedichten die Dynamik des Sprachgeschehens erfahrbar. Eggers Texte kombinieren Morpheme neu, aktivieren in den Wortformen schlummernde Wortarten (etwa ›blumen‹ als Verb) und randständige Wörter, bilden Silben, die deutsch klingen, aber nicht sind, überführen Substantive ins Präteritum etc. Die Sprache erscheint bedeutungsgesättigt und instabil wie das innere Sprechen selbst, wird allerdings durch narrative Gesten und Perspektivierungen gleichermaßen gebändigt und an die intersubjektiv-persönliche Sprache rückgebunden.

Ob schon diese – vielleicht bestehende – Nähe zum inneren Sprechen den Kontakt zur Sinnsphäre der Hörer provoziert, kann hier nicht festge-

50 | Vgl. Dimkovska, 2010, 39.

51 | Dieser Satz wird auch von einer anderen Hörerin angeführt, allerdings mit »Schaben« statt »Schaden«.

stellt werden. Die Neologismen könnten aber eine Art ›Dienst am Leser‹ sein. Indem sie radikale sprachliche Dynamik verkörpern und vorführen, legen sie Öffnungen in die Textur. Und sie scheinen dazu aufzufordern, sich auf Abschnitte zu konzentrieren, die in sich – durch ihre Länge oder interne Beziehungsentwicklung – bereits ›bewegter‹ sind als einfache Substantive oder bekannte Fügungen. Die Konzentration liegt damit auf den genuin *poietischen* Elementen, die Gegenstände als Beziehungserkundung und -entwicklung erzeugen. Denken und Sprechen – die formulierende Bewegung auf die Welt hin – zeigen sich als unabschließbar. Auf die »Unfähigkeit, einen Gedanken zu Ende zu denken, weil sich so Vieles hineindrängt«, wie es in einem Fragebogen heißt, antwortet das Sprechen, indem es aus einer Silbenkombination, einer Wortfolge die nächste und wieder nächste hervortreibt, die Sätze wuchern ineinander. Abgrenzungen, das Eindämmen der Rede werden schwierig. Allerdings nicht, weil der Sprecher einem blinden Sprachtrieb unterliegen würde. Sondern weil endgültige Abgrenzungen im gegenständlichen Beziehungsgeflecht unerreichbar bleiben. Eine Hörerin sagt: »Auch, dass ich nach wie vor nicht sicher bin, ob es sich – und falls ja, um wieviele – um mehrere Gedichte handelte, wird mich wohl noch einige Zeit beschäftigen.«

Für die Hörer wird durch das andauernde Überschreiben bzw. ›Übersprechen‹ und Neu-Kombinieren nicht zuletzt das Risiko, folgenreich ›fehl zu gehen‹ minimiert. Sie werden ermuntert, sich selbst an ebenso sinnreichen wie ›bedeutungslosen‹ Denk-Bewegungen zu versuchen, keine von ihnen ist *endgültig* – und sollten sie stranden, stehen immer noch weitere Sätze und Phrasen für ein neues Ansetzen und Begreifen zur Verfügung.

4. Schwierigkeiten – Die tröstliche Absage der Lyrik an das Phantasma durchgreifender sprachlicher Erfassung

Zu behaupten, die Lyrikrezeption gelinge dann, wenn das Gehörte ein Selbstgespräch auslöst, dessen sprachlich-gedankliche Erscheinungsform die eines ›inneren Sprechens‹ sei – eines Phänomens also, über dessen genaue Gestalt nur sehr wenig bekannt ist – scheint die Möglichkeit zu eröffnen, jede beliebige Zuhöreraussage als irgendwie gelingendes ›inneres Sprechen‹, als Respons auf etwas Gehörtes zu verbuchen. Nun wird man bei einer solchen Argumentation immer mit Wahrscheinlichkeiten und Grauzonen zu tun haben. Allerdings finden sich nicht nur klare Hinweise auf eine – im beschriebenen Sinne – gelingende Kommunikation. Auch das Scheitern der Kontaktaufnahme, das bei der Lyrik wie bei jeder Kunst, wo mit dem bzw. der Einzelnen gearbeitet wird, zu erwarten ist – auch das Scheitern also wird in manchen Fällen eindeutig festgehalten. Von »krankhaften Texten« ist etwa bei Dimkovska die Rede und von »schwerer Kost«. Sehr klar schildert eine Teilnehmerin von Martynovas Lesung ihre frustrierende Erfahrung: »Die Erklärungen, Kommentare der Dichterin haben für mich gar nichts erklärt; es haben sich bei mir kaum Textstellen oder Bilder ›eingehängt‹, dh ist keine Resonanz entstanden, ich hab immer versucht mit dem Kopf zu verstehen, was aber nicht wirklich gelungen ist.« Das Scheitern der Kommunikation verknüpft sich hier mit einer Problematik von Willentlichkeit und Abstand: Das Verstehen ›mit dem Kopf‹ kontrastiert mit dem ›Einhängen‹. Ersteres impliziert in diesem Gegensatzpaar eine größere Distanz, das ›Einhängen‹ hingegen ruft Bilder auf, wie das von einem Gewebe, an dem ein Haken zieht, so dass sich dessen Muster ändern. Das ›Einhängen‹ – das der Hörerin hier gefehlt hat – hätte sich offenbar unwillkürlich vollziehen müssen: mit ›es haben sich bei mir kaum…‹ wählt sie eine reflexive Konstruktion, in der sie selbst nicht das Subjekt ist, und auch die ›Resonanz‹ verweist auf einen nicht steuerbaren Vorgang. Das aktive Bemühen (›hab immer versucht‹) hingegen zeitigt kaum zufriedenstellende Resultate.

Die Lesung war offensichtlich, auch wenn sie selbst dieses Wort nicht verwendet, ›schwierig‹ für die Teilnehmerin. ›Schwierig‹ ist generell eines der beliebtesten Adjektive im Zusammenhang mit Gedichten. Allerdings stellt sich die Frage, ob es nicht verschiedene Arten von ›Schwierigkeit‹ gibt. Denn manche ›Schwierigkeit‹ scheint keineswegs den Kontakt zwischen Hörerin und Gedicht zu verhindern. Und auch die ›Anstrengung‹ oder ›Verwirrung‹, die mit der ›Schwierigkeit‹ verwandt sind und in den Fragebögen aufscheinen, müssen nicht zwangsläufig ein Hindernis oder automatisch negativ konnotiert sein. Ein Hörer Oswald Eggers antwortet auf die Frage »Wie war es für Sie, dem Autor zuzuhören?« mit der Adjektivfolge »Faszinierend, übersprudelnd, anstrengend, verwirrend, schön«, er fühlte sich auch körperlich gefordert: »Ich bin jetzt, nach der Lesung richtig ausgepowert, es war anstrengend.« Die Kommunikation war trunkiert – »Ich habe versucht mir [visuell] das, was er sagt/spricht vorzustellen – musste aber immer wieder abbrechen…«[52]. Wiederholtes Neu-Ansetzen war gefordert, die Lesung war ›verwirrend‹: »Durch seine Verstrickungen und Verknüpfungen und erneutes Einhaken bei manchen Punkten war ein heilloses Durcheinander in meinem Kopf.« Aber sie war deshalb noch kein frustrierendes Ereignis. Der Hörer fühlte sich offenbar mit sehr grundsätzlichen Perzeptionsvorgängen konfrontiert; auf die Frage, ob er sich an etwas erinnert habe, das er kenne: »Nein, es war etwas komplett Neues. Eventuell etwas von der kognitiven Leistung von Zuhören«. Sein emotionaler Eindruck war: »Fesselnd und mitreißend«. Für diesen Hörer ließen sich zwei Betonungen in den zitierten Satz legen, er scheint zu sagen, er habe nicht ALLES verstehen KÖNNEN.

Denn die ›Schwierigkeit‹ ist nach Vygotskij mit dem inneren Sprechen eng verknüpft. Vygotskij bezieht sich auf das »Gesetz der Bewusstwerdung« von Éduard Claparède, das besagt, »dass Erschwerungen und Störungen einer automatisiert ablaufenden Tätigkeit dazu führen, dass diese Tätigkeit bewusst wird«[53]. Das innere Sprechen ist ein »Mittel zum Durchdenken experimentell erzeugter Störungen und Schwierigkeiten. […] Je stärker die spezifische, intellektuelle Funktion des inneren Sprechens ausgeprägt ist, desto deutlicher treten auch die Besonderheiten seiner syntaktischen Struktur hervor.«[54] Wenn das Gedicht die automatisierte Benutzung der Sprache als Mitteilungs- und Kommunikationsmittel auf syntaktischen und semantischen Wegen außer Kraft setzt, treten grundlegende sprachliche Prozesse in den Blick. Jene, in denen sich das Subjekt ›Welt‹ mittels Sprache begreifbar macht und über die ›Welt‹ mittels Sprache formend auf das Individuum zugreift. Für Vygotskij stellen Sprechen und Denken eine »Beziehung zwischen etwas und etwas anderem her«[55]. Das Gedicht thematisiert nicht, sondern macht in seiner konkreten sprachlichen Form erfahrbar, wie alltägliche Prozesse sprachlicher Welt- und Selbstbeziehung Unverständliches nicht nur ausblenden, sondern auch produzieren – und lässt Unverständliches, Zwei-

52 | Auffällig scheint mir hier auch die Verdoppelung des Verbs. ›Sagen‹ drückt für den Hörer offenbar nicht alles aus, er schiebt diesem stark transitiven Verb (etwas sagen) das breitere ›Sprechen‹ hinterher, in dem sich die Tätigkeit mit all ihren körperlich-emotionalen Aspekten vielleicht besser ausbreiten kann.

53 | Vygotskij, 2002, 86.

54 | Vygotskij, 2002, 446.

55 | Vygotskij, 2002, 399.

felhaftes in (Sprach-)Wahrnehmung und Denken zurückschießen. Eine Teilnehmerin von Eggers Lesung hört den »Gedankenfluss« und ergänzt, »wie wichtig es ist eigene Gedanken mit Wörtern zu fassen« – in der direkten Gegenüberstellung von ›Fluss‹ und ›fassen‹ scheint das Vorläufige, Unvollständige und, bis zu einem gewissen Grad, Vergebliche dieser Tätigkeit durch.

Fraglich scheint in diesem Zusammenhang, wie zutreffend Vygotskijs Einschätzung ist, dass das Subjekt des inneren Sprechens immer wisse, »›um was es geht‹«.[56] Wenn das innere Sprechen so grundlegend bewusstseinserzeugend ist, wie Vygotskij es beschreibt, dann muss in ihm auch sichtbar werden, wie schwankend selbst der Zugriff der Sinnsphäre auf die Welt- und Selbstdefinition sowie auf die Sinnproduktion der Sinne ist. Dann muss das innere Sprechen auch ein Ort der Verwirrung und Entwirrung sein. *Um was* es eigentlich geht und *wie* es sprachlich darum überhaupt *gehen kann*, muss schließlich auch im Alltag oft genug erst herausgefunden werden. Der sprachliche Zugriff ist zwar nicht selten verbindlich, aber er trägt immer etwas Vorläufiges – Form und genaue Zielrichtung können sich als ungenügend erweisen, er bleibt immer potenziell revidierbar und veränderungsbedürftig.

Bereits im Abschnitt zur Anrede hat sich gezeigt, wie die zeitgenössische Lyrik hier erweiternd eingreift. Gerade diese dehnende Bewegung lässt aber auch die Grenzen deutlich spürbar werden. Nicht alles verstehen zu KÖNNEN zeigt sich als Konstante menschlichen Denkens und Sprechens. Damit wird es aber auch zulässig, dem Gedicht nicht ›ganz‹ folgen zu können. Eine Hörerin von Eggers Lesung schreibt: »Teilweise konnte ich nicht ganz folgen, weil so viele Wörter so schnell auf einmal auf einen heruntergeprasselt sind. Dies hatte jedoch auch wieder seinen ganz eigenen Effekt.« Und ein Aspekt dieses ›ganz eigenen Effekts‹ ist, dass das ›nicht ganz‹ verständliche Gedicht sich in seiner Fremdheit behaupten kann – es wird eben nicht einfach und rückstandsfrei in das eigene, private Sinnsystem eingespeist. Es löst Spannungen aus und bleibt als Widerständiges präsent; es werden Beziehungen zu Teilen hergestellt, manches entzieht sich, und auch in den Beziehungen selbst bleibt es als etwas Eigenes bestehen.

Die ›Schwierigkeit‹ aber ist diesen Vorgängen inhärent. Das Sprechen im Alltag dient gerade dazu, das Phantasma eines ›Alles-verstehen-Kön-

56 | Vygotskij, 2002, 436.

nens‹ zu erzeugen. Außerdem wäre eine Geformtheit, die sich ›mühelos‹ in Flux versetzen ließe, schlicht keine, und eine Dynamisierung sprachlicher Zähigkeit aus ihrer eigenen Struktur heraus, die überdies nicht willkürlich geschieht, sondern in einer Weise, dass sie mit der bestehenden Sinnproduktion weiterhin interagiert, bedarf einer gewissen Kraft der Einwirkung.

Womöglich wird hieraus auch besser verständlich, warum Gedichte gerade in krisenhaften, ja traumatisierenden Situationen plötzlich gefragt sein können[57]. Falls es Trost ist, was die Gedichte anbieten, dann ist dieser nicht besänftigend, Gedichte sagen nicht, ›alles wird (oder ist) gut‹. Indem sie jedoch zeigen, dass die Einbindung in stabilisierende Muster von Sprache und Welt immer nur vorläufig sein kann, dass Instabilität und Veränderung dem Bewusstsein inhärent sind, validieren sie die Erfahrung der Erschütterung. Sie wird als ein Zustand akzentuiert, der – in den ›Quadratzentimeter‹-Dimensionen des Gedichts – die Regel, weil die Voraussetzung für echte Wahrnehmung und Entwicklung ist. Und der gerade darin, dass er bestehende Sinnbildungen in Frage stellt oder gar abschneidet, das Potenzial für neue Verknüpfungen und (Sinn-)Beziehungen trägt. Es ist ein Trost, der nicht verharmlost, sondern vielleicht sogar fordernd ist: »Teile des Vortrags haben mich emotional nicht nur berührt, sondern fast an meine Grenzen gebracht: nach einem nur kurze Zeit zurückliegenden Todesfall sich entwickelnde Leichenbilder vor Augen zu haben fällt dann nicht immer leicht.« Diese Art »wahnsinnig berührt« zu werden aber kann »sehr beeindruckend und fesselnd« sein, sie regt »zum Nachdenken an[...]«, wie der Hörer an anderen Stellen schreibt. Auf diese Weise berührt zu werden scheint auch eine bereichernde, erweiternde Dimension zu enthalten; in ihr könnte das optimistische Potenzial solchen Trostes liegen.

57 | Eine Konstellation, die sich etwa in Janne Tellers eingangs zitierter Aussage ausdrückt.

5. »Abtragen von Schichten« – De-Sedimentierungen beim Hören von Lyrik

Wenn Gedichte womöglich imstande sind, solcherart anspruchsvollen Trost zu bieten, wenn sie mit Formen des Denkens wie der prozesshaften (Selbst-)Formung in Sprache und der konkreten, individuellen Aufladung der Wörter mit Sinn (»kein Wald«!) kommunizieren, setzen sie – sofern ihnen der Zutritt durch eine Hörerin gestattet wird – an einer fundamentalen Ebene des Bewusstseins an. Entsprechend grundlegend sind die Themen und Emotionen, die die Rezipienten angesprochen hören, »erstaunlich viel Wiedererkennungswert«, heißt es in einem Fragebogen, »v.a. was die Stimmungen betrifft (in Bezug auf die Verwandtschaft, die Einsamkeit, den Tod)« (zu Dimkovskas Lesung). Die Gedichte scheinen tief zu greifen; den gedanklichen Eindruck von Eggers Vortrag beschreibt eine Hörerin als: »Sezierend, abtragen von Schichten«. Die Hörerin spezifiziert nicht, was unter diesen ›Schichten‹ zum Vorschein kommt, mit Blick auf Vygotskij aber – für den Sprache als bewusstseinserzeugendes Werkzeug im Verlauf der Kindheit entsteht – stellt sich die Frage, ob dieser ›aufgeschürfte‹ Ort auch als zeitlich geschichteter zu denken ist. Ein Hörer von Haugovás Lesung nennt als emotionale Reaktion ein »entferntes Auftauchen/vergangener Erinnerungen« – dass die ›Erinnerungen‹ selbst hier bereits ›vergangen‹ sind, deutet auf große zeitliche Distanz. Womöglich tippen Gedichte nicht zuletzt Erinnerungen an die Zeit an, in der sich die eigene sprachliche Sinnsphäre herausgebildet hat – wenigstens könnte die häufige Bezugnahme auf die Kindheit hierauf deuten. An ein »staunendes Kind, das die Welt entdeckt«, fühlt sich jemand durch Martynovas Gedichte erinnert, immer wieder ist – bei unterschiedlichen Lesungen – von Verwandten die Rede, von der »Heimatstadt und [einem] guten alten Freund«, von »Szenen aus der Vergangenheit«.

Es scheint sich eine De-Sedimentierung zu ereignen, mit der Stimme als einer Art ›grabendem‹ Werkzeug – eine Hörerin sieht die Erinnerung an ihre »Oma« durch die »ruhige Stimme« hervorgerufen. Was das Gedicht anspricht, wiederum, steht in Verbindung zu bestimmten anderen sprachlichen Kunstformen – und noch einmal scheint hier die Bedeutung des Mündlichen für das Gedicht auf. So wie sich die sprachlich geformte Identität zunächst nicht aus einer abstrakten ›Sprache‹ bildet, sondern aus dem konkreten, äußeren wie inneren *Sprechen*, sehen die Rezipientinnen eine Nähe des Gehörten zu traditionell mündlichen Gattungen: Immer wieder ist vom Märchen die Rede (»fabel-märchenhaft«), von »Volksweisen/-lieder[n]« (beides zu Martynova). Während beim Volkslied klar ist, dass es mündlich kennengelernt wird, könnte es sich beim Märchen auch um ein Buch handeln, das in der Kindheit gelesen wurde – ein Hörer spezifiziert deshalb (bei Oswald Egger), dass er an eine »Märchensammlung auf CD« erinnert wurde, und an die Stimmen, die dort zu hören sind.

Dabei ist die Verknüpfung zum Märchen auch in anderer Hinsicht aufschlussreich: Volks- bzw. Zaubermärchen sprechen von Grausamkeit und magischer Gerechtigkeit, von traumgleich richtigem Handeln und maßloser Rache, sie sprechen nicht zuletzt Undenkbares und Unsagbares aus, sind keineswegs über allen moralischen Zweifel erhaben. Zaubermärchen sind wesentlich abgründiger, als ihre Verknüpfung mit der Sphäre des Kindlichen vermuten lassen würde. Sie sind Träger, wie Zumthor dem Mündlichen generell attestiert, »der gelebten Erfahrung«, und zwar in Realität wie Imagination, vor Klärung und Zensur[58] – und die Lyrik ist ihnen hierin verwandt. Auch deren Kommunikation mit den ›Sedimenten‹ des Bewusstseins muss nicht harmlos sein; eine Zuhörerin von Eggers Lesung beschreibt ihren Eindruck auf gedanklicher Ebene als »konzentriert, entblößend«. Hier scheint etwas angestoßen, das normalerweise verdeckt liegt und sich nicht nur der Übersetzbarkeit entzieht, sondern vielleicht besser ungesagt bleibt. In einer anderen Stellungnahme findet sich dies explizit formuliert. Jener Hörer, der davon berichtet, dass ihn Eggers Vortrag ›wahnsinnig berührt‹ hat, schreibt bei der Frage, was er einem Freund von dieser Lesung erzählen würde, diese habe ihn: »fast schon an meinen Instinkten gepackt [...]. Einem solchen Gespräch wird allerdings mit Sicherheit zuerst eine eigene weitere Beschäftigung mit dem Werk Eggers voraus gehen – um einschätzen zu können, ob das was ich heute gehört habe, repräsentativ ist... Erst dann habe ich wohl auch mehr zu sagen und meine heutigen Eindrücke zu ›untermauern‹...«. Den Gedichten scheint gelungen, was Martha Nussbaum für unwahrscheinlich hält: Sie haben auf sprachlichem Weg die »intellektuellen Verteidigungsmechanismen« (»intellectual defenses«)[59] überwunden und einen Zugang zu »primitiven und extrem intensiven Gefühlen« (»primitive and extremely intense emotions«) ermöglicht. Damit aber muss das Gehörte

58 | Vgl. für Gedanke und Zitat: Zumthor, 1994, 49.

59 | Dieses Zitat und das folgende: Nussbaum, 2003, 268f.

nicht nur übersetzt, es muss aus der Sphäre der ›Instinkte‹ geholt, eingehegt und an die Sphäre des Schriftlich-Sprachlichen[60] oder prinzipiell Verschriftlichbaren rückgebunden werden – dadurch wird es (schicklich) sagbar und repräsentativ. Es erhält durch wiederholte Beschäftigung und prüfende Auswahl ein Fundament im Artikulierbar-Intersubjektiven – und kann damit dort bestehen.

Wenn dies allerdings eine tatsächliche Fundierung ist und nicht nur eine Aussonderung alles ›Entblößenden‹, wenn sich also die Erfahrung während der Lesung in dieser Erzählung dann noch abdrückt, sich Spuren der ›konzentriert-instinktiven‹ Gedanken darin finden, würden diese auch auf die Sphäre des Geklärten, Verschriftlichbaren, Intersubjektiven einwirken. Sie würden die Oberfläche des intersubjektiven Raums kräuseln, ihn, vielleicht, vertiefen, differenzieren, strecken. Die rezeptive Begegnung mit einem gesprochenen Gedicht hätte einen Moment maximaler Ausdehnung erreicht; es wäre geschehen, was möglich ist.

60 | Das ›Werk‹ deutet meiner Wahrnehmung nach in diesem Kontext auf etwas Schriftliches.

V. Die Perspektiven der Produzenten: Vier Gespräche

1. Gespräch zwischen Mila Haugová, Walter Koschmal und Anja Utler, 14.12.2012

A.U. Mila, im Gespräch nach deiner Lesung haben die Studierenden formuliert, dass es sie fasziniert hat, wie du dich zwischen einleitendem Erzählen und den Gedichten bewegt hast. Sie waren der Meinung, dass sich deine Stimme kaum ändert, manchmal haben sie einen Moment gebraucht, um zu verstehen, dass man jetzt schon im Gedicht ist. Sie hatten das Gefühl, dass du dadurch als Person sehr gut sichtbar geworden bist und dass sie dadurch mit deinen Gedichten besser umgehen konnten. Spielt das für dich eine Rolle, dass die Gedichte einen ähnlichen Klang haben wie Alltagssprache?

M.H. Nein, in keinem Fall. Ich glaube, meine Gedichte klingen auf Slowakisch, und ich glaube auch auf Deutsch, nicht wie Alltagssprache. Das kommt vielleicht daher, dass die Studenten nicht genug Erfahrungen mit Gedichten haben. Ich vermute, ich bin vielleicht die zweite oder dritte Dichterin, die sie sehen. Aber wenn man ein paarmal schon jemanden lesen gehört hat, würde man das nie sagen. Man muss das unterscheiden. Vielleicht war das deshalb ein wenig täuschend, weil meine Inhalte gleich sind. Nur die Bearbeitung im Gedicht ist anders. Manchmal hat man mich auch schon gefragt, warum Gedichte und nicht Prosa? Ich glaube, dass ich im normalen Leben ein bisschen zu viel spreche. In meinen Gedichten aber möchte ich sehr diszipliniert sein. Das, was ich im Sprechen mit vielen Wörtern sagen muss, möchte ich, und das ist ein wunderbares deutsches Wort, verdichten. Ich glaube, dass in meinen Gedichten nicht viele Wörter sind, die man auch entfernen könnte, und das Gedicht würde trotzdem weiter stehen. Vielleicht hatte es aber auch mit der Zeit zu tun. Wir hatten ausgemacht, dass ich eine dreiviertel bis eine Stunde lese, und ich wollte zwischen den Gedichten, die wir ausgewählt hatten, nur ganz knapp sprechen. Durch diese Knappheit habe ich vielleicht im Erzählen eine ähnliche Diktion bekommen wie beim Lesen. Die strenge Lesung kann die Sätze beeinflusst haben, die ich nur zwischendurch gesagt habe. Mein Sprechen könnte sich auch verdichtet haben.

A.U. Du würdest also sagen, die Annäherung ging eher vom Gedicht in das, was du dazwischen gesagt hast, als umgekehrt.

M.H. Ja.

A.U. Ich habe ja den Eindruck, dass deine Gedichte rhythmisch extrem genau gearbeitet sind.

M.H. Ja.

A.U. Das hat man in der Lesung heute auch gehört, glaube ich. Wie wichtig ist die akustische Dimension deiner Arbeit für dich?

M.H. An erster Stelle steht für mich die Vorstellung von Bildern. Auch die slowakischen Kritiker sagen, ich sei weniger melodisch als manche meiner Kollegen. Sie sagen, ich sei bildnerisch. Eher verwandt mit der bildenden Kunst. So beende ich manchmal einen Satz, ohne dass ich auch die Melodie bis ans Ende führe. Meine Schnitte stehen dort, wo ein Bild vollendet ist. Wenn man stärker auf die Melodie achtet, würde man weiter gehen und sie beenden. Ich kann sagen, dass ich konservativ bin, altmodisch, dass ich figurative Bilder liebe, und in musikalischer Hinsicht bin ich vielleicht näher bei Bartók oder Schostakowitsch, wo das Ende auch häufig abrupt ist. Bei den Klassikern, bei Schubert etwa, kann man wissen, jetzt kommt das Ende, bestimmt auch bei Beethoven, man spürt, dass es kommt. Bei Debussy, Bartók oder Schostakowitsch kommt das Ende wie eine Überraschung und nicht aus der richtig zu Ende geführten Melodik. Das ist mir näher. Denn die Wahrheit des Gedichts ist, dass es passt, und nicht, dass man eine kanonische Vorgabe erfüllt.

A.U. Das heißt, es hat eine innere Logik und nicht die Form als externe Logik?

M.H. Ja, deshalb gab es auch manchmal Streit mit meinem ehemaligen Freund, der bildender Künstler war und sehr avantgardistisch. Bei ihm musste alles der Logik entsprechen, die er sich ausgedacht hatte. Ich habe dann eine Metapher gefunden für meine Lyrik und ihn. Er hatte gesagt, deine Lyrik kommt nicht zu den neuesten, experimentellen Formen. Und ich habe ihm gesagt, du bist wie jemand, der mit der Machete neue Wege in den Urwald schlägt, aber dann komme ich, und ich sammle hier ein Ästchen, da ein Vögelchen, hier ein Steinchen und da eine Blume, und aus diesen Resten, die du hinterlassen hast, mache ich ein Nest oder ein Gedicht. Ich schütze die Sachen, ich schlage keine neuen Wege, ich bewahre die Dinge.

A.U. Gleichzeitig aber hast du in der Lesung gesagt, es sei dir am liebsten, wenn du die Gedichte in deiner Stimme sprichst und wenn du sie in deiner Stimme hörst. Hast du auch schon erlebt, dass Leute deine Gedichte gesprochen haben, und du hast dir gedacht, das sind nicht mehr meine Texte?

M.H. Ja, im Rundfunk. Ich höre viel Radio, einen Kultursender, und plötzlich höre ich da ein Gedicht und frage mich, mein Gott, wer hat denn das geschrieben, dass man das hier mit so einer sentimentalen, piependen Stimme vorträgt. Das hat fast eine ganz andere Bedeutung bekommen. Nach drei, vier Wörtern habe ich schon verstanden, oh Gott, das sind deine Gedichte, aber am Anfang war ich so überrascht. Ich habe mich gefragt, wie das möglich ist, das war in einem so sentimental-romantischen Stil, die Akzente waren schlecht gelegt. Die Stimme war schön, aber nicht gut. Ich lese vielleicht nicht wie eine Schauspielerin, aber auf der anderen Seite weiß ich, dieses Wort oder jenes muss so, und hier muss man ein bisschen höher. Ich glaube, wenn man fragt, wie hört man ein Gedicht im Slowakischen und wie im Deutschen, dann wäre es interessant, wenn nicht ich das Deutsche lesen würde, sondern du. Bestimmt wäre das Deutsche dann schöner, denn manchmal konnte ich das Deutsche sicher nicht ganz richtig lesen, denn die Diktion kann man, wenn es nicht die Muttersprache ist, nur sehr schwer nachahmen. Da müsste man hier fünf bis sechs Jahre leben, dass man weiß, wie muss man etwas sagen, dass man alle Nuancen der Wörter richtig bekommt. Für mich ist es zum Beispiel sehr schwierig, dass die Präfixe am Ende des Satzes kommen, dafür habe ich gar keinen Atem. Wo diese abtrennbaren Präfixe sind, zerstöre ich die ganze Sache, weil ich nicht daran denke, dass zu diesem Verb noch etwas gehört. Das ist das größte Problem mit Lesungen in anderen Sprachen, dass man es nicht ganz in sich hat, was noch kommt. Im Slowakischen ist das sehr fein, dass ein Satz verschiedene Richtungen haben kann, es ist nicht so streng.

A.U. Als wir in Linz zusammen aufgetreten sind und ich deine Gedichte auf Deutsch gelesen habe, waren es also auch auf Deutsch noch deine Gedichte?

M.H. Ja. Mehr sogar als die, die ich heute selbst gelesen habe.

A.U. Aha.

M.H. Ja, was du gelesen hast, waren mehr meine Gedichte. Denn wir haben bei der Übersetzung gut zusammengearbeitet, und du hast vielleicht auch die Empathie, dass du die Diktion aus dem Slowakischen, wie bei einer Induktion, ein bisschen übernommen hast, so dass von beiden Seiten her eine Ganzheit entstanden ist.

A.U. Aber wenn du sagst, du kommst eher vom Bild her, ist dir dann wichtig, dass die Leute deine Gedichte selbst lesen, sie also auch visuell vor sich haben, oder findest du, dass es auch genügt, wenn sie sie gehört haben?

M.H. Nein. Vor allem in der Slowakei ist es Tradition, dass man Gedichte zu Hause liest, bei kleiner Lampe, in der Ecke auf dem Kanapee. Gedichte zu lesen war bis in die 90er Jahre hinein eine sehr intime Sache. Bis dahin hat man in der Slowakei Gedichte als gesprochene nur von Schauspielern bekommen. Nur manchmal machte man damals Rundfunkaufnahmen, mit alten Dichtern, deren Stimme man bewahren wollte, die haben dann etwas gelesen oder auswendig vorgetragen. Aber das war nie Programm, dass man eigene Gedichte liest. Das ist erst später gekommen. In Russland, zum Beispiel, gibt es diese Tradition des lauten Lesens, in Deutschland auch, aber in der Slowakei nicht. Und dafür gibt es auch einen Grund, denn in der romantischen Zeit, in der unsere Sprache entstanden ist, sind die Dichter in Devín auf den Felsen gegangen und haben dort ihre Gedichte gelesen. Und das war uns ein bisschen zu pathetisch. Jeder hatte Angst, dass es pathetisch würde, wenn man seine eigenen Gedichte liest. Jetzt ist es normal geworden, dass man zivil, mit der eigenen, nicht präparierten Stimme die Gedichte liest. Das kommt jetzt langsam, dass man sich mit dem Vortrag auch beschäftigt, das kommt mit *Poetry Festivals*, wie *Ars Poetica*, wo man laut lesen muss und man auch der internationalen Szene gegenüber steht, wo man mit dem einfachen Vorlesen fast schon verloren ist.

A.U. Aber machst du's gerne? Gibst du gerne eine Lesung oder ist es eher ein notwendiges Übel für dich?

M.H. Nein, nein. Ich glaube, meine erste Lesung war in Hainburg, auf der Ruine, das war fast schon wie in Devín. Dort hatten sie in kleinen Höhlen Lautsprecher, und dort konnte man die Stimmen von Sylvia Plath, Ingeborg Bachmann, Christine Lavant und ich weiß nicht, von wem noch hören. Dort haben wir dann gelesen und ich habe fast lautlos gelesen, eigentlich auch ohne mich zu geben, es war wie eine Hausaufgabe oder so etwas. Aber dort habe ich auch verstanden, dass es so nicht geht. Dann habe ich mich richtig damit beschäftigt. Ich habe zu Hause laut gelesen, auch die Zeit gemessen. Und jetzt hängt es vom Auditorium ab, ob ich gerne lese oder nicht. Man spürt, ob eine Zusammenarbeit existiert. Und vielleicht kann ich hier nochmal auf die erste Frage zurückkommen. Es ist vielleicht deshalb alles so sehr zusammengeschmolzen, weil ich mich gut gefühlt habe. Es war keine so große Spannung, dass jemand vielleicht nur da ist, weil man am Ende ein Glas Wein bekommt oder so, wie es bei den Institutionen manchmal ist. Alle waren gekommen, weil sie das wollten. Und das ist sehr wichtig.

A.U. Dann entfaltet sich die Lesung besser?

M.H. Ja, die Lesung entfaltet sich besser, weil ich nicht mehr auf mich selbst aufpasse, sondern nur noch auf die Stimme und auf den Text. Ich vergesse Mila, die Person, und bin ganz in dem Text.

A.U. Aber habe ich dich da richtig verstanden, du hast das einmal gemacht wie eine Hausaufgabe, da in Hainburg, und dann hast du richtig geübt?

M.H. Ja, wie du sagst, richtig geübt.

A.U. Bevor du einen Text liest, hast du so etwas wie eine innere Stimme, in der du den Text schon hörst, und dann versuchst du, das mit der äußeren Stimme umzusetzen? Oder hörst du die Texte innen gar nicht?

M.H. Nein, ich bin eher extrovertiert, als introvertiert. Und das hängt bestimmt zusammen mit dieser Sache. Eine liebe Kollegin, und Freundin, ist eher introvertiert, und sie bereitet sich auf Lesungen eher so vor, dass sie das alles innerlich durchgeht vor der Lesung. Und ich mache solche Sachen wie – das ist lächerlich, aber: Ich esse ein Minzzuckerchen, ich denke an meine Stimme, ob sie passen wird, im Sinne von Gesundheit, dass ich das alles im Griff habe, dass meine Stimme nicht versagt. Ich trinke Wasser. Manchmal komme ich zu einer Lesung und es ist kein Wasser da, denn die Leute wissen nicht, was eigentlich notwendig ist für eine Lesung. Ich denke, man kann sagen, weil ich meine Gedichte liebe, will ich meine Gedichte nicht mit meiner Stimme anders machen als sie eigentlich sind. Durch so äußerliche Sachen wie eine Krankheit. Krank gehe ich nie zu einer Lesung. Manchmal sagen Kollegen: Er ist gekommen, obwohl er krank war. Aber dann ist durch die Stimme alles verschoben. Vielleicht kann ich sagen, ich will die Herrin meiner Stimme sein, wenn ich meine Gedichte lese.

A.U. Weil du den Gedichten gerecht werden willst?

M.H. Ja. Genau.

W.K. Mit der Stimme des Mannes möchte ich noch fragen: Wie ist es, wenn ein Mann deine Gedichte liest? Denn ich nehme an, dass das auch im Rundfunk eher Frauen lesen.

M.H. Ja.

W.K. Ist das dann noch fremder?

M.H. Wenn ein Mann meine Gedichte liest? Ja, das hat es schon gegeben. Bei einem Berliner Lyrikfestival 2003 hat mein Partner meine Gedichte auf Deutsch gelesen. Da konnte ich nicht so kritisch sein, weil die Person mir nahe stand, er kein Schauspieler war. Er hat sich bemüht. Aber es war einfach eine Notwendigkeit, weil der Herr, der das lesen sollte, nicht gekommen war. So musste man das *ad hoc* machen. Seine Stimme war bei meinen Gedichten anders, als ich das vom normalen Lesen gekannt hatte. Ich war überrascht davon, wie er das liest. Man kann sagen, es war mehr Gefühl dabei als bei meinem eigenen Lesen, und ich hatte keine Liebesgedichte gewählt, das wäre auch etwas peinlich gewesen, wenn wir beide dort auf der Bühne stehen und solche Gedichte lesen. Wann hat noch ein Mann gelesen? Einmal in Köln, Herr Böhm. Das war schön, sehr schön, sehr zivil. Nein, es hat mich überhaupt nicht gestört, wenn das von Männerseite gelesen wurde. Im Englischen war das häufiger, dass Männer gelesen haben. Einmal in der Slowakei, in Trenčín, hat ein Schauspieler gelesen, und das war mir fremd. Aber nicht wegen Mann oder Frau. Sondern weil ich glaube, dass er diesen Gedichten nicht nahe war. Er hat das bekommen wie eine Aufgabe, bezahlt und alles, hat es sehr schön gemacht, und alle waren begeistert und Beifall und alles, aber mir war das nicht nahe. Es gibt aber im slowakischen Rundfunk zwei, drei Stimmen, und immer wenn ich etwas für den Rundfunk mache, schreibe ich dorthin: Bitte eine Schauspielerin mit reifer, tiefer Stimme. Anders mag ich es nicht. Aber zum Glück sind in der Slowakei und in Deutschland, Ungarn auch, die Frauenstimmen tiefer als zum Beispiel in England oder Amerika. Die haben etwas schrillere Stimmen. Vor allem in England, wenn ich höre, wie sie dort piepen, dann ist das nicht der Durchschnitt von deutschen oder slowakischen Frauen. Ich liebe es, wenn die Sprache eines Gedichts, und ich möchte das so im Kreis definieren, Gedicht ist. Und das ist egal, ob das dann ein Mann oder eine Frau liest.

W.K. Eine kleine Frage noch. Mich würde interessieren, wie es ist, wenn du mit Mikrofon lesen musst – der Raum ist ja auch wichtig, eine Synagoge etwa ist ein anderer Raum als unser Raum hier. Ändert sich das Verhältnis zum eigenen Gedicht, wenn du mit Mikrofon sprechen musst?

M.H. Nein. Es ist nur ein technisches Problem, ich bitte immer darum, das Mikrofon nicht halten zu müssen. Das stört mich körperlich, wenn ich zwischen mir und dem Buch etwas in der Hand halten muss. Und noch etwas: Ich lese nicht gerne, wenn ich stehe. Vielleicht wäre es eine andere Stimme, wenn ich stehe und das Buch halte, aber das ist mir nicht angenehm. An einem Tisch fühle ich mich ein bisschen wie beim Schreiben. Wenn ich einen Tisch habe, dann lege ich dort meine Sachen ab, dann kann ich einen Bleistift oder eine Feder in der Hand haben. Ich fühle mich mit Tisch beim Lesen sicherer. Wenn ich gefragt werde, was ich brauche, sage ich, ich brauche einen Tisch, Wasser und einen bequemen Stuhl. Im Stehen muss ich mich auf andere Sachen konzentrieren, dass meine Brille nicht runterfällt, wo ich das Etui habe, ich frage mich, wie ich es beim Blättern machen soll, ich kann mich auf das Lesen gar nicht konzentrieren. Und ich kann mich nicht so vorbereiten, dass ich einfach mit zwei Papieren dort stehe, das geht so nicht. Ich lese gern aus dem Buch. Und der Tisch ist wie eine Unterstützung, als sei noch jemand mit mir dort vorne.

2. Gespräch mit Lidija Dimkovska, 14.06.2013[1]

A.U. Lidija, als wir heute zusammen auf den Bus gewartet haben, hast du gesagt, deine Gedichte seien nicht besonders rhythmisch. Aber als du dann gelesen hast, hat es sich für mich schon sehr rhythmisch angehört. Ich habe auch gesehen, dass du deine Hände bewegt hast, als würden sie dich durch das Gedicht führen.

L.D. Wie ein Dirigent.

A.U. Ja, genau. Spielt also der Rhythmus im Schreiben wirklich keine Rolle für dich?

L.D. Eigentlich nicht. Zumindest nicht im traditionell poetischen Sinn. Ich verwende kaum Reime, und sie sind das, was normalerweise den Rhythmus eines Gedichts ausmacht. Lange Sätze, wie die meinen, können die rhythmische Struktur eines Gedichts beschädigen. Meine Gedichte sind ziemlich narrativ, sie erzählen eine Geschichte, sie sind eher wie Geschichten, die in Versen erzählt werden. Vielleicht habe ich deshalb das Gefühl, dass sie nicht besonders rhythmisch sind. Aber ich glau-

---

1 | Das Gespräch wurde auf Englisch geführt und von mir übersetzt.

be ohnehin, dass sie im Original, auf Mazedonisch, den ausgeprägtesten Rhythmus haben. In einer Übersetzung kann dieser Rhythmus mit der Struktur der anderen Sprache verschwinden. Aber im Mazedonischen leitet mich die Sprache, wenn ich schreibe, und so werden die Gedichte rhythmisch, ob ich will oder nicht. Ich bin mir nicht sicher, inwieweit das in einer anderen Sprache funktioniert.

A.U. Ist das, was dich im Mazedonischen leitet, dann auch die akustische Qualität der Sprache?

L.D. Da ich eine Geschichte erzählen will, ist mir der Klang nicht besonders wichtig. Aber ich habe Erfahrung mit lyrischer Poesie, weil meine ersten beiden Bücher ziemlich lyrisch waren. Lyrisch in der Thematik, nicht nur in der Form, die Natur war präsenter, Mythologie und Religion, und schon wegen dieser Themen war die Dichtung stärker lyrisch und rhythmisch. Ich habe auch einige gereimte Sonette geschrieben. Aber als sich meine Poetik geändert hat, habe ich diesen Rhythmus verloren. Das war allerdings keine bewusste Entscheidung, sondern eher eine natürliche Folge dessen, dass die Gedichte länger und erzählender wurden.

A.U. Gibt es eine Nähe zwischen dem Klang deiner Gedichte und dem der gesprochenen Sprache?

L.D. Eigentlich nicht. Ich verwende keine Alltagssprache – ich habe Komparatistik studiert und das Mazedonische ist für mich zu einer Art professionellen Sprache geworden, die sich nicht auf Gedichte beschränkt. Ich übersetze auch ins Mazedonische. Wenn ich schreibe, benutze ich kaum Slang oder Alltagssprache, zumindest nicht in den Gedichten. In der Prosa, wenn die Personen authentischer werden, sprechen sie natürlich auch so, wie Leute auf der Straße sprechen würden. Aber die Sprache meiner Gedichte ist eine Literatursprache.

A.U. Und wenn du diese Literatursprache sprichst, hört sich deine Stimme anders an als jetzt, wenn wir uns unterhalten. Sie hat viel mehr Energie.

L.D. Mhm.

A.U. Ist sie eine Art Kunststimme oder poetische Stimme?

L.D. Ich würde nicht sagen, dass es eine Kunststimme ist. Denn es ist schon eine Sprache, die ich spreche. Da ist nicht eine Sprache für die Dichtung und eine für das alltägliche Leben. Ich spreche, wie ich schreibe, aber wie ich spreche, ist nah an der literarischen Sprache. Auch deshalb, weil ich möchte, dass meine Tochter Mazedonisch lernt[2], und dass dieses Mazedonisch nah an der geschriebenen Sprache ist. Mein Mazedonisch ist eher die Sprache der Bücher als die der Leute um mich herum. Das rückt die Sprache meiner Gedichte nah an die Sprache dieser Bücher. Aber es ist keine Sprache, die ich mir ausdenke, es ist eine normale Sprache, nur eine ohne Straßenjargon.

A.U. Aber dann ist da dein energiegeladener Vortrag. Warum wählst du diese Vortragsweise?

L.D. Wenn ich meine Gedichte vortrage, erinnere ich mich an die Energie, mit der ich die Gedichte geschrieben habe. Tatsächlich kommt die Erfahrung des Schreibens zurück und ich durchlebe die Dinge, über die ich geschrieben habe, noch einmal. Für mich ist es wichtig, dass ich die Gedichte authentisch vorlese, dass sie aus meinem Herzen, meiner Seele kommen. Deshalb mag ich es auch nicht, wenn Schauspieler meine Gedichte vorlesen, weil sie dann so künstlich klingen. Wenn ich meine Gedichte lese, fühle ich, dass ich da bin. Wegen der intensiven Verbindung zwischen meinem Ich und dem Ich im Gedicht. Deshalb ist es wichtig für mich, meine Gedichte laut vorzulesen.

A.U. Ist es also Teil der dichterischen Arbeit, die Gedichte laut vorzulesen? Oder gibt es eine Hierarchie, ist das geschriebene Wort wichtiger als das gesprochene oder umgekehrt?

L.D. Für mich ist das geschriebene Wort wichtiger. Der mündliche Vortrag hat für mich eine Verbindung zur Tradition mazedonischer Volkslieder und den oralen Traditionen, die in meiner Kindheit an mich weitergegeben worden sind. Zum Beispiel in den Geschichten, die Kinder von ihren Großeltern hören. Unsere erste Erfahrung mit Literatur, mit

2 | Lidija Dimkovska lebt mit ihrer Familie in Slowenien.

Tradition und Kultur, ist mündlich. Und das zeigt sich natürlich später, im gesprochenen Wort. Ich möchte, dass meine Gedichte, wenn ich sie spreche, den Zuhörern so gegenübertreten wie ich sie geschrieben habe. Wenn sie nicht die Möglichkeit haben, sie zu lesen, hoffe ich, dass sie die Gedichte durch die Art, wie ich sie mündlich präsentiere, erfahren können.

A.U. Glaubst du also, dass das Hören von Gedichten tief in den Hörern verwurzelt ist, weil das Hören von Literatur eine grundlegende Erfahrung aus der Kindheit ist?

L.D. Ja, aber vielleicht nicht für jeden. Ich möchte mir aber auch dann Gedichte anhören, wenn sie originell vorgetragen werden. Allerdings sehe ich hier auch ein Problem. Manchmal trägt jemand seine Gedichte sehr originell vor, sehr laut, sehr authentisch, aber das Gedicht selbst ist nichts Besonderes.

A.U. So dass nichts anderes als ein überdimensioniertes *Bla-Bla* herauskommt?

L.D. Ja. Aber es gefällt mir, wenn der Rhythmus und das gesprochene Wort die gleiche Intensität und Energie haben wie das Geschriebene und mir deshalb etwas sagen.

A.U. Der Klang an sich reicht also nicht, es muss noch etwas anderes da sein.

L.D. Ja.

A.U. Du hast die Rolle angesprochen, die mündliche Literatur in der Kindheit spielt. Gibt es eine bestimmte Tradition in der mazedonischen Literatur, der du dich besonders verbunden fühlst, oder beziehst du dich eher auf etwas Allgemeines?

L.D. Ich fühle mich nicht nur der mazedonischen mündlichen Literatur verbunden. Jedes Land hat mündliche Traditionen. Aber als ich selbst Mutter wurde und anfing, meiner Tochter Geschichten vorzulesen, versuchte ich mir vorzustellen, wie es sein muss, wenn man Geschichten nur hören kann. Es ist ein sehr wichtiger Abschnitt in unserem Leben, in dem wir die Geschichten nur hören.

A.U. Aber es gibt keine spezielle Richtung in der mazedonischen oralen Tradition, der du folgst?

L.D. Nein, weil ich glaube, dass diese Tradition überall die gleiche ist. Natürlich, ein paar Unterschiede mag es geben. Zum Beispiel gibt es in Mazedonien immer noch ältere Frauen, die die Verstorbenen beweinen und von ihren Leben erzählen. Und sie machen das professionell. Es ist sehr interessant, ihre Geschichten über die Toten zu hören, wie er oder sie gewesen ist, wie sie ihn oder sie beklagen. Als Kind habe ich ihnen und auch Leuten vom Land mit großem Interesse zugehört, weil sie die mündliche Tradition wirklich kennen. Und so konnte ich mir in dem Dorf, wo ich aufgewachsen bin, einige Momente dieser Tradition aneignen. Vielleicht sind diese Dinge immer sehr wichtig für mein Schreiben und zeigen sich gerade dann, wenn ich mir ihrer gar nicht vollständig bewusst bin.

A.U. Wenn du deine Gedichte schreibst, hat das etwas mit dem Akustischen zu tun, hörst du etwas, das du niederschreibst, oder ist vor allem die kognitive Dimension wichtig, das Planen der Sprache?

L.D. Beides, glaube ich. In den letzten Jahren schreibe ich kaum mehr ein Gedicht einfach vom Anfang zum Ende auf. Ich schreibe die Gedichte in Fragmenten. Ich schreibe Dinge auf, die mich in einem Moment inspirieren, und dann vergesse ich sie, und irgendwann später erinnere ich mich daran, dass ich da doch etwas aufgeschrieben habe. Es gibt diese Momente, in denen ich mich imstande fühle, es mit dem Gedicht, wie es in mir existiert, und mit den Fragmenten, in denen es außerhalb von mir bereits vorhanden ist, aufzunehmen. Und natürlich höre ich, wenn ich ein Gedicht schreibe, auch auf sein Lied, denn jedes Gedicht ist auch eine Art Lied. Aber für mich ist es viel wichtiger, die Geschichte zu Papier zu bringen und nicht dem Lied zum Opfer zu fallen.

A.U. Wenn du sagst, du möchtest dem Lied nicht zum Opfer fallen, meinst du damit, dass das Gedicht sonst zu schön werden könnte?

L.D. Nein, ich habe eher Angst, dass ich dann nicht mehr sagen würde, was ich sagen möchte. Warum Wörter nur um der Musik willen verlieren. Wenn ich Musik machen wollte, könnte ich ein Instrument nehmen, und nicht Wörter.

A.U. Du sprichst von Inspiration und dem Gedicht als Lied. Ist Inspiration etwas Musikalisches?

L.D. In meinem Fall ist Inspiration eher etwas Visuelles. Ich sehe die Gegenstände des Gedichts eher, als dass ich sie höre. Ich sehe ein Bild, eine Situation, ich kann das beschreiben. Das ist also ziemlich weit entfernt von Musik. Aber andererseits ist Musik überall. Auch in der Prosa ist Musik.

A.U. Lass mich abschließend noch einmal auf einen Punkt zurückkommen, den du bereits erwähnt hast. Du hast gesagt, es ist dir nicht angenehm, wenn Schauspieler deine Gedichte sprechen. Hast du die Erfahrung gemacht, dass jemand deine Gedichte gesprochen hat, und du konntest sie nicht mehr erkennen? Oder dass die Gedichte aufhören, deine Gedichte zu sein, wenn sie auf eine bestimmte Art gesprochen werden?

L.D. Manchmal habe ich diesen Eindruck. Aber ich kenne auch in Graz einen Schauspieler, der meine Gedichte spricht, wie ich sie spreche. Es hat mich so erstaunt, dass jemand mein Gedicht so empfinden kann, wie ich es empfinde. Aber es gibt diese Fälle, dass Schauspieler einfach ihre übliche Art zu rezitieren nehmen, um meine Gedichte zu sprechen. Dann ziehe ich es vor, dass ich meine Gedichte auf Mazedonisch lese und mein Übersetzer oder jemand anders liest die Übersetzung, aber kein Schauspieler.

A.U. Kannst du das an etwas Konkretem festmachen? Du sagst, dieser eine Schauspieler spricht deine Gedichte, wie du sie sprechen würdest. Wie macht er das?

L.D. Vielleicht spürt er genau jene Energie, die ich beim Schreiben in das Gedicht gelegt habe. Er hat es so natürlich gelesen, als sei es sein Gedicht. Er hat nicht geschauspielert, ich hatte nicht das Gefühl, dass er schauspielert. Und als wir es vorgetragen haben, ich auf Mazedonisch und er auf Deutsch, war das wie eine Person in zwei Sprachen. Das war sehr interessant, dass zwei Leute das Gleiche an einem Gedicht wahrnehmen. Ein solcher Schauspieler ist mir lieber als einer, der schauspielert. Vielleicht ist für die lyrische Dichtung mit Rhythmus und Reim ein schauspielernder Schauspieler besser, aber für narrative Gedichte wirklich nicht.

3. Gespräch mit Olga Martynova, 28.06.2013

A.U. Frau Martynova, was bedeuten Lesungen für Sie? Ist der Vortrag Ihrer Gedichte Ihnen wichtig, oder ist er etwas Sekundäres?

O.M. Das ist etwas absolut Wichtiges. Und zwar auch während des Schreibens. Ich muss mir alles laut vorsagen, jede Zeile. Ich glaube, das machen alle, die Lyrik schreiben. Der Ursprung der Lyrik ist Vortrag und Gesang, und man darf das nicht trennen. Obwohl ich selbst ein Büchermensch bin. Der geschriebene und der gedruckte Text sind für mich sehr wichtig. Vielleicht lese ich sogar lieber, als dass ich etwas höre; obwohl ich auch gerne höre. So genau kann ich das gar nicht sagen. Und wenn ich zum Beispiel Prosa schreibe, sage ich auch jeden Satz laut. Ich kann mir nicht vorstellen, dass diese beiden Dinge getrennt werden.

A.U. Wie ist das beim Schreiben? Schreiben Sie etwas, das Sie schon hören, oder entwickelt sich der Klang durch das Tun?

O.M. Das ist unterschiedlich. Beides, glaube ich. Ich denke, der Klang ist überhaupt das Wichtigste in einem Gedicht. Wenn der Klang nicht stimmt, kann auch alles andere nicht stimmen. Die Priorität ist die Musik – nun ja, Musik ist hier kein gutes Wort. Die Prosodie, das Prosodische ist die Hauptsache in einem Gedicht. Ob das Gedicht gelungen ist oder nicht, hängt für mich davon ab, ob es diesen Klang hat oder nicht hat. Diesen Klang, den ich mir von ihm wünsche und den ich mir auch in den Gedichten von anderen wünsche. Ich glaube, für diejenigen, die Lyrik schreiben, gibt es die Frage, ob man ein Gedicht versteht oder nicht versteht, überhaupt nicht. Denn es existieren andere Gesetze und andere kognitive Wege, wenn man ein Gedicht spricht. Und ich glaube – das gehört vielleicht nicht zum Thema – aber ich glaube, der größte Fehler eines

Lesers ist, wenn er ein Gedicht oder auch Prosa, denn das gilt auch für Prosa, verstehen will. Wenn er glaubt, dass er etwas unbedingt zu verstehen hat. Genau das stört am meisten beim Begreifen. Ich glaube, wenn man sich von dieser Vorstellung befreit, wird man sofort viel mehr begreifen. Und ich habe ja gesagt, dass ich lieber lese als höre, aber wenn ich Gedichte der anderen lese und dabei nicht im Zug bin, sondern zu Hause, dann lese ich mir diese Gedichte auch laut vor, egal, von wem sie sind.

A.U. Ist es eine Art musikalisches Verständnis, das man dann von Lyrik hat? Oder meinen Sie, es ist ein emotionales Verständnis, wenn Sie sagen, es ist ein anderer kognitiver Prozess?

O.M. Beide Wörter, glaube ich, sind nicht ganz genau. Denn Musik ist eben Musik. Zum Beispiel kann ich, wenn ich schreibe, keine Musik hören, das stört, das ist eine andere Musik – obwohl ich Musik sonst sehr gerne höre und liebe. Also weder noch. Es ist etwas anderes, eine andere Logik.

A.U. Gibt es einen anderen Begriff, der Ihnen einfallen würde?

O.M. Bestimmt, aber ich muss mich sehr konzentrieren. Falls es mir jetzt nicht einfällt, werde ich quälend daran weiterdenken. Kennen Sie denn jemanden, der einen Vorschlag hätte? Oder haben Sie einen?

A.U. Eigentlich nicht.

O.M. Auch nicht.

A.U. Nein. Es ist eben sehr schwierig zu fassen, in diesen Kategorien und Adjektiven. Sie sprechen ja auch in Ihrem Buch *Von Tschwirik und Tschwirka* von der »бессмыслица« (»bessmyslica«). Ist diese Art von Unsinn oder Nonsense, wie Sie es nennen, ist das ein integraler Bestandteil von Lyrik generell oder nur von Ihrer Lyrik, in diesem Buch?

O.M. Beides. Ich glaube, völlig unsinnige oder absurde Texte gibt es nicht. Wir können sie so nennen, aber das ist rein technisch, damit wir sie irgendwie einstufen. Ich glaube nicht an unsinnige Texte. Warum ich speziell von »бессмыслица« (»bessmyslica«) spreche: Für Vvedenskij und

Charms war das tatsächlich ein Erkenntnismittel. Und ich glaube, dass das auch ein Versuch war, das Bewusstsein abzuschalten. Mit sehr ähnlichen Zwecken, wie das tausende Menschen täglich in Fernost machen, sie sitzen stundenlang und versuchen, das Bewusstsein abzuschalten. Wozu macht man das? Bekanntlich erreicht man dadurch den Zustand der Erleuchtung. Und ich glaube, es ging Vvedenskij und Charms um ganz ähnliche Dinge, ihre Themen waren diese berühmten unangenehmen Dinge, zu denen Buddha gewirkt hat, Zeit, Tod und Glück, Alter, Krankheit, all die Unglücke, die die Zeit mit sich bringt. Vvedenskij sagt, die Zeit und der Tod sind seine Themen. Er war auch mit Charms unzufrieden, weil der sagte, weder Zeit noch Tod interessieren ihn wirklich. Ich glaube, dass es in jedem Fall auch im westlichen Denken diese Tradition gibt, diesen Versuch, das Gefängnis des Bewusstseins zu durchbrechen. Und Lyrik, glaube ich, hat damit viel zu tun.

A.U. Sie sagen auch, Sie schreiben Ihre Lyrik deswegen auf Russisch, weil Sie da schneller sind. Das klingt für mich beinahe so, als sei die Lyrik etwas, das im Kopf sowieso abläuft und das man sozusagen erhaschen muss.

O.M. Ja, ja. Das war auch bei einer Diskussion zwischen mir und Elke Erb zur Übersetzung des Buchs ein Thema, oder auch Peter Waterhouse hat das einmal gesagt, dass Lyrik zu schreiben ohnehin Übersetzen bedeutet. Man übersetzt etwas, das in einer Dimension ist und bringt es in eine andere. Und ich habe gesagt, dass es zwei Meinungen gibt: Die eine Meinung besagt, dass Denken und Sprache dasselbe ist, dass man in Wörtern denkt. Und die andere Meinung ist, dass man denkt und dann muss das, was man denkt, mit Wörtern gefasst werden. Ich bin natürlich der zweiten Meinung. Deshalb muss man auf das achten, was aus diesem Unbewussten befreit oder gezogen werden kann. Und da muss man dann tatsächlich aufpassen und ganz schnell die Wörter bringen, die passen. Das befreit das Denken. Das hilft. Ich glaube, Menschen, die Lyrik lesen, können besser denken, weil sie dort andere Muster finden. Sonst hat man vielleicht einen wunderbaren, genialen Gedanken, aber in dem Moment, wo der Gedanke diese Schwelle passiert, bekommt er die falsche Kleidung, und es kommen ganz banale Sätze. Deshalb glaube ich, dass Lyrik überhaupt für das Denken sehr hilfreich ist.

A.U. Glauben Sie, dass dieses Denken, aus dem man dann übersetzt, dass das selbst bereits eine rhythmische und lautliche Struktur hat?

O.M. Das weiß ich nicht. Kann sein. Wahrscheinlich, ja. Sehr wahrscheinlich.

A.U. Sie arbeiten mit Elke Erb als Übersetzerin zusammen. Wie ist es, wenn Sie Ihre Gedichte dann auf Deutsch hören? Haben Sie dann den Eindruck, das sind dieselben Gedichte in einer anderen Sprache, oder ist das dann noch einmal etwas anderes, Neues?

O.M. Erstaunlicherweise sind sie für mich tatsächlich dieselben Gedichte. Ich kann mir das selber nicht erklären, aber so sehe ich sie.

A.U. Liegt das daran, dass Sie an der Übersetzung mitarbeiten?

O.M. Ja, ich glaube ja. Denn ich habe sehr gute Übersetzungen von anderen, sehr guten Kollegen gehabt, mit denen ich nichts zu tun hatte. Das sind gute Übersetzungen, und ich freue mich sehr, dass ich diese Übersetzungen auch habe, aber dieses Gefühl, dass das dieselben Gedichte sind, habe ich dort nicht.

A.U. Liegt das dann auch an der lautlichen Arbeit, die Sie in diese Texte stecken – denn die sind lautlich ja sehr stark strukturiert. Sie sagen zwar selber, es kommt auf den Reim nicht unbedingt an, aber generell sind die Übersetzungen doch sehr genau durchkomponiert.

O.M. Wahrscheinlich. Vor kurzem hatte ich eine Lesung in einer Schule, und in jeder Schulklasse gibt es mittlerweile jemanden, der Russisch kann. Dort war ein Mädchen, das gemerkt hat, dass auf Russisch das eine Wort steht und auf Deutsch ein ganz anderes. Und sie hat gefragt, warum. Und die einzige Erklärung war, dass das aus lautlichen Gründen so ist. Es ging um Saatkrähen, und das Wort musste irgendwie entfernt an die Schreie von Saatkrähen erinnern. Ich habe gesagt, dass Elke und ich in diesem Fall bei der Übersetzung natürlich die Freiheit haben, das eine Wort durch ein anderes aus lautlichen Gründen zu ersetzen. Aber sonst ist das immer ein großes Problem. Ich sage immer, die Übersetzung des *Raben* von Edgar Allan Poe ins Russische ist eine Katastrophe, weil dieses »nevermore« im Russischen mit »никогда« (»nikogda«) nicht funktioniert. Aber im Deutschen, mit »nimmermehr«, ist das natürlich ein Glücksfall. Im Russischen gibt es verschiedene Versionen, manche Übersetzer lassen das einfach auf Englisch stehen, weil »никогда« nicht stimmt. Aber hätte Poe die Möglichkeit, dem russischen Übersetzer zu sagen, bitte, nimm einen anderen Vogel, mach etwas, damit es funktioniert, dann könnte man vielleicht eine Lösung finden. Man könnte vielleicht statt einem Raben einen Uhu nehmen und dann nach dem richtigen Wort suchen.

A.U. Sie wollten Ihre Gedichte lieber nicht selber auf Deutsch vorlesen. Warum? Ist das einfach nur zu anstrengend für Sie oder –

O.M. Nein, nein. Natürlich nicht deshalb. Ich lese die Prosa immer selber auf Deutsch. Die einfache Regel ist: Was man selbst geschrieben hat in einer Sprache, kann man auch selbst lesen. Aber ich glaube, ich verletze zu viele phonetische Gesetze, wenn ich Lyrik lese. Das funktioniert einfach nicht.

A.U. Aber die russischen Texte zu lesen, ist das etwas, das Ihnen, einfach gesagt, Freude macht?

O.M. Oh ja, ja. Das ist immer ein Glück. Naturgemäß passiert das hier nicht so oft wie in Russland, und ich freue mich immer, wenn ich die Gedichte auf Russisch lesen kann.

A.U. Ja. Als ich mich auf die Lesung heute vorbereitet habe, habe ich gemerkt, dass der Artikulationsvorgang, den diese Verse produzieren, etwas richtiggehend Lustvolles war. Dieser Artikulationsvorgang ist so stark modelliert, es ist ein freudiges Ereignis, etwas so Gestaltetes auszusprechen. Ist das im Russischen für Sie ähnlich, dass es eine Mundfreude ist?

O.M. Ja, natürlich, ja. Und eben, wenn eine Zeile keine Freude macht beim Aussprechen, schreibe ich weiter daran. Denn man schreibt ja keine Gedichte, um etwas mitzuteilen. Man schreibt Gedichte wie Wesen, wie Lebewesen. Und ich glaube, das funktioniert nur lautlich.

A.U. Ist das dann eine Art spielerischer Freude für den sprechenden Körper?

O.M. Bestimmt, ja.

A.U. Haben Sie es schon mal gehört, dass jemand Ihre Gedichte auf Deutsch gelesen hat und Sie dachten, das ist jetzt aber falsch, das sind nicht mehr meine Texte?

O.M. Nein. Mir gefällt es immer, alles, erstaunlicherweise.

A.U. Haben Sie es auch schon von Schauspielern vorgelesen gehört?

O.M. Ich glaube, nur einmal. Das war eine sehr, sehr gute Schauspielerin, Lena Stolze. Und sie hat das sehr gut gemacht. Nein, zweimal. Aber das zweite war keine Schauspielerin. Sie sagt selbst, dass sie keine Schauspielerin ist, sondern eine Sprecherin, Birgitta Assheuer in Frankfurt. Und sie liest Gedichte wunderbar. Sie kann tatsächlich jedes Gedicht lesen. Und das wird wirklich keine Schauspielerlesung, absolut nicht. Denn eigentlich ertrage ich das sehr schlecht, wenn Schauspieler Gedichte lesen. Vielleicht gab es noch etwas, und ich habe das verdrängt.

A.U. Alle Dichter, mit denen ich bisher gesprochen habe, haben das gesagt: Dass Schauspielerlesungen etwas sind, das sie schwer ertragen können. Können Sie das eingrenzen, woran das liegt?

O.M. Ja, weil sie den Sinn betonen. Weil sie aus einem Gedicht eine Mitteilung machen, was das Gedicht eben nicht ist. Daran, natürlich.

A.U. Wenn wir nun noch kurz über die Rezeption sprechen. Würden Sie sagen, es ist ein vollständiger Rezeptionsvorgang, mit dem Sie als Dichterin auch zufrieden sind, wenn jemand Ihre Texte nur hört? Oder wünschen Sie sich, dass die Gedichte danach dann noch gelesen werden?

O.M. Eigentlich ist es mir egal. Beides ist gut, und beides zusammen ist gut. Aber wenn das eine oder andere allein ist, ist es genauso gut. Niemand bekommt von einem Text zu einhundert Prozent das, was in dem Text ist. Jeder bekommt sowieso nur eine Facette. Das ist bei uns allen so, wenn wir lesen. Das, glaube ich, ist nach einiger Zeit sogar so, wenn wir die eigenen Texte lesen. Das ist eigentlich egal, was jemand mitbekommt.

A.U. Wie ist das mit der Prosa? Ich nehme an, Sie lesen viel aus Ihren Romanen. Ist das anders? Haben Sie da das Gefühl, wenn Sie aus einem Roman vorlesen, das sei unvollständig und müsste in einem lesenden Rezeptionsvorgang dann noch ergänzt werden?

O.M. Ich weiß es nicht. Ich glaube tatsächlich, wenn wir für einen Text alles gemacht haben, was man tun kann, dann ist der Klang schon auch im Geschriebenen. Und ein geübter Leser wird diesen Klang auch mitbekommen. Wenn ich Prosa schreibe, muss ich mir tatsächlich auch jeden Satz vorsagen, damit ich weiß, ob er stimmt oder nicht stimmt. Also ist es schon da. Aber das ist unglaublich schwierig zu sagen. Wenn ich Prosa lese, sagen Menschen manchmal, das war sehr schön zu hören, ich habe mehr verstanden als davor. Manchmal sagen Menschen aber auch, ich habe akustisch praktisch nichts verstanden, aber gut, ich habe es gelesen oder werde es lesen. Ein paarmal habe ich in einem Saal gelesen, wo die Akustik so schlecht war, dass die Leute praktisch nichts verstanden haben. Ich bin wegen des Akzents auf die Akustik sehr angewiesen. Und eben da haben erstaunlicherweise die Leute sehr, sehr viele Bücher gekauft. Sie haben gekauft, um dann doch einen Eindruck zu bekommen.

A.U. Sie haben gespürt, da ist etwas, und sie wollen es noch –

O.M. Ja.

A.U. Ist es denn so, wenn Sie Gedichte vorlesen, dass das immer gleich ist? Oder haben Sie den Eindruck, das hängt sehr stark auch vom Raum ab, vom Publikum, von der Atmosphäre, von Ihrer Tagesform?

O.M. Ja, sehr. Ich glaube keine Lesung war gleich, jede Lesung ist anders.

A.U. Was ist dann da anders? Ist es die Stimme oder nur die Empfindung?

O.M. Die Stimme. Ich bin sehr, sehr abhängig von meiner Stimme. Ich kann von meiner Stimme vorher nie sagen, sie ist so oder so.

A.U. Bekommen Sie beim Lesen was mit vom Publikum? Gibt es da eine Wechselwirkung?

O.M. Ich glaube schon, aber das kann auch täuschen. Ich hoffe ja, aber ich sage das vorsichtig, denn das kann man nie wissen.

4. Gespräch mit Barbara Köhler, 12.07.2013

A.U. Barbara, ich habe ein Interview mit dir gehört, in dem es um *Niemands Frau* geht. Da sagst du, jeder Text hat ein Schriftbild und ein Klangbild. Was bedeutet es für dich, wenn du schreibst, dass der Text diese zwei Ausprägungen hat?

B.K. Dass im Schreiben, in der Verfertigung des Texts, beides eine Präsenz haben muss. Die Vorstellung, mit der ich an einen Text rangehe, ist noch eine sehr ungeschiedene, ich habe da eher eine Raumvorstellung, was auch einen Klangraum mit enthält. Es ist weniger eine Abfolge von Sätzen, sondern eher etwas Mehrdimensionales, was sich anders auch nicht erschließen lässt. Und die Klangdimension hat daran einen sehr großen Anteil. Mein Lieblingszitat von Kling ist: »Ich schreib, so laut ich kann!« Und gerade bei Lyrik oder verwandten Formen gehört das unbedingt mit dazu.

A.U. Ist die Klangform eines Texts für dich etwas Äußerliches, das du dir sozusagen vornimmst zu erreichen, oder ist es etwas, dem du im Schreiben nahe kommen willst, weil du es sowieso hörst?

B.K. Ja. Das ist tatsächlich ein Klangraum. Ein Raum ist auch Klangraum, was für mich auch heißt, das hat vor allem eine rhythmische Dimension und eine akustische – falls man das überhaupt trennen kann. Und das heißt, dass sich der Klang überhaupt nicht ausschließen lässt. Ich gehe im Not- oder Zweifelsfall eher dem Klang nach als einer Logik oder einem Bild.

A.U. Hat der Klang eine eigene Logik, die dann womöglich einer semantischen Logik widerspricht?

B.K. Ja. Es gibt wirklich so etwas wie Stimmigkeit. Über Jahrhunderte schon ist Sprache reduziert worden auf ein Schriftbild, auf dieses stimmlose Gedenke eigentlich, dieses Für-sich-Lesen, das gar nicht mehr laut werden soll oder darf. Und das nun nochmal umzukehren in eine lautende Dimension – das ist für mich ist etwas, das Literatur auch ausmacht. Das unterscheidet sie zum Beispiel von Theorie. Gut, es gibt auch Theorie, in der es so etwas gibt. Dort wäre es dann vielleicht so etwas wie ein Rhythmus im Denken. Merleau-Ponty, finde ich, ist jemand, der in einer Weise denkt, die einen Rhythmus hat, eine Klanglichkeit, eine Sinnlichkeit, und die auf dieser Ebene auch überzeugend ist. Eine Art, in Sprache zu sein, die eben nicht nur ein Denken in Systemen ist und der Versuch, in das System reinzukommen, sondern die sich auf Sprache auch verlässt, auf ihre Klangqualitäten und rhythmischen Qualitäten. Ein Denken, das das auch als Kriterium einsetzt.

A.U. Wenn ich nun etwas klanglich Gestaltetes in Sprache höre – würdest du so weit gehen zu sagen, daran öffnet sich auch eine andere Erkenntnisdimension?

B.K. Das ist immer schwierig zu sagen. Ich finde das immer schwer, so etwas nicht-schreibend zu sagen. Im Schreiben geht es manchmal. Aber zu sagen, das wäre ein Wahrheitskriterium ... Stimmigkeit als Wahrheitskriterium, das ist heikel. Das kann man so nicht sagen. Aber es geht in diese Richtung. Einen Umgang mit Sprache zu finden – oder eine Sprache zu finden, in der man nicht lügen kann.

A.U. Du hast den Rhythmus schon angesprochen. Dein Vortrag ist rhythmisch extrem stark strukturiert. Wenn ich mir jetzt aber deine geschriebenen Texte anschaue, dann habe ich häufig den Eindruck, als hätte ich einen Schattenwurf von verschiedenen Zweigen, die an der Wand auseinander und wieder zusammenlaufen, wie ein zitterndes Bild, wo Kreuzungen immer an verschiedenen Punkten entstehen und sich auflösen. Und im Lesen kann ich dem nachgehen, da habe ich Zeit. Wenn du das aber vorträgst, und du hast diesen starken Rhythmus, dann bildet sich sozusagen eine Kraft, die diese Zweige in einen Strang zieht. Oder was passiert aus deiner Sicht mit diesen ganzen Verzweigungen?

B.K. Das Bild mit den Zweigen ist eigentlich schön. Weil es ein bisschen auch ein Flussbild ist. Der Vortrag wäre dann der Strom, der die Zweige zusammenfasst. So wie man das bei nicht regulierten Flüssen manchmal hat, die sich auch verzweigen und ausufern – so kann man sich in dem Text, der optisch ganz strikt strukturiert ist, fast kanalisiert, dann doch bewegen wie durch ein ausuferndes Flussbett mit Nebenwegen. Und im Vortrag, um im Bild zu bleiben, bekommt das dann eine Strömung, eine Engführung. Aber unbedingt als Fließendes – so dass sich darin nichts verfestigt. Und mit einer Stimme geht es ja nur so – vielstimmig kann ich noch nicht.

A.U. Ich habe neulich in einem Kommentar von Winfried Menninghaus zu Klopstock etwas gelesen, das mich überrascht hat. Er vertritt die Meinung, dass im Vortrag ein unumkehrbarer Zeichenstrom entsteht – das ist ja klar. Aber dann sagt er, dass dadurch alle Irritationen der Grammatik, auch die kleinsten, anschwellen. Glaubst du, dass das so ist?

B.K. Klingt gut.

A.U. Ja, es klingt gut. Aber stimmt's?

B.K. Ich weiß nicht. Ich glaube nicht, dass da Irritationen als solche anschwellen. Es ändert sich was. Im günstigsten Fall, denke ich, wird es nicht mehr als Irritation wahrgenommen. Sondern es passiert dann wirklich etwas wie Gesang. Grammatik wäre dann gar nicht mehr dieses hierarchisierende Element, die Struktur wird dann viel fluider. Das ist ja eigentlich bei Gesang so, dass die Semantik mit der Grammatik dann viel mehr zurücktritt und das Fluide, das Melodische in den Vordergrund kommt. Ohne, dass eines von beiden, oder dreien, ausgeschlossen würde. Also ich glaube nicht, dass da die grammatischen Irritationen anschwellen. Eher im Gegenteil.

A.U. Aber die grammatische Vielschichtigkeit, die man in deinen Texten hat, bleibt sie dann im Gesang präsent oder wird sie eher ausgebügelt?

B.K. Ich glaube, sie wird anders wahrnehmbar. Man bekommt sie nicht mehr ausdifferenziert – oder man glaubt, sie nicht mehr ausdifferenziert zu bekommen – und es gibt so eine Art Schwebung. Das wäre zumindest meine Vorstellung davon, wie es funktionieren könnte. Eine Art Wellenfunktion.

A.U. Aber damit wäre es schon eine Art Vielstimmigkeit in einer Stimme.

B.K. Ja. Ich erkläre es immer gern an dieser Welle-Teilchen-Geschichte. Entweder ich entscheide mich, die Teilchen zu zählen, und entscheide zwischen links und rechts, oder ich gucke das Interferenzmuster an. Ich bin dann eher für die Wellennatur von Sprache.

A.U. Wünschst du dir von deinen Rezipienten, dass sie beides tun, nämlich dich hören und lesen?

B.K. Schön wär's schon. Ich würde es niemandem übelnehmen, wenn nicht. Aber es ist beides als Möglichkeit angelegt.

A.U. Und wenn ich dich höre, wäre das für dich ein kompletter Rezeptionsvorgang? Also kein defizitärer?

B.K. Ja. Das denke ich schon. Man kann sich dann immer noch hinsetzen und lesen, und dann kommt vielleicht sogar etwas anderes dabei heraus, aber es ist nicht so, dass das eine das andere komplettieren würde. Es sind unterschiedliche Wahrnehmungen.

A.U. Du sagst, es hat die Dimension von Gesang, und es hat die Dimension von deiner Stimme. Ist es so, dass du deine Stimme manchmal auch als Begrenzung empfindest?

B.K. Inwiefern?

A.U. Zum Beispiel, dass du ein inneres Klangbild hättest und denkst: Ich würde das gern umsetzen können, aber es ist in dieser konkreten Stimme nicht realisierbar?

B.K. Also bis jetzt noch nicht. Es ist schon immer etwas, was realisierbar ist. Nicht etwas anderes, etwas, wie es sein müsste.

A.U. Hängt diese Realisierbarkeit auch vom jeweiligen Tag und vom jeweiligen Raum und dem Publikum ab?

B.K. Ja, unbedingt. Und ich spreche ja nur auf einem Stimmband, ein Stimmband ist durch eine OP gelähmt. Das ist also eh eine heikle Stimme, sozusagen. Da ist ein ganz geringer Stimmumfang, aber das hat sogar ein bisschen etwas vom Optischen. Da ist der Text auch etwas stark Begrenztes, aber darin muss es passieren. Aber das ist eigentlich immer wieder etwas Grundsätzliches – ich bin immer ganz verblüfft, wenn Leute kommen mit »grenzüberschreitend«. Ich bin überhaupt nicht grenzüberschreitend. Es ist eher ein Realisieren von Grenzen. Manchmal denke ich – wenn ich jetzt einen ganz schicken Salto machen soll – das hat mit DDR zu tun. Erstens das Aufwachsen in Grenzen, in deutlichen Grenzen, und man muss, wenn man leben will, damit etwas machen, innerhalb dieser Grenzen. Und zum anderen Anfang der 90er, wo viel von Freiheit die Rede war, da bin ich in einer ganz kuriosen Diskussion mal auf die Definition verfallen, Freiheit ist die Möglichkeit, sich selbst Grenzen zu setzen. Dieses Gerede vom Grenzenlosen ist mir immer äußerst suspekt.

A.U. Die Binnendifferenzierung erfolgt also in einem streng gesetzten Rahmen.

B.K. Ja.

A.U. Aber du schreibst nun ja nicht im klassischen Sinne einer Begrenzung, etwa einem Metrum hinterher.

B.K. Nein.

A.U. Oder einer davor, gewissermaßen außerhalb, gesetzten rhythmischen Struktur.

B.K. Nein. Das überhaupt nicht. Es gibt diese optische Struktur. Die eine maschinelle Form ist, also von der Schreibmaschine her. Und das finde ich auch wichtig, dass es eine Form gibt. Die meisten tradierten metrischen Formen haben eigentlich immer etwas Körperliches, also Herzschlag, Schrittmaß, irgend so etwas lungert da drunter. Und bei mir ist das eine Form, die rein vom Maschinellen kommt. Wo sich aber dann entgegenarbeiten lässt. Wo sich unglaublich schöne Widerstände aufbauen, was sich eben auch nur bedingt beherrschen lässt. Das finde ich wichtig. Ich bin eher skeptisch gegenüber artistischen Leistungen per Sprache. Mir geht es darum, wie kann ich mit einer Form Reibungswiderstand erzeugen, so dass dabei möglichst viel Energie herauskommt.

A.U. Hast du deine Texte auch schon übersetzt gehört? Gab es da Beispiele, von denen du sagen würdest, das war noch dein Text? Und umgekehrt?

B.K. Mit Englisch ist es mir extrem so gegangen. Es gibt von Georgina Paul eine Übersetzung, wo ich wirklich eine sehr große Nähe gesehen und gehört habe. Sie hat *Deutsches Roulette* komplett übersetzt – nun, das ist noch einigermaßen übersetzbar – und ein paar Sachen aus *Blue Box*, dort gibt es zwei Texte, die sogar diese Box-Form halten und trotzdem auch rhythmisch und semantisch funktionieren, bis hin zu dem Sirenengesang aus *Niemands Frau*. Das haben wir voriges Jahr bei einer Konferenz zusammen performt, so richtig Deutsch-Englisch ineinander, und das war wirklich die Abfahrt. Leider hat es niemand aufgenommen – denn das war großartig. Mit versetzten Stimmen, und dann verflochten, und parallel. Da haben wir auch einen Nachmittag lang zusammen an der Übersetzung gearbeitet. Ich bin da eigentlich sehr locker damit zu sagen, versuche etwas zu finden, was in deiner Sprache funktioniert, ähnlich wie im Deutschen. Gleich kann es ohnehin nicht sein. Und im Gegensatz dazu ist es mir mit einer anderen Übersetzung so gegangen, dass ich die Texte fast nicht wieder erkannt habe. Dass ich gedacht habe, ich verstehe es einfach nicht. Das kann an mir liegen, aber es war mir vollkommen unzugänglich. Ich konnte nichtmal sagen, das und das ist nicht in Ordnung, oder das sehe ich anders. Ich wusste es einfach nicht. Das war ein fremder Text. Ganz eigenartig.

A.U. Hatte das eine rhythmisch-klangliche Dimension?

B.K. Ja, auch. Es war ein mir unzugänglicher Rhythmus. Ich habe ja auch eine Vorstellung vom Englischen. Aber es war mir einfach nicht zugänglich. Das war eine relativ frustrierende Erfahrung auch. Und es fällt mir auch immer wieder auf, dass es Sprechweisen gibt, bei denen ich denke, ich kann überhaupt kein Englisch. Und das hat nichtmal viel mit dem Vokabular zu tun – oder nur teilweise. Das ist vor allem ein rhythmisches

Phänomen, wo ich den Satz gar nicht verstehe. Geschweige denn, dass ich etwas Ähnliches geschrieben hätte.

A.U. Gibt es das auch auf Deutsch, dass jemand deine Texte spricht und du den Eindruck hast, das ist nun auf einer ganz anderen Ebene und nicht mehr dein Text?

B.K. So eigentlich nicht. Aber es wird schwierig, wenn versucht wird, grammatische Strukturen zu vereinfachen und vereindeutigen. Die richtige Stelle für den Punkt gesucht wird, die gar nicht da ist. Oder das Komma, das eigentlich ein Fließkomma ist. Das geht dann irgendwann nicht ohne Stolpern ab. Aber so richtig totgekriegt, glaube ich, hat noch niemand meinen Text.

A.U. Auch kein Schauspieler?

B.K. Ich bin da ein bisschen – ich habe es noch keinem anvertraut. Es wollte aber auch noch niemand – das heißt, doch. Aber das waren die Beckett-Übersetzungen, und das war gar nicht mal schlecht, es ging. Aber das war halt auch Beckett.

A.U. Warum würdest du zögern, einem Schauspieler, einer Schauspielerin deinen Text anzuvertrauen?

B.K. Das hat viel zu tun mit einer Geläufigkeit, mit diesen Ideen von Betonung und Einfühlung. Was tut der Schauspieler – er bringt etwas dem Publikum nahe. Es geht eben nicht darum, irgendetwas nahe zu bringen, sondern etwas skulptural in den Raum zu stellen. Nicht den Leuten etwas auf dem Tablett zu servieren, etwas Empathiefreundliches, sondern Sprache als Text hinzustellen, dass man damit etwas anfangen kann. Es hat ja nichts mit so etwas zu tun wie »ich drücke aus«. Ich bin ja kein Schwamm. Aber Schauspieler drücken immer sofort aus. Oder oft genug. Aber vielleicht ist das auch eine ganz konservative Vorstellung von Schauspielern.

A.U. So dass das Publikum in deiner Vorstellung eine Bezugnahme zu einem Text setzen sollte, der zwischen der Vortragenden und dem Publikum steht, und nicht zu einer Person, die diesen Text spricht?

B.K. Unbedingt. Das wäre überhaupt nicht Sinn der Sache. Es geht um den Text. Und dass ich dahinterstehe, ist das Minimum, das man leisten kann. Man sollte hinter seinem Text stehen – und der Text sollte vorn stehen.

A.U. So dass es eigentlich die unpersönliche Stimme wäre, die breit genug wäre, den Text aufzunehmen?

B.K. Unbedingt. Vielleicht wäre es auch eine unprivate Stimme, wenn es so etwas gibt. Es geht um den Text, und nicht um Befindlichkeiten. Um auf den Klangraum zurück zu kommen: Der Vortrag stellt den Text als Raum für das Subjekt her, das sich hineinbegibt und dazu verhält. Es geht um die Frage »Wo befinde ich mich?«. Und diese Frage ist nicht privatistisch zu beantworten, privat nervt.

A.U. Aber eine persönliche Bezugnahme auf den Text durch die Hörenden ist möglich und vielleicht auch nötig?

B.K. Natürlich ist die Ich-Funktion Voraussetzung, es heißt ja auch »Wo befinde *ich* mich?«. Das schließt auch die Autorin nicht aus, aber um sie geht es nicht, und sie verwahrt sich gegen den Übergriff. Wie sich der Text gegen den privatistischen Übergriff verwahrt. Das wäre zum Beispiel, wenn das Subjekt aus seinem immer persönlichen Verhalten zum Text erst den Text verschwinden lässt und dann aus der privaten Befindlichkeit ein ›man‹ ableitet, eine Art »so befindet *man* sich« konstruiert. Dagegen verwahrt sich der Text.

Anhang

Setting, Fragebögen, kritische Evaluation der Vorgehensweise

Den vorangegangenen Überlegungen liegt ein Forschungsprojekt zugrunde, das zwischen 2012 und 2015 an der Universität Regensburg durchgeführt wurde. Es wurde unter dem Titel »Die Kunstform gesprochenes Gedicht: Zur lyrischen Bedeutungsentfaltung aus Stimme und Klang« von der DFG gefördert und fand am Lehrstuhl von Prof. Dr. Walter Koschmal am Institut für Slavistik statt. Im Zentrum dieses Unternehmens standen ein Seminar unter dem Titel »Puls, Gedanke, Klang – Zu den Wahrnehmungsradien gehörter Lyrik«, das in einer Kooperation zwischen der Slavistik und Dr. Ulrike Siebauer aus der Germanistik in zwei aufeinanderfolgenden Semestern, im Winter 2012/13 und im Sommer 2013, für die Studierenden angeboten wurde. So entstanden in beiden Semestern (je unterschiedliche) kleine Gruppen, in denen eine intensive Auseinandersetzung mit dem Gegenstand möglich war.

Die Studierenden wurden zunächst in vier Einheiten à vier Stunden mit Grundsätzlichem zu Wahrnehmung und Hören, mit Theoretischem und Praktischem zu Stimme und Sprechen, mit Grundlagen der Lyrikanalyse und mit Einführendem zu Rezeptions- und performativer Ästhetik vertraut gemacht. Begleitend wurden immer wieder Gedichte angehört, gelesen und die Wahrnehmungen diskutiert, wobei der Fokus darauf lag, divergierende Eindrücke gelten zu lassen und Erklärungsansätze für Gemeinsamkeiten und Unterschiede zu entwickeln.

Nach den vier vorbereitenden Einheiten folgten je drei Sitzungen, in denen ein Autor zu Gast war. Diese Veranstaltungen waren für das allgemeine Publikum offen. Eingeladen waren im Winter 2012/13 Mila Haugová aus der Slowakei, Eugeniusz Tkaczyszyn-Dycki aus Polen und Oswald

Egger. Im Sommer 2013 lasen Lidija Dimkovska aus Mazedonien, die seit langem in Deutschland lebende Olga Martynova aus Russland und Barbara Köhler. Eugeniusz Tkaczyszyn-Dycki musste seine Lesung kurzfristig absagen, seine Gedichte wurden ersatzweise in der Studierendengruppe über *www.lyrikline.org* angehört. Die Gedichte wurden immer in der Muttersprache und in deutscher Übersetzung bzw. bei den deutschen Autorinnen ausschließlich auf Deutsch gelesen. Mit Mila Haugová und Olga Martynova war zudem in jedem Semester eine Autorin zu Gast, die bei der Übersetzung ihrer Gedichte aktiv mitgewirkt hat. Mila Haugová hat die deutschen Übersetzungen auch selbst vorgelesen. Ansonsten wurden die Übersetzungen ins Deutsche von mir gelesen.

Mit diesen Autorinnen waren Künstler eingeladen, die nicht nur divergierende Poetiken verfolgen, sondern auch dem Vortrag ihrer Arbeiten eine je unverwechselbare Färbung und Kontur geben. So öffnete sich in den Lesungen das nötige Spektrum an Möglichkeiten – immerhin sollte das Sprechen von Gedichten in grundlegender Hinsicht untersucht werden, und nicht nur eine bestimmte Strömung in den Blick rücken. Von besonderer Bedeutung war die Teilnahme anderssprachiger Autoren, deren Gedichte im ersten Moment vom größeren Teil des Publikums nicht verstanden wurden; so konnte auch die Frage gestellt werden, inwieweit Stimme und Sprachmelodie bereits zur Hypothesenbildung und einer gedanklich-emotionalen Auseinandersetzung mit gesprochenen Gedichten einladen.

Der Ablauf der Veranstaltungen war insofern ungewöhnlich, als die Autorinnen und Autoren nach dem Lesen den Raum ohne weitere Interaktion mit dem Publikum verließen. Trotz oder gerade wegen der Fokussierung auf die Rezipientenperspektive sollte hier kein Gespräch zwischen Autorin und Publikum stattfinden. Einerseits sollte damit eine nachträgliche Rückbindung an die Person des Autors außerhalb der sprechenden Figur vermieden werden. Andererseits meldet sich in solchen Gesprächen erfahrungsgemäß immer nur eine Minderheit zu Wort. Und noch in einer weiteren Hinsicht sind die Äußerungsmöglichkeiten beschränkt: Gewisse Fragen und Äußerungen sind schick, andere hingegen vor anderen undenkbar, und selbstverständlich werden kritische Äußerungen in Anwesenheit des Autors von den meisten Hörern vermieden.

Stattdessen sollten die Hörenden mit ihren Eindrücken allein bleiben, und sie sollten die Möglichkeit bekommen, ihre Wahrnehmungen anonym auf Papier festzuhalten. Ein Leitbild gab hier die »Selbstbeobachtung durch Nachgewahren«[1] ab, wie sie die Phänomenologie kennt.[2] Bei dieser Methode werden Eindrücke, solange sie noch bewusst sind, erinnert und einer rückblickenden Analyse unterzogen. Eine solche Vorgehensweise wird zwar von Ungeübten kaum ›souverän beherrscht‹ werden. Das Prinzip der nachträglichen Reflexion ist jedoch aus dem Alltagsleben gut bekannt, so dass eine Einladung hierzu in diesem Kontext möglich schien. Die ausgeteilten Fragebögen umfassten folgende Punkte:

1. Zu Ihrer Person

1.1 Waren Sie TeilnehmerIn im Seminar »Puls, Gedanke, Klang – Zu den Wahrnehmungsradien gehörter Lyrik?«

- ❑ ja
- ❑ nein

1.2 Wie gut kennen Sie die Originalsprache der gelesenen Texte?

- ❑ muttersprachliche Kenntnis
- ❑ sehr gute Kenntnisse
- ❑ gute Kenntnisse
- ❑ Grundkenntnisse
- ❑ einzelne Wörter
- ❑ gar keine Kenntnisse

1.3 Haben Sie sich vor der Lesung mit den Texten der Autorin auseinander gesetzt?

- ❑ ja
- ❑ nein

---

1 | Schmicking, 2003, 72.

2 | Nach Abschluss dieser Arbeit wurde mir von meinem tschechischen Kollegen Pavel Novotný die Doktorarbeit von Friedrich Knilli zur Kenntnis gebracht. Knilli erforschte in den 1950er Jahren in einer groß angelegten Untersuchung *Das Hörspiel in der Vorstellung der Hörer*, die Studie wurde erst 2009 publiziert. Knilli ließ die Zuhörer über »Selbstbeobachtungen« (so der Untertitel der Arbeit) ihre Wahrnehmungen verschiedener Hörspiele schildern, er arbeitete dabei mit offenen Fragen. Im Unterschied zur hier durchgeführten Untersuchung waren die von Knilli verwendeten Hörspiele narrativ geprägt, die Frage nach dem ›Verstehen‹, um die Lyrikhörer so oft kreisen, bzw. nach der spezifischen Art des Verstehens, war dort von geringerer Bedeutung. Ein Vergleich der Ergebnisse könnte gerade deshalb aufschlussreich sein.

2. Was waren Ihre Eindrücke?

Für unsere Forschung wäre es wichtig, Ihre subjektiven Eindrücke zu erfahren!

Wir werden keinerlei Wertung vornehmen! Kategorien wie ›wichtig – unwichtig‹, ›angemessen – unangemessen‹ oder gar ›richtig – falsch‹ spielen hier keine Rolle!

2.1 Wie war es für Sie, dem Autor, der Autorin zuzuhören?

2.2 Was an dieser Lesung hat auf Sie den stärksten Eindruck gemacht? [(Den zweitstärksten?)]

2.3 Wie würden Sie Ihren zentralen akustischen Eindruck beschreiben? [Was war für Sie der zentrale akustische Eindruck?]

[2.4 Wie hat, Ihrer Einschätzung nach, die persönliche Anwesenheit der Autorin Ihre Wahrnehmung beeinflusst?]

2.5 Haben Sie die deutschen und die fremdsprachigen Texte unterschiedlich wahrgenommen? Können Sie eingrenzen, inwiefern?

2.6 Auf welchen der folgenden Ebenen hat die Lesung bei Ihnen vor allem Wahrnehmungen ausgelöst? Und können Sie diese Wahrnehmungen beschreiben?

- körperlich? (etwa: eine Kälte- oder Wärmeempfindung, Herzklopfen, Kribbeln o.ä.)
- emotional?
- visuell? (etwa: als bekannte oder unbekannte innere Bilder, als ›Kopfkino‹ o.ä.)
- akustisch? (etwa: ein Rhythmus, der im Kopf entsteht, eine Erinnerung an Klänge)
- gedanklich?
- sonstige?

2.7 Sind Ihnen einzelne Sätze/Wendungen/Verse im Gedächtnis geblieben?

2.8 Hat Sie das Gehörte an etwas erinnert, das Sie kennen?

2.9 Was würden (oder werden) Sie einem Freund, einer Freundin von dieser Lesung erzählen?

Die in eckige Klammern gesetzten Fragen oder Fragenteile wurden im zweiten Semester weggelassen, weil sie sich als wenig ergiebig erwiesen hatten. Bei Frage 2.3 wurde die Formulierung zum Sommersemester verändert, um die Aufmerksamkeit in Richtung ›Beschreibung‹ zu lenken. Die Frage nach der unterschiedlichen Wahrnehmung der fremdsprachigen Texte wurde selbstverständlich nur dann gestellt, wenn sie relevant war. Dagegen wurden die in Klammern gesetzten Ergänzungen hinter ›körperlich‹, ›visuell‹, ›akustisch‹ im zweiten Semester neu hinzugefügt, da sich gezeigt hatte, dass häufig Aussehen, Haltung und Stimmklang der Autorin, des Autors beschrieben wurden, nicht aber die eigenen Wahrnehmungen auf diesen Ebenen.

In der Fragengestaltung sollten einerseits nur wenige Kategorien vorgegeben werden – es sollten also keine Skalen mit Punktewertung eröffnet werden, mit Polen wie ›Haben Sie den Vortrag als schnell oder langsam empfunden, die Stimme als weich oder hart, konnten Sie dem Vortrag gut oder schlecht folgen‹[3] etc. Vielmehr sollten die Zuhörer die Gelegenheit erhalten, selbst die für sie relevanten Kategorien zu bilden. Andererseits aber wurde versucht, auch Denk- und Wahrnehmungsmöglichkeiten zu eröffnen, auf die zumeist kein Licht fällt. Da z.B. in der Regel keine körperliche Reaktionen auf Lyrik erwähnt werden (weil sie, wie zu vermuten ist, als irrelevant oder inadäquat empfunden werden), sollte im Fragebogen dezidiert darauf hingewiesen werden, dass emotionale, körperliche, visuelle, akustische Assoziationen prinzipiell möglich und in diesem Umfeld gleichrangig sind. Vor dem Austeilen der Fragebögen wurde zudem explizit erwähnt, dass die Mitwirkung freiwillig ist, es keine richtigen oder falschen, keine besseren oder schlechteren Antworten gibt und selbstverständlich keine Pflicht zum vollständigen Ausfüllen besteht. Meine Bedenken im Vorfeld, das Ausfüllen der Fragebögen würde als ›Zumutung‹ empfunden, haben sich als unbegründet erwiesen.[4] Im

3 | Eine aufschlussreiche Untersuchung zu gelesener Prosa, die auch wertende Fragen, etwa zu empfundener ›Angemessenheit‹ des Vortrags, anspricht, gibt Travkina, 2010.

4 | Friedrich Knilli beobachtete bei seinen ›Versuchspersonen‹ ebenfalls, dass ihnen das Protokollieren ihrer Eindrücke angenehm war. Knilli vermutet, dass durch persönlichen Gespräch wurde wiederholt formuliert, diese nachträgliche Beschäftigung mit der eigenen Wahrnehmung der Lesung sei als ›interessant‹, ›angenehm‹ und ›gewinnbringend‹ erlebt worden.[5]

Gleichwohl muss natürlich davon ausgegangen werden, dass auch beim anonym-schriftlichen Formulieren Hemmungen existieren, Dinge unausgesprochen bleiben. Dieser Verdacht bestätigte sich in einem nachträglichen Gespräch mit einer Zuhörerin Oswald Eggers, als diese (unaufgefordert) erklärte, sie habe die Lesung streckenweise als ›animalisch‹ wahrgenommen, sich aber nicht getraut, ›so etwas‹ hinzuschreiben. So konnte, wie bereits angedeutet, mit diesem Verfahren selbstverständlich nicht das ganze Aktionsfeld flutlichtartig ausgeleuchtet werden. Die Aufmerksamkeit auf eine dezidiert individuell verstandene Wahrnehmung zu richten, verspricht gleichwohl eine Weitung sprachlich-reflektierenden Zugriffs. Einzelne Schlaglichter konnten so gesetzt werden.

Im Rahmen dieses Essays war keine umfassende und erschöpfende Auswertung der Fragebögen möglich. Vor allem die Relation zwischen den geschilderten Wahrnehmungen und, etwa, Sprachkenntnissen oder dem Besuch des Seminars, mussten an dieser Stelle weitgehend unberücksichtigt bleiben. Auch konnte weder der Frage nachgegangen werden, wie sich die akustischen Eindrücke zur konkreten stimmlichen Realisation der Texte verhielten (die Lesungen wurden aufgezeichnet und sind für Analysen weiterhin zugänglich), noch konnte die Intensität des akustischen Reizes im Vergleich zu den anderen sensoriellen Kanälen beurteilt werden. Dass diese und ähnliche Zusammenhänge, die in der Art der Fragestellung vorgezeichnet waren, letzten Endes außen vor geblieben sind, hängt nicht zuletzt damit zusammen, dass die Antworten der Zu-

---

das Formulieren »Erregung aktiv abfließen« konnte (Knilli, 2009, 121). Vor dem Hintergrund meiner Überlegungen würde ich diese positive Wahrnehmung etwas anders deuten: Die Bearbeitung des Fragebogens erzeugte einen Zeitraum, in dem der unmittelbare Respons auf das Gehörte eine erste Überprüfung, Einordnung, Verstetigung erfahren konnte. Ein solcher Zeitraum ist in einem ›normalen‹ Lesungsgeschehen nicht vorgesehen. Ein ›Abfließen‹ wäre aber auch in den üblichen (privaten und/oder öffentlichen) Gesprächen nach einer Lesung möglich. Ich meine daher, dass diese ›Zeit-für-sich‹ im Gegenteil die Chance bot, das Erlebte aktiv zu bearbeiten und mit einer ›Inkorporation‹ zu beginnen.

5 | Die Zahl der ausgefüllten Fragebögen beträgt für Haugová: 10, Tkaczyszyn-Dycki: 6, Egger: 12, Dimkovska: 13, Martynova: 11, Köhler: 20.

hörerinnen und Zuhörer sich als überraschend ausführlich und vielfältig erwiesen haben – so dass ein impressionistisch-spekulativer Umgang mit dem gesamten Spektrum der geschilderten Eindrücke gewinnbringender und für die Entwicklung dieser Überlegungen am zielführendsten erschien. Die Fragebögen und Aufzeichnungen aber behalten damit bis auf weiteres den Status von behandeltem und verwendetem, aber nicht vollständig erschlossenem Material.

Wie für die Gestaltung von Fragebögen typisch, war der problematischste Punkt auch hier, inwieweit die geschilderten Eindrücke durch die Art der Fragestellung überhaupt erst erzeugt wurden. Insbesondere bei den Fragen nach Wahrnehmungen auf verschiedenen Ebenen (körperlich, visuell etc.) ist dies nicht letztgültig zu entscheiden. Einerseits wurden gerade hier höchst interessante Antworten formuliert. Andererseits lässt sich insbesondere an der Frage nach körperlichen Wahrnehmungen die Problematik exemplarisch aufzeigen: Bei den ersten drei Lesungen wurde schlicht nach ›körperlichen Wahrnehmungen‹ gefragt. Daraufhin projizierten zahlreiche Zuhörer die Frage auf die lesende Person. Im Fall von Mila Haugová etwa schmettert eine Zuhörerin die Frage mit dem Hinweis ab: »Frau Haugová hat keine eindrucksvolle Körpersprache.« Nach drei Lesungen wurde deshalb die Frage um die geklammerte Spezifikation »etwa: eine Kälte- oder Wärmeempfindung, Herzklopfen, Kribbeln o.ä.« erweitert. In der Folge werden die Wahrnehmungen zwar seltener auf die Vortragende zurückgespiegelt, dafür berichten deutlich mehr Zuhörer von Temperaturwahrnehmungen, der Geschwindigkeit ihres Herzschlags oder einem ›Kribbeln‹. Wie ernst solche Aussagen zu nehmen sind, die sich konkret auf das Vorformulierte beziehen, ist praktisch nicht einzuschätzen. Ich betrachte sie sehr skeptisch. Allerdings hatte die Ergänzung noch einen anderen Effekt: Offenbar wurde die Sensibilität für die eigenen körperlichen Wahrnehmungen so weit aktiviert, dass sich bei den letzten drei Lesungen verstärkt konkrete, detaillierte und individuelle Empfindungen artikulierten. Mitunter bildet etwas Vorformuliertes, wie der ›Herzschlag‹, eine Art Auftakt, der dann um selbstständig formulierte Eindrücke ergänzt wird. Ich möchte daher die Art der Fragestellung in dieser erweiterten Form doch – *cum grano salis* – als zielführend werten.

Zu dem Zeitpunkt, als die Fragebögen entworfen wurden, gab es keine alles umspannende Hypothese, die anhand der Aussagen überprüft werden sollte. Vielmehr bestand eine globale Neugier darauf, was sich bei einer Gedichtlesung ereignet und wahrgenommen wird. Sie lenkte den Zuschnitt der Fragen. Allerdings bin ich aufgrund von eigenen Erfahrungen und Vorarbeiten davon ausgegangen, dass dieses Erlebnis weit mehr performativ-umfassend als rein kognitiv zu verstehen sein würde. Die Art der Fragestellung war daher offen und breit. Aus Lektüre, eigenen Erfahrungen, ersten Aussagen in Fragebögen und Seminargesprächen bildete sich die Vermutung, dass Hörer dann sagen, sie hätten das gesprochene Gedicht ›verstanden‹ oder ›mit ihm etwas anfangen können‹, wenn sie über das Gedicht hin ein Gespräch mit sich selbst beginnen konnten. Um diese These – gelungene Lyrikrezeption ist Selbstgespräch vermittels Fremdem – zu beweisen, wäre eine anders angelegte Untersuchung nötig. Falls ein solcher Beweis überhaupt möglich, wünschenswert und notwendig ist. Für mich war von größerem Interesse, in welchem Umfang These, Hörer- und Produzenten-Aussagen sich gegenseitig aufschlüsselten und vorantrieben. Gerade die Höreraussagen öffneten dabei Denkfelder, die ich aus der theoretischen Beschäftigung allein nicht hätte betreten können. Aspekte, wie der Übergang in einen anderen Sprachmodus, der als Raumwechsel wahrgenommen wird, die Bedeutung des ›Vorsprungs‹ während der Dichterlesung oder die besondere Art der Autoritätszuweisung an die sprechende Person wären ohne die Einlassungen der Hörer nicht erkennbar geworden. Mir scheint in diesen und anderen Aspekten ein ›wie‹ sichtbar zu werden, in dem das ›dass‹ (einer gelungenen Anwendung auf sich) als Voraussetzung eingeschlossen ist.

Als eine wichtige Ergänzung zu den Fragebögen erwiesen sich die Gespräche mit den Seminarteilnehmerinnen im Anschluss an die Lesungen: Die Eindrücke waren noch frisch, durch das Ausfüllen der Fragebögen hatte aber bereits ein Reflexionsprozess eingesetzt, der sich im Gespräch noch vertiefen und differenzieren ließ. Diese Gespräche waren aber wohl vor allem deshalb so gewinnbringend, weil die Studierenden sich bereits kannten, die Gruppen klein waren, und in den Sitzungen davor bereits Seminargespräche über Gedichte stattgefunden hatten. Die Hemmschwellen, die solche Gespräche sonst behindern können, waren weitgehend abgebaut. Außerdem war während des Seminars versucht worden, eine Atmosphäre zu schaffen, in der alle Aussagen als gleich willkommen wahrgenommen und respektiert wurden.

Literaturverzeichnis

Agamben, Giorgio (2007). *Die Sprache und der Tod. Ein Seminar über den Ort der Negativität.* Frankfurt a.M.

Agamben, Giorgio (2008). *Was ist ein Dispositiv?* Zürich, Berlin.

Agamben, Giorgio (2012). *Der Mensch ohne Inhalt.* Berlin.

Avanessian, Armen/Hennig, Anke (2014). *Metanoia. Spekulative Ontologie der Sprache.* Berlin.

Anderegg, Johannes (2000). »Das Gedicht.« In: Völker (Hg.). *Lyriktheorie.* S. 429-436.

Bachtin, Michail M. (1979). »Das Wort im Roman.« In: Michail M. Bachtin. *Die Ästhetik des Wortes.* Frankfurt a.M. S. 154-300.

Barthes, Roland (1990). »Die Musik, die Stimme, die Sprache.« In: Roland Barthes. *Der entgegenkommende und der stumpfe Sinn. Kritische Essays III.* Frankfurt a.M. S. 279-285.

Bernstein, Charles (1998). »Introduction.« In: Charles Bernstein (Hg.). *Close Listening. Poetry and the Performed Word.* New York. S. 3-26.

Bernštejn, Sergej I. (1972a). »Ästhetische Voraussetzungen einer Theorie der Deklamation.« In: Wolf-Dieter Stempel (Hg.): *Texte der russischen Formalisten,* Bd. II. München. S. 339-385.

Bernštejn, Sergej I. (1972b). »Golos Bloka.« In: *Blokovskij sbornik II. Trudy Vtoroj naučnoj* konferencii, posvjaščennoj izučeniju žizni i tvorčestva A. A. Bloka. Tartu. S. 454-525.

Bernštejn, Sergej I. (1999). »Die klingende künstlerische Sprache und ihre Erforschung.« In: *Balagan. Slavisches Drama, Theater und Kino,* Bd. 5, 1999:1. München. S. 61-75.

Bleutge, Nico. »nachmittag, wechselnde sicht«. Gesprochene Version siehe *www.lyrikline.org/en/poems/nachmittag-wechselnde-sicht-1336*

Butler, Judith (1993). *Bodies that Matter. On the Discursive Limits of ›Sex‹.* London.

Butzer, Günter (2008). *Soliloquium. Theorie und Geschichte des Selbstgesprächs in der europäischen Literatur.* München.

Culler, Jonathan (1981). *The Pursuit of Signs. Semiotics, Literature, Deconstruction.* Ithaka, New York.

Deleuze, Gilles (1992). *Differenz und Wiederholung.* München.

de Man, Paul (1988). »Anthropomorphismus und Trope in der Lyrik.« In: Paul de Man. *Allegorien des Lesens.* Frankfurt a.M. S. 179-204.

Derrida, Jacques (1974). *Grammatologie.* Frankfurt a.M.

Derrida, Jacques (1979). *Die Stimme und das Phänomen. Ein Essay über das Problem des Zeichens in der Philosophie Husserls.* Frankfurt a.M.

Dimkovska, Lidija (2010). *Anständiges Mädchen. Gedichte.* Übers. v. Alexander Sitzmann. Wien.

Dolar, Mladen (2002). »Das Objekt Stimme.« In: Kittler/Macho/Weigel (Hg.). *Zwischen Rauschen und Offenbarung.* S. 233-256.

Eckert, Hartwig/Laver, John (1994). *Menschen und ihre Stimmen. Aspekte der vokalen Kommunikation.* Weinheim.

Egger, Oswald (2010). *Die ganze Zeit.* Berlin.

Ehrich, John F. (2006). »Vygotskian Inner Speech and the Reading Process.« In: *Australian Journal of Educational & Developmental Psychology*, Vol. 6. S. 12-25.

Epping-Jäger, Cornelia/Linz, Erika (Hg.) (2003). *Medien/Stimmen.* Köln.

Felderer, Brigitte (Hg.) (2004). *Phonorama. Eine Kulturgeschichte der Stimme als Medium.* Berlin.

Fish, Stanley (1994). »Literatur im Leser. Affektive Stilistik.« In: Warnig (Hg.). *Rezeptionsästhetik.* S. 196-227.

Fischer-Lichte, Erika (2004). *Ästhetik des Performativen.* Frankfurt a.M.

Fischer-Lichte, Erika (2012). *Performativität. Eine Einführung.* Bielefeld.

Fónagy, Ivan (2001). *Languages within Language. An evolutive approach.* Amsterdam, Philadelphia.

Friedrich, Janette (1993). *Der Gehalt der Sprachform. Paradigmen von Bachtin bis Vygotskij.* Berlin.

Gehring, Petra (2006). »Die Wiederholungs-Stimme. Über die Strafe der Echo.« In: Kolesch/Krämer (Hg.). *Stimme.* S. 85-110.

Geißner, Hellmut (1973). »Zur Phänomenologie des dichterischen Rhythmus.« In: *Sprache und Sprechen*, Bd. 4. Düsseldorf. S. 24-39.

Göttert, Karl-Heinz (1998). *Geschichte der Stimme.* München.

Ginzburg, Lidija (1974). *O lirike.* Leningrad.

Grice, Paul (1989). *Studies in the Way of Words.* Cambridge, Mass., London.

Gumbrecht, Hans Ulrich (2004). *Diesseits der Hermeneutik. Die Produktion von Präsenz.* Frankfurt a.M.

Haugová, Mila (2011). *Schlaflied wilder Tiere. Gedichte.* Übers. v. Anja Utler u. Mila Haugová. Wien.

Iser, Wolfgang (1994). *Der Akt des Lesens. Theorie ästhetischer Wahrnehmung.* München.

Jakobson, Roman/Waugh, Linda R. (1987). *The Sound Shape of Language.* Berlin, New York, Amsterdam.

Jonas, Hans (1997). *Das Prinzip Leben. Ansätze zu einer philosophischen Biologie.* Frankfurt a.M.

Kittler, Friedrich/Macho, Thomas/Weigel, Sigrid (Hg.) (2002). *Zwischen Rauschen und Offenbarung. Zur Kultur- und Mediengeschichte der Stimme.* Berlin.

Knilli, Friedrich (2009). *Das Hörspiel in der Vorstellung der Hörer. Selbstbeobachtungen.* Frankfurt a.M.

Knobloch, Clemens (1994). *Sprache und Sprechtätigkeit. Sprachpsychologische Konzepte.* Tübingen.

Kolesch, Doris (2003). »Die Spur der Stimme. Überlegungen zu einer performativen Ästhetik.« In: Epping-Jäger/Linz (Hg.). *Medien/Stimmen.* S. 250-266.

Kolesch, Doris/Krämer, Sybille (Hg.) (2006). *Stimme. Annäherung an ein Phänomen.* Frankfurt a.M.

Kolesch, Doris/Krämer, Sybille (2006a). »Stimmen im Konzert der Disziplinen. Zur Einführung in diesen Band.« In: Kolesch/Krämer (Hg.) *Stimme.* S. 7-15.

Kolesch, Doris (2006). »Wer sehen will, muss hören. Stimmlichkeit und Visualität in der Gegenwartskunst.« In: Kolesch/Krämer (Hg.). *Stimme.* S. 40-64.

Kolesch, Doris/Pinto, Vito/Schrödl, Jenny (Hg.) (2009). *Stimm-Welten. Philosophische, medientheoretische und ästhetische Perspektiven.* Bielefeld.

Koschorke, Albrecht (2012). *Wahrheit und Erfindung. Grundzüge einer Allgemeinen Erzähltheorie.* Frankfurt a.M.

Köhler, Barbara (2006). *Niemands Frau. Gesänge.* Frankfurt a.M.

König, Ekkehard/Brandt, Johannes G. (2006). »Die Stimme – Charakterisierung aus linguistischer Perspektive.« In: Kolesch/Krämer (Hg.). *Stimme.* S. 111-129.

Krämer, Sybille (1998). »Sprache – Stimme – Schrift: Sieben Gedanken über Performativität als Medialität.« In: *Paragrana,* 7. S. 33-57.

Krämer, Sybille (2003). »Negative Semiologie der Stimme.« In: Epping-Jäger/Linz (Hg.). *Medien/Stimmen.* S. 65-82.

Krämer, Sybille (2006). »Die ›Rehabilitierung der Stimme‹. Über die Oralität hinaus.« In: Kolesch/Krämer (Hg.). *Stimme.* S. 269-295.

Laver, John (1980). *The Phonetic Description of Voice Quality.* Cambridge.

Levin, Jurij I. (1998). »Lirika s kommunikativnoj točki zrenija.« In: *Izbrannye trudy. Poėtika, Semiotika.* Moskau. S. 464-482.

Lotman, Jurij M. (1993). *Die Struktur literarischer Texte.* München.
Lotman, Jurij M. (2010). *Die Innenwelt des Denkens. Eine semiotische Theorie der Kultur.* Berlin.
Martynova, Ol'ga (2010). *O Vvedenskom – O Čvirike i čvirke.* Moskau.
Martynova, Olga (2012). *Von Tschwirik und Tschwirka. Gedichte.* Übers. v. Elke Erb u. Olga Martynova. Graz, Wien.
Matthäus, Wolfhart (1988). *Sowjetische Denkpsychologie.* Göttingen, Toronto, Zürich.
Menninghaus, Winfried (2011). *Wozu Kunst? Ästhetik nach Darwin.* Berlin.
Merleau-Ponty, Maurice (1986). *Das Sichtbare und das Unsichtbare.* München.
Mersch, Dieter (2002). *Ereignis und Aura. Untersuchungen zu einer Ästhetik des Performativen.* Frankfurt a.M.
Mersch, Dieter (2006). »Präsenz und Ethizität der Stimme.« In: Kolesch/Krämer (Hg.). *Stimme.* S. 211-236.
Messerli, Alfred/Pott, Hans-Georg/Wiethölter, Waltraut (Hg.) (2008). *Stimme und Schrift. Zur Geschichte und Systematik sekundärer Oralität.* Paderborn.
Meyer, Petra Maria (Hg.) (2008). *acoustic turn.* München.
Meyer-Kalkus, Reinhart (2001). *Stimme und Sprechkünste im 20. Jahrhundert.* Berlin.
Mukařovský, Jan (1967). *Kapitel aus der Poetik.* Frankfurt a.M.
Nancy, Jean-Luc (2003). *Corpus.* Zürich.
Nietzsche, Friedrich (1990). *Das Hauptwerk,* Bd. 2. München.
Nussbaum, Martha C. (2003). *Upheavals of Thought. The Intelligence of Emotions.* New York.
Ong, Walter J. (1967). *The Presence of the Word.* New Haven.
Pabst-Weinschenk, Marita (Hg.) (2004). *Grundlagen der Sprechwissenschaft und Sprecherziehung.* München.
Petrus, Klaus (2010). »Introduction: Paul Grice, Philosopher of Language, But More Than That«. In: Klaus Petrus (Hg.). *Meaning and Analysis. New Essays on Grice.* Basingstoke. S. 1-30.
Platon (1975). »Theaitetos«. In: *Spätdialoge I.* Übers. v. Rudolf Rufener. Zürich, München.
Poizat, Michel (2002). »Teuflisch oder göttlich? Der lyrische Genuss.« In: Kittler/Macho/Weigel (Hg.). *Zwischen Rauschen und Offenbarung.* S. 215-232.

Przyborski, Aglaja/Wohlrab-Sahr, Monika (2009). *Qualitative Sozialforschung. Ein Arbeitsbuch*. München.

Reißer, Johann (2014). *Archäologie und Sampling. Die Neuordnung der Lyrik bei Rolf Dieter Brinkmann, Thomas Kling und Barbara Köhler*. Berlin.

Rost, Katharina (2009). *Lauschangriffe. Das Leiden anderer spüren*. In: Kolesch/Pinto/Schrödl (Hg.). *Stimm-Welten*. S. 171-187.

Schlaffer, Heinz (2012). *Geistersprache. Zweck und Mittel der Lyrik*. München.

Schmicking, Daniel (2003). *Hören und Klang. Empirisch phänomenologische Untersuchungen*. Würzburg.

Schmitz, Hermann (2008). »Leibliche Kommunikation im Medium des Schalls.« In: Meyer (Hg.). acoustic turn. S. 76-88.

Schrödl, Jenny (2004). »Die Intensität des Flüsterns. Zur sinnlichen Erfahrung von Stimmen.« In: Christa Brüstle/Albrecht Riethmüller (Hg.). *Klang und Bewegung. Beiträge zu einer Grundkonstellation*. Aachen. S. 128-134.

Sowodniok, Ulrike (2013). *Stimmklang und Freiheit. Zur auditiven Wissenschaft des Körpers*. Bielefeld.

Smolin, Lee (2013). *Time Reborn. From the Crisis of Physics to the Future of the Universe*. London.

Stewart, Garrett (1990). *Reading Voices. Literature and the Phonotext*. Berkeley u.a.

Sulzer, Johann Georg. »Selbstgespräch (Dramatische Dichtkunst).« Siehe *www.zeno.org/Sulzer-1771/A/Selbstgespr %C3 %A4ch*

Sulzer, Johann Georg (2000). »Lyrisch (Dichtkunst).« In: Völker (Hg.). *Lyriktheorie*. S. 83-86.

Teller, Janne (2014). »›Wir leben nicht vom Brot allein.‹ Die dänische Schriftstellerin Janne Teller und der deutsche Außenminister Frank-Walter Steinmeier sprechen über Literatur und Politik.« In: *Kulturaustausch. Zeitschrift für internationale Perspektiven*, 2014:4. S. 66-68.

Tkaczyszyn-Dycki, Eugeniusz. Gesprochene Gedichte siehe
www.lyrikline.org/de/gedichte/wszystko-sa-rzeczy-niepewne-ziemia-6019
www.lyrikline.org/de/gedichte/pieszczoch-6020
www.lyrikline.org/de/gedichte/jesien-juz-panie-ja-nie-mam-domu-6021
www.lyrikline.org/de/gedichte/poczatek-tygodnia-6166
www.lyrikline.org/de/gedichte/nie-polykaj-bialych-proszkow-6022
www.lyrikline.org/de/gedichte/uwodziciel-6023
www.lyrikline.org/de/gedichte/szmugler-6167

www.lyrikline.org/de/gedichte/prowadzilem-matke-do-miejsca-6169
www.lyrikline.org/de/gedichte/pijemy-alkohol-na-zydowskim-cmentar-zu-6024
www.lyrikline.org/de/gedichte/w-tej-czesci-swiata-nie-mieszkam-6025
www.lyrikline.org/de/gedichte/zaczyna-sie-moje-wielkie-cieple-6026
www.lyrikline.org/de/gedichte/piosenka-utracjusza-6027
www.lyrikline.org/de/gedichte/dawniej-kiedy-umieral-stary-dycki-6028
Videoaufzeichnung siehe *www.youtube.com/watch?v=NxuuJsqZlkI*

Tkaczyszyn-Dycki, Eugeniusz (2012). *Geschichte polnischer Familien. Gedichte.* Übers. v. Doreen Daume. Wien.

Travkina, Elena (2010). *Sprechwissenschaftliche Untersuchungen zur Wirkung vorgelesener Prosa (Hörbuch).* Frankfurt a.M. [=Hallesche Schriften zur Sprechwissenschaft und Phonetik, Bd. 34].

Tsur, Reuven (2008). *Toward a Theory of Cognitive Poetics. Second, expanded and updated edition.* Brighton, Portland.

Ursprung, Philip (2009). »Whispering Room: Janet Cardiffs erzählerische Räume.« In: Kolesch/Pinto/Schrödl (Hg.). *Stimm-Welten.* S. 67-77.

Utler, Anja (2004). *›Weibliche Antworten‹ auf ›menschliche Fragen‹? Zur Kategorie Geschlecht in der russischen Lyrik (Z. Gippius, E. Guro, A. Achmatova, M. Cvetaeva).* Siehe *www.opus-bayern.de/uni-regensburg/volltexte/2004/426/*

Utler, Anja (2014). »Unabweisbare Freiheit – Zur Entwicklung von Sinn beim Hören von Gedichten.« In: *Zeitschrift für Slavische Philologie,* Bd. 70:1. S. 57-87.

Völker, Ludwig (Hg.) (2000). *Lyriktheorie. Texte vom Barock bis zur Gegenwart.* Stuttgart.

Vygotskij, Lev S. »Die instrumentelle Methode in der Psychologie.« In: Lev Wygotski. *Ausgewählte Schriften, Bd. 1.* Hg. v. Joachim Lompscher. Köln. S. 309-317.

Vygotskij, Lev S. (2002). *Denken und Sprechen. Psychologische Untersuchungen.* Hg. u. übers. v. Joachim Lompscher u. Georg Rückriem Weinheim, Basel.

Waldenfels, Bernhard. »Fremdheit, Gastfreundschaft und Feindschaft.« Siehe *www.information-philosophie.de/?a=1&t=219&n=2&y=1&c=1*

Waldenfels, Bernhard (1998). *Grenzen der Normalisierung. Studien zur Phänomenologie des Fremden 2.* Frankfurt a.M.

Waldenfels, Bernhard (2006). »Das Lautwerden der Stimme.« In: Kolesch/Krämer (Hg.). *Stimme*. S. 191-210.
Wenzel, Horst. (1998). »Die Empfängnis durch das Ohr. Zur multisensorischen Wahrnehmung im Mittelalter.« In: Thomas Vogel (Hg.). Über das Hören. *Einem Phänomen auf der Spur.* Tübingen. S. 159-179.
Warnig, Rainer (Hg.) (1994). *Rezeptionsästhetik*. München.
Werani, Anke (2011). *Inneres Sprechen. Ergebnisse einer Indiziensuche.* Berlin.
West, Candace/Zimmerman, Don H. (1987). »Doing Gender.« In: *Gender & Society. Official publication of sociologists for women in society*, 1987:1. S. 125-151.
Wiesing, Lambert (2009). *Das Mich der Wahrnehmung. Eine Autopsie.* Frankfurt a.M.
Wild, Markus (2008). *Tierphilosophie zur Einführung*. Hamburg.
Winkler, Andrea (2006). *Arme Närrchen. Selbstgespräche.* Graz, Wien.
Wirth, Uwe (Hg.) (2002). *Performanz. Zwischen Sprachphilosophie und Kulturwissenschaften*. Frankfurt a.M.
www.lyrikline.org
www.spekulative-poetik.de
Zumthor, Paul (1990). *Einführung in die mündliche Dichtung*. Berlin.
Zumthor, Paul (1994). *Die Stimme und die Poesie in der mittelalterlichen Gesellschaft*. München.

Kurzvorstellung der beteiligten Autorinnen und Autoren

Oswald Egger, geboren 1963 in Lana/Südtirol, lebt auf der Raketenstation Hombroich und in Wien. Egger war Herausgeber der Zeitschrift *Der Prokurist* sowie der *edition per procura* und Veranstalter der »Kulturtage Lana«. Heute hat er die Professur für Sprache und Gestalt an der Muthesius Kunsthochschule Kiel inne. Oswald Eggers poetische Arbeit wurde vielfach ausgezeichnet u.a. mit dem Oskar-Pastior-Preis 2010 und dem Karl-Sczuka-Preis für avancierte Radiokunst 2010 und 2013.

Lidija Dimkovska, geboren 1971 in Skopje, lebt und arbeitet als Lyrikerin, Romancier, Essayistin und literarische Übersetzerin in Ljubljana. Für ihre Bücher erhielt sie zahlreiche Auszeichnungen u.a. den mazedonischen Preis für das beste Debüt des Jahres. 2009 wurde ihr der Hubert Burda-Preis für junge Lyrik zuerkannt, ihr auf Deutsch erschienener Gedichtband *Anständiges Mädchen* (Edition Korrespondenzen, Wien 2010) stand auf der Shortlist für den Brücke Berlin-Preis 2012.

Mila Haugová, geboren 1942 in Budapest, lebt und arbeitet als Dichterin in Levice und Bratislava. Sie arbeitete als Redakteurin der Literaturzeitschrift *Romboid* und übersetzte Dichter aus verschiedenen Sprachen, aus dem Deutschen u.a. Werke von Friederike Mayröcker. Von Mila Haugová wurden mehr als 20 Bücher publiziert, ihr vielfach ausgezeichnetes Werk wurde in zahlreiche Sprachen übersetzt. Auf Deutsch liegen u.a. die Bände *Körperarchive* (Edition Erata, 2006), *Sandatlas* (2001) und *Schlaflied wilder Tiere* (2011, beide in der Edition Korrespondenzen) vor.

Barbara Köhler, geboren 1959 bei Amerika/Sachsen, studierte von 1985 bis 1988 am Institut für Literatur »Johannes R. Becher« in Leipzig, lebt seit 1994 in Duisburg. Sie veröffentlicht Gedichtbände und Essays sowie Übersetzungen u.a. von Gertrude Stein und Samuel Beckett. Köhler arbeitet zudem mit Text im Raum, Schriftbildern, Audio-Installationen. Zuletzt erschien *Istanbul, zusehends. Gedichte und Lichtbilder* (Lilienfeld Verlag, 2015). Sie wurde u.a. mit dem Erlanger Literaturpreis für Poesie als Übersetzung 2009 und mit dem Joachim-Ringelnatz-Preis 2008 ausgezeichnet.

Olga Martynova, geboren 1962 im sibirischen Dudinka, aufgewachsen in Leningrad. Lebt seit 1991 mit dem ihrem Mann, dem Autor Oleg Jurjew, in Frankfurt a.M.. Sie schreibt Gedichte auf Russisch, Prosa und Essays auf Deutsch. Ihre literarische Arbeit wurde vielfach ausgezeichnet, für ein Kapitel aus ihrem Roman ›Mörikes Schlüsselbein‹ (Literaturverlag Droschl) erhielt sie 2012 den Ingeborg-Bachmann-Preis, 2015 hatte sie die Heiner-Müller-Gastprofessur für deutschsprachige Poetik an der Freien Universität Berlin inne.

Eugeniusz Tkaczyszyn-Dycki, geboren 1962 an der polnisch-ukrainischen Grenze in Wólka Krowicka, lebt in Warschau. Er gilt als literarischer Einzelgänger, durch seine legendären Lesungen avancierte er zum Kultautor. Sein Werk wurde vielfach ausgezeichnet, 2009 erhielt er den Nike-Literaturpreis, die bedeutendste literarische Auszeichnung Polens. Auf Deutsch liegen die Bände *Geschichte polnischer Familien* (2012) und *Tumor linguae* (2015, beide in der Edition Korrespondenzen) vor.

Dank

Dieses Projekt hätte ohne die Unterstützung von Prof. Dr. Walter Koschmal und seinem Lehrstuhl nicht stattfinden können. Der Diskussionsbereitschaft von Walter Koschmal verdanke ich wichtige Perspektivverschiebungen, vitale Informationsverdichtung und blickschärfende Fragen. Rita Jeromin hat es mit ihrer Erfahrung und Geduld möglich gemacht, dass all die schönen Projektpläne auch Wirklichkeit werden konnten.

Mila Haugová, Oswald Egger, Lidija Dimkovska, Olga Martynova und Barbara Köhler haben mit ihren Auftritten die Voraussetzungen für diese Überlegungen geschaffen. Ihre Besuche in Regensburg waren aufregend, bereichernd und eine große Freude. Ich danke ihnen, dass sie sich auf dieses Lesungsformat und auf die Gespräche mit mir eingelassen haben.

Zentrale Bedeutung für die Projektarbeit hatte die Kooperation mit Dr. Ulrike Siebauer. Ohne ihr Engagement wäre diese Untersuchung qualitativ anders verlaufen. Sie hat ihr Wissen über Lyrik und Lyrikvermittlung großzügig in dieses experimentelle Format eingebracht – und damit das Seminar erst zu dem gemacht, was es war.

Mein besonderer Dank gilt den Studierenden, die sich an unserem Seminar beteiligt haben. Es war für mich ein lehrreiches Vergnügen, die unterschiedlichen Wahrnehmungen gesprochener Gedichte in der Gruppe zu diskutieren und kritisch zu befragen. Die Geduld, Genauigkeit und Offenheit, mit der die Studierenden und das Publikum ihre Eindrücke von den Lesungen beschrieben, waren nicht nur für die Gedankenentwicklung in diesem Buch essenziell. In ihnen lag auch eine große Ermunterung.

Last but not least danke ich der Deutschen Forschungsgemeinschaft, dass sie Projektarbeit und Buch finanziell ermöglicht hat.

Lettre

Thorsten Carstensen, Marcel Schmid (Hg.)
Die Literatur der Lebensreform
Kulturkritik und Aufbruchstimmung um 1900

Mai 2016, ca. 230 Seiten, kart., ca. 32,99 €,
ISBN 978-3-8376-3334-4

Anne Bertheau
»Das Mädchen aus der Fremde«: Hannah Arendt und die Dichtung
Rezeption – Reflexion – Produktion

Mai 2016, ca. 280 Seiten, kart., ca. 34,99 €,
ISBN 978-3-8376-3268-2

Hans Stauffacher, Marie-Christin Wilm (Hg.)
Wahnsinn und Methode
Zur Funktion von Geniefiguren in Literatur und Philosophie

April 2016, ca. 320 Seiten, kart., ca. 32,80 €,
ISBN 978-3-8376-2339-0

Leseproben, weitere Informationen und Bestellmöglichkeiten finden Sie unter www.transcript-verlag.de

Lettre

Jenny Bauer
Geschlechterdiskurse um 1900
Literarische Identitätsentwürfe im Kontext deutsch-skandinavischer Raumproduktion

April 2016, ca. 300 Seiten, kart., ca. 39,99 €,
ISBN 978-3-8376-3208-8

Carsten Gansel, Werner Nell (Hg.)
Vom kritischen Denker zur Medienprominenz?
Zur Rolle von Intellektuellen in Literatur und Gesellschaft vor und nach 1989

Dezember 2015, 406 Seiten, kart., 39,99 €,
ISBN 978-3-8376-3078-7

Tanja Pröbstl
Zerstörte Sprache – gebrochenes Schweigen
Über die (Un-)Möglichkeit, von Folter zu erzählen

August 2015, 300 Seiten, kart., 29,99 €,
ISBN 978-3-8376-3179-1

Leseproben, weitere Informationen und Bestellmöglichkeiten finden Sie unter www.transcript-verlag.de

Zeitschrift für interkulturelle Germanistik

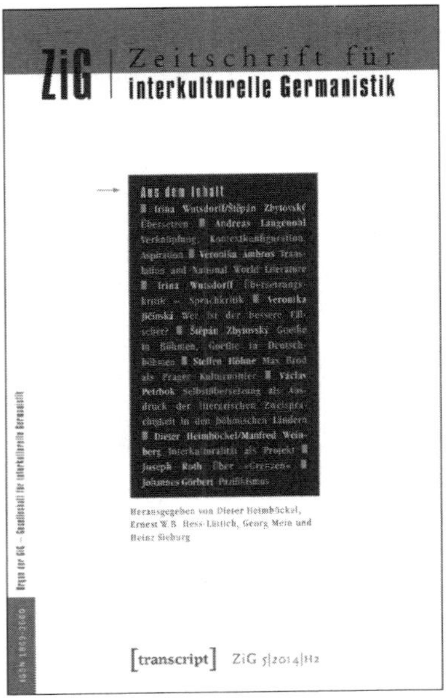

Dieter Heimböckel,
Ernest W.B. Hess-Lüttich,
Georg Mein,
Heinz Sieburg (Hg.)

Zeitschrift für interkulturelle Germanistik

5. Jahrgang, 2014, Heft 2

Dezember 2014, 208 Seiten,
kart., 12,80 €,
ISBN 978-3-8376-2871-5
E-Book: 12,80 €,
ISBN 978-3-8394-2871-9

■ Die Zeitschrift für interkulturelle Germanistik (ZiG) trägt dem Umstand Rechnung, dass sich in der nationalen und internationalen Germanistik Interkulturalität als eine leitende und innovative Forschungskategorie etabliert hat. Sie greift aktuelle Fragestellungen im Bereich der germanistischen Literatur-, Kultur- und Sprachwissenschaft auf und versammelt aktuelle Beiträge, die das zentrale Konzept der Interkulturalität weiterdenken. Die Zeitschrift versteht sich bewusst als ein interdisziplinär und komparatistisch offenes Organ, das sich im internationalen Wissenschaftskontext verortet sieht.

Lust auf mehr?

Die **ZiG** erscheint zweimal jährlich. Bisher liegen 10 Ausgaben vor.
Die **ZiG** kann auch im Jahresabonnement für den Preis von 22,00 € (international 28,00 €) bezogen werden.
Bestellung per E-Mail unter: vertrieb@transcript-verlag.de

www.transcript-verlag.de